Ernst Zeier

Physikalische Freihandversuche — Kleine Experimente

Physikalische Freihandversuche Kleine Experimente

2., unveränderte Auflage

Von
Ernst Zeier

Aulis Verlag Deubner & Co KG

CIP-Kurztitelaufnahme der Deutschen Bibliothek

Zeier, Ernst:
Physikalische Freihandversuche — kleine Experimente / von Ernst Zeier. — Köln: Aulis-Verlag Deubner, 1986
ISBN 3-7614-0788-2

Bestell-Nr. 2050

Printed in the German Democratic Republic
Schrift: 9/10 Extendet Monotype
ISBN 3-7614-0788-2

Inhalt

Vorwort

Der moderne Physikunterrricht strebt mehr und mehr danach, mit kompakten Apparaten, in denen Elektronik verborgen ist, mit Zeigerausschlägen, Oszillogrammen, Computern möglichst gute Meßergebnisse zu erzielen. Das eigentliche physikalische Geschehen wird dabei nur noch wenig offen sichtbar. Diesen Experimenten gegenüber sollten reine Schauversuche nicht zu kurz kommen. Unter ihnen nehmen Freihandversuche einen besonderen Platz ein. Trotz des geringen experimentellen Aufwands, der für sie erforderlich ist, zeigen sie oft verblüffende Ergebnisse, geeignet zum genauen Beobachten, zum Nachdenken und Diskutieren. Sie bieten sich an zur Motivation und Innovation der Schüler.

Es ist durchaus abwegig, die Freihandversuche wegen des geringen Aufwands an Geräten und Zeit zu belächeln und sie deswegen gar als eines guten Physiklehrers unwürdig anzusehen. Hat sich doch kein Geringerer als Albert Einstein der anscheinend so simplen Sache wie das Verhalten von Teeblättern in einer Teetasse angenommen und sie aufgeklärt.

Es macht geradezu Spaß, die hinter den kleinen Experimenten versteckten Geheimnisse aus der Welt der Physik aufzuspüren. So wird die Wißbegierde der Schüler geweckt und ihr Fragen angeregt. Freihandversuche führen zu physikalischen Erkenntnissen hin, manchmal wecken sie Vergessenes wieder auf.

Der „echte" Freihandversuch kommt mit nur primitiven Hilfsmitteln aus. Bekannt ist der Versuch, bei dem der Lehrer ein Stück Tafelkreide fallen läßt, um die Wirkung der Gravitation zu demonstrieren. In dem vorliegenden Buch wird der Begriff Freihandversuch nicht allzu eng genommen. Deshalb wurde als Untertitel „Kleine Experimente" gewählt. Das bedeutet, daß auch solche Versuche aufgenommen wurden, für die ein bescheidener Aufbau von Geräten, gelegentlich auch etwas Bastelarbeit, erforderlich werden. In diesem Sinne ist z. B. der Interferenzversuch von Pohl auch ein Freihandversuch.

Ein Freihandversuch kann gezielt eingesetzt werden zum Einstieg in ein neues Kapitel der Physik oder zu einem Zeitpunkt, in dem die Aufmerksamkeit der Schüler neu gefesselt werden soll. Der Lehrer wird auch dann gern einen Freihandversuch benutzen, um z. B. eine überraschend angesetzte Vertretungsstunde doch sinnvoll zu nutzen, obwohl ihm nicht die Zeit für eine größere experimentelle Vorbereitung bleibt. Schließlich eignet sich der Freihandversuch gut für die letzte Physikstunde vor den Ferien, die bei den Schülern meist nur noch wenig Interesse findet, so daß weiterführende umfangreiche Versuche zwecklos sind. Mit einem Freihandversuch gelingt es dennoch, eine gewinnbringende Unterrichtsstunde zu gestalten

Die Versuchsbeschreibungen sind ausführlich gehalten. Damit konnte weitgehend auf Abbildungen verzichtet werden. Von einer Aufzählung aller notwendigen Einzelteile zum Aufbau eines benötigten Stativs wurde abgesehen, da jeder Physiklehrer ohnehin weiß, was dazu gehört und ihm in jedem Physiksaal bereitliegt. Gelegentlich wird es unvermeidlich sein, die angegebenen Geräte gegen andere, ähnliche auszutauschen, z. B. wenn in einer Physiksammlung keine Spule mit 500 Windungen, wohl aber eine mit 600 Windungen vorhanden ist. Die Versuchsziele sind jeweils am Ende der Versuchsbeschreibungen unter *Bemerkungen* angedeutet.

Die über 200 Versuchstitel in diesem Buch wurden vom Verfasser in einer 40jährigen Tätigkeit in einer Versuchskartei zusammengetragen. Neben Versuchen nach eigenen Ideen und Vorschlägen von Kollegen sind sie Lehr- und Experimentierbüchern, Versuchsanordnungen von Lehrmittelfirmen und Fachzeitschriften entnommen. Dabei ist es interessant, daß sehr viele der aufgeführten Versuche zurückgehen auf Schrifttum vom ausgehenden 19. und Anfang unseres 20. Jahrhunderts. Es ist am Beginn des Literaturverzeichnisses aufgeführt. Wahrscheinlich ist es den meisten Lehrbuchverfassern unbekannt, woher ihre Versuche stammen. Ferner dürfte von Interesse sein, daß zahlreiche Freihandversuche auf bekannte, bedeutende Physiker zurückgehen. Ihre Namen sind als Beitrag zur Geschichte der Physik im Unterricht bei den betreffenden Versuchen angegeben.

Im Februar 1984 E. Zeier

1. Mechanik der festen Körper

1.1. Der einfache Flaschenzug

1. 2 Stativstangen (1 m)
2. langes, kräftiges Seil

Wir binden ein mehrere Meter langes dickes Seil an einer Stativstange fest. Sie wird von einer Versuchsperson gehalten. Eine zweite Person hält eine zweite Stange parallel zur ersten Stange in etwa 60 cm Abstand. Das Seil führen wir jetzt von der ersten Stange her um die zweite herum, wieder zur ersten zurück, um diese herum weiter zur zweiten Stange und fahren so mehrmals fort. Je mehr Windungen wir ausführen können, um so besser.

Am freien Ende des Seils ziehen wir mit unserer Kraft. Die beiden Versuchspersonen können es trotz aller Anstrengungen nicht verhindern, daß die Stativstangen immer mehr zusammengezogen werden. Die Anordnung aus Stangen und Seil entspricht einem Flaschenzug mit festen und losen Rollen, wobei der Kraftaufwand der haltenden Personen der Last entspricht. Wir können auch mit verschieden vielen Seilwindungen arbeiten. Das Zusammenholen der Stangen gelingt um so leichter, je mehr Windungen um sie geschlungen werden.

Wir beobachten auch, daß die Länge des von den Stangen weggezogenen Seils größer ist als der Weg, den die Stangen zueinander zurücklegen.

Bemerkungen

1. Beim Flaschenzug ist die aufzuwendende Kraft um so kleiner, je mehr Seilwindungen zwischen festen und losen Rollen bestehen.
2. Der Weg der Kraft ist größer als der der Last.

1.2. Die statische Kraftwirkung

Versuch 1

1. dünne Holzleiste (60 cm) (oder Streifen aus Pappe bzw. Glas)
2. 2 Auflageklötze
3. Wägestücke
4. Höhenmaßstab

Wir bauen zwei Klötze in 50 cm Abstand auf dem Tisch auf. Über die Klötze legen wir eine entsprechend lange dünne Holzleiste. In der Mitte hinter sie stellen wir einen Höhenmaßstab auf, dessen Zahlen von oben nach unten wachsen. Mit der Hand drücken wir mitten auf die Leiste. Sie wölbt sich um einige Zentimeter unter der Einwirkung unserer Muskelkraft nach unten durch. Auf die so erreichte tiefste Lage stellen wir den Schieber des Höhenmaßstabs ein.
Wir ändern den Versuch ab, indem wir mitten auf die Leiste so viele Wägestücke legen, bis die Durchbiegung der Leiste die Markierung am Höhenmaßstab erreicht. Die Verformung zeigt, daß Wägestücke ebenfalls eine Kraft ausüben. Wir ändern den Versuch nochmals ab. Jetzt legen wir der Reihe nach Wägestücke so auf, daß sich die Gewichtskräfte F verhalten wie $1:2:3 \ldots$. Bei jeder Belastung lesen wir am Höhenmaßstab die Größe der Biegung f ab. Wir stellen fest, daß f proportional F ist: $f \sim F$. Dies ist das Hookesche Gesetz.
Statt der Holzleiste können wir auch 5 cm breite Streifen aus fester Pappe oder Glas verwenden. Nur kann dann die Durchwölbung nicht so weit getrieben werden wie bei Holz.

Versuch 2

1. dünne Holzleiste (oder Blattfeder)
2. Wägestücke
3. Höhenmaßstab
4. Faden
5. Hammer
6. Nagel
7. Stativmaterial

Wir klemmen eine längere dünne Holzleiste mit einem Ende an einem Stativ horizontal fest. Das freie Ende belasten wir mit Wägestücken. Um ihr Abrutschen zu verhindern, schlagen wir vor dem Versuch einen kleinen Nagel dicht vor dem Ende der Leiste ein und hängen die Wägestücke an Fäden über den Nagel. Am Höhenmaßstab stellen wir fest, daß die auftretende Durchbiegung f proportional zu der Gewichtskraft F ist: $f \sim F$.
Den Versuch können wir auch mit einer Blattfeder ausführen. Das Wegrutschen der Wägestücke verhindern wir mit einer leichten, über das Federende gesteckten Klemme.

Versuch 3

1. Schraubenfeder
2. Wägestücke
3. kleine Waagschale (oder Hakengewichte)
4. Höhenmaßstab
5. Fäden
6. Stativmaterial

Wir hängen eine Schraubenfeder an einem Stativ auf, befestigen unten an der Feder eine Waagschale und belasten sie mit Wägestücken. Die Feder dehnt sich aus. Ihre Verlängerung f messen wir mit einem Höhenmaßstab. Seine Skala stellen wir so ein, daß die Zahlen nach unten zunehmen. Es zeigt sich, daß die Verlängerung f proportional zu der Gewichtskraft F ist: $f \sim F$.
Als Wägestücke eignen sich am besten Hakengewichte, weil dann die Waagschale entfällt.
Bei diesem Versuch ist zu beachten, daß die Feder nicht überdehnt und dann unbrauchbar wird. [8;16]

Bei den Versuchen 1 bis 3 ergibt die grafische Darstellung der Ergebnisse auf Millimeterpapier eine Gerade.

Bemerkungen

1. Eine Kraft äußert sich durch eine Wirkung, z. B. in der Verformung eines Körpers.
2. Gewicht äußert sich als eine senkrecht nach unten wirkende Kraft.
3. Die Biegung von Leisten (Stäben) und die Verlängerung von Federn ist der wirkenden Kraft proportional. Es gilt das lineare Kraftgesetz, das Hookesche Gesetz.
   Es wurde 1675 von Robert Hooke (1635 bis 1703) gefunden.

1.3. Der zweiarmige Hebel

1. Haushaltskerze
2. Streichhölzer
3. gerader, starker Draht (20 cm bis 30 cm)
4. 2 Auflageklötze
5. Messer

Wir schaben an dem Ende, mit dem die Kerze eigentlich in den Kerzenhalter gesteckt wird, soviel Wachs ab, daß ein etwa 1 cm langes Stück des Dochtes frei wird. Dann messen wir die Mitte zwischen den beiden Kerzenenden aus. An dieser Stelle stecken wir senkrecht zur Längsachse der Kerze einen geraden Draht als Drehachse hindurch, so daß er gleichmäßig auf beiden Seiten der Kerze herausragt. Die Drahtenden legen wir links und rechts gleichhoch auf zwei Klötze auf. Die Kerze soll sich nun leicht um den Draht drehen. Sie wird zuerst auf einer Seite herunter sinken, weil sie dort schwerer ist als auf der anderen Seite. Auf der schwereren Seite schaben wir noch solange Wachs ab, bis das Übergewicht zwar nur noch sehr klein ist, die Kerze sich aber immer noch nach dieser Seite neigt.
Vorsichtshalber decken wir den Tisch ab, um abtropfendes Wachs aufzufangen.
Wir zünden die Kerze an beiden Enden an. Sie beginnt zu tropfen, besonders stark an der nach unten zeigenden, schwereren Seite. Hier liegt die Flamme tiefer. Nach kurzer Zeit ist hier so viel Wachs abgetropft, daß dieses Kerzenende leichter wird als an der oberen Flamme. Die Kerze dreht sich. Die bisher obere Flamme senkt sich nach unten, die untere steigt hoch. Von neuem brennt das tiefere Ende schneller ab. Die Kerze schaukelt auf und ab wie eine Wippe.
Sie stellt einen zweiarmigen Hebel dar. Er ist aber nicht im Gleichgewicht, weil immer das Gewicht des nach unten zeigenden Hebelarms größer ist als das nach oben zeigende. Da beim Abbrennen der tiefere Arm kürzer und damit leichter wird, zieht der andere, nun schwerere Arm nach unten. [28]

Bemerkung
Beim zweiarmigen Hebel zieht der schwerere Arm nach unten.

1.4. Die Zusammensetzung zweier Bewegungen

1. Wandtafel
2. Lineal
3. Kreide

Wir zeichnen auf die Wandtafel ein großes Koordinatenkreuz mit einer waagerechten und einer senkrechten Achse. An die waagerechte Achse legen zwei Helfer ein langes Lineal an. Wir halten ein Stück Kreide in den Koordinatenursprung und ziehen es mit gleichförmiger Geschwindigkeit an dem Lineal entlang, während gleichzeitig die Helfer das Lineal mit ebenfalls gleichförmiger Geschwindigkeit parallel nach oben schieben. Auf der Tafel schreibt die Kreide eine schräg nach oben laufende Gerade auf. Die Achsen des Koordinatenkreuzes stellen die Bewegung der Kreide senkrecht nach oben bzw. waagerecht nach rechts dar. Die aufgezeichnete Gerade ist die Diagonale in dem rechtwinkligen Parallelogramm der Bewegungen. Sie zeigt die Überlagerung der beiden Bewegungen.
Die Helfer können anschließend das Lineal schief auf die Tafel halten und so parallel nach oben schieben. Gleichzeitig fahren wir mit der Kreide an dem Lineal entlang. Oder wir setzen auf das waagerecht gelegte und jetzt festliegend gehaltene Lineal ein rechtwinkliges Dreieck mit einer Kathete auf. Ein Helfer schiebt das Dreieck am Lineal entlang nach rechts, während wir die Kreide an der Hypotenuse entlangführen. Die entstehende Gerade ist die Diagonale in dem schiefwinkligen Parallelogramm der Bewegungen. Der Versuch simuliert z. B. die Bewegung eines Fährschiffes, das einen Strom senkrecht zu seiner Strömung überquert.

[8; 43; 44]

Bemerkung

Zwei gleichförmige geradlinige Bewegungen überlagern sich nach dem Parallelogramm der Bewegungen.

1.5. Die Abhängigkeit der kinetischen Energie von Masse und Geschwindigkeit

1. 2 Holzklötze
2. Papier
3. starker Draht (3 mm bis 4 mm)
4. Reißnägel
5. Kneifzange
6. Klebstoff
7. Höhenmaßstab
8. Waage

Von dickem Draht schneiden wir Stücke ab, die wir auf Gewichte von 1 cN, 2 cN und 4 cN abgleichen. An ein Ende dieser Stäbchen kleben wir Papierfähnchen, damit sie beim Fallen in senkrechter Lage nicht kippen. Über zwei Holzklötze, die im Abstand von 20 cm stehen, spannen wir Papier mit Reißnägeln straff auf.
Nun lassen wir aus geringer Höhe zunächst das 4 cN-Stück auf das Papier fallen. Es durchschlägt es nicht. Wir vergrößern die Fallhöhe, bis dies erfolgt. Diese Höhe h halten wir mit einem Höhenmaßstab fest. Das Durchschlagen des Papiers erfolgt für das 2 cN-Stück erst aus der Höhe $2h$, für das 1 cN-Stück aus $4h$.
Die Geschwindigkeit beim Auftreffen auf das Papier ist $v = \sqrt{2gh}$. Im ersten Fall ist $v^2 = 2gh$, im 2. Fall $v^2 = 2g \cdot 2h$, im 3. Fall $v^2 = 2g \cdot 4h$, d. h., die kinetische Energie verdoppelt bzw. vervierfacht sich mit dem Quadrat der Geschwindigkeit.

[36]

Bemerkung

Die kinetische Energie ist proportional der Masse und dem Geschwindigkeitsquadrat: $E_{\text{kin}} \sim m \cdot v^2$.

1.6. Der Energieaustausch bei gekoppelten losen Rollen

1. 2 lose Rollen
2. 2 feste Rollen
3. Zwirn
4. Anhängergewichte (100 cN)
5. Stativmaterial

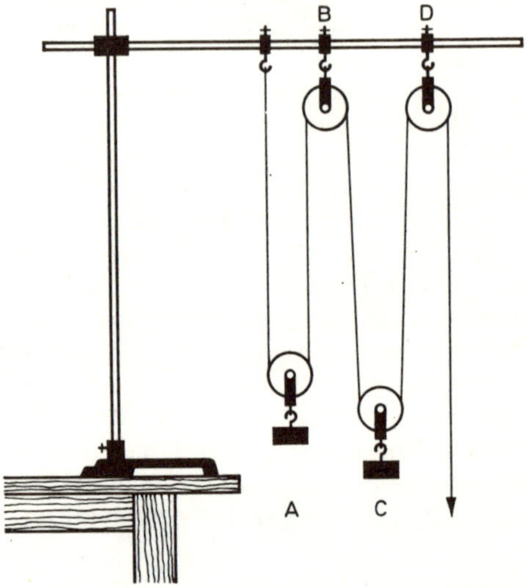

Abb. 1.6./1
Energieaustausch bei gekoppelten Rollen

Wir bauen ein Stativ am besten mit einer Tischklemme am Rand des Experimentiertisches auf. An eine lange am Stativ befestigte Stange hängen wir zwei Rollen. Ein möglichst dünnes Seil, am besten Zwirn, knüpfen wir ebenfalls an die Stange und führen es nach Abbildung 1.6./1 über die erste lose Rolle A nach der festen Rolle B, weiter über die zweite lose Rolle C nach der festen Rolle D. Die losen Rollen sind somit gekoppelt. Sie werden mit Hakengewichten beschwert. Der Abstand BD soll etwas größer sein als der Durchmesser der Rolle C. Wir suchen für den Versuch Rollen aus, die sich sehr leicht drehen. Einige Tröpfchen Öl auf die Achslager verbessern das Drehen und Gleiten.
In einem Vorversuch ziehen wir langsam und gleichmäßig am freien Ende des Seils. Die Rolle C steigt zuerst bis zu ihrem höchsten Punkt. Dann erst bewegt sich die Rolle A nach oben. Lassen wir am Seil nach, senkt sich die Rolle C als erste, dann die Rolle A. Ihr Verhalten ist durch die Reibung der Lager der Rollen bedingt.
Im Hauptversuch ziehen wir das freie Seil schnell abwärts. Die Rolle C steigt wie im Vorversuch aufwärts. Die Rolle A zeigt ein völlig anderes Verhalten. Weil die Rolle C beim Ziehen am Seil diesmal stark beschleunigt wird, ist dafür eine Zusatzkraft der Hand am Seil nötig. Sie läßt die Rolle A anfänglich einen Sprung aufwärts ausführen. Erreicht die Rolle C ihren höchsten Punkt, wird die Handbewegung verzögert. In dieser Zeit und noch etwas danach kehrt die Rolle A ihre Bewegung abwärts um. Dabei gibt sie potentielle Energie ab. Sie dient teilweise dazu, die kinetische Energie der ziehenden Hand zu vermindern, teilweise auch für die Verzögerung der Bewegung der Rolle C gegen Ende der Handbewegung. Die Beobachtung der Vorgänge an der Rolle A wird erleichtert, wenn sie sich zu Beginn des Versuchs in Höhe der Tischkante befindet.
Die Reibungskräfte an den Rollen steigen durch die großen Beschleunigungskräfte erheblich an. Dabei ist die Spannung des Seils an den beiden linken Seilstrecken (an der Rolle A) mindestens um die Reibungskraft an der Rolle B kleiner als an den rechten Seilstrecken. Der nachträgliche Energieaustausch zwischen den Rollen

C und A erklärt sich aus den verschiedenen Seilspannungen. Bei gleichen Spannungen müßten die Rollen C und A gleichzeitig steigen. [61]

Bemerkung

Bei der Bewegung gekoppelter Rollen erfolgt ein Energieaustausch mit den bewegenden Kräften.

1.7. Der schiefe Wurf

1. Glasplatte
2. Stahlkugel
3. Kreidestaub (oder Mehl)
4. Stativmaterial

Wir bestäuben eine größere Glasplatte mit Mehl oder Kreidestaub. Dann heben wir sie an einer Längsseite mit Stativen so an, daß sie schräg liegt. Eine Stahlkugel werfen wir an der angehobenen Seite parallel zu dieser Kante auf die Platte. Die Kugel rollt in einem Bogen über die Platte abwärts. Ihre Spur ist ein Parabelbogen.
In einem weiteren Versuch werfen wir die Kugel schräg nach oben von unten her auf die Platte. Auch diesmal wird auf ihr eine genaue Parabel beschrieben. Sie ist die ungestörte Überlagerung der gleichförmigen Bewegung in Richtung des Wurfs und des freien Falls.
Wir können statt der Glasplatte auch eine Holzplatte, z. B. ein Reißbrett verwenden. Dann empfiehlt es sich, auf dem Brett weißes Papier aufzuspannen und mit Kohlepapier zu bedecken. Die Kugel drückt auf dem Papier eine schwarze Parabelkurve auf. Dann ist es möglich, sie mit einer mathematisch konstruierten Kurve zu vergleichen.
Zum Bestäuben der Glasplatte eignet sich vorzüglich Lykopodiumsporen-Pulver. [46]

Bemerkung

Als Wurfkurve entsteht durch die Überlagerung einer gleichförmigen Wurfbewegung und der Fallbewegung eine Parabel.

1.8. Die verschiedenen Härten

1. Nähnadel
2. Flaschenkork
3. Kupfer
4. Brett
5. schwerer Hammer

Wir pressen eine Nähnadel aus Stahl durch einen Flaschenkork in der Richtung seiner Längsachse hindurch. Wir stellen ihn senkrecht auf ein Stück Kupfer, z. B. Kupferblech, das wir wiederum auf eine Unterlage aus weichem Holz stellen. Die Nadelspitze berührt gerade das Kupfer, oben reicht die Nadel nur wenig aus dem Kork heraus. Nun führen wir mit einem schweren Hammer einen kräftigen harten Schlag auf den Kork aus. Er wird etwas zusammengedrückt. Die Nadel dringt in das Kupfer ein, durchschlägt ein dünnes Blech, weil sie härter ist als Kupfer.

Vorsicht! Sogenannte Kupfermünzen, die früher für diesen Versuch empfohlen wurden, eignen sich heute dafür nicht mehr, da sie keine echten Kupfermünzen mehr sind. [9]

Bemerkung

Stahl besitzt größere Härte als Kupfer.

1.9. Die Wichte eines festen Körpers

1. Versuchskörper
2. Becherglas
3. Wasser
4. Kraftmesser
5. Faden

Wir hängen den Versuchskörper an einen Kraftmesser und bestimmen sein Gewicht G_K. Dann füllen wir ein Becherglas mit Wasser und hängen es mittels umgeschlungener Fäden ebenfalls an den Kraftmesser. Das Gewicht des Glases mit Wasser sei G_2. Wir tauchen den Versuchskörper in das Wasser. Infolge des Abtriebs, den das Wasser erfährt, zeigt der Kraftmesser jetzt das größere Gewicht G_3 an. Die Differenz $G_3 - G_2$ ist der Abtrieb, der gleich dem Auftrieb ist, den der Versuchskörper erfährt. Er ist aber zahlenmäßig gleich dem Volumen V des Versuchskörpers. Da $G_K = V \cdot \gamma$ ist, erhalten wir

$$\gamma = \frac{G_K}{V} = \frac{G_K}{G_3 - G_2}.$$

Bemerkung

Die Wichte eines festen Körpers kann durch Wägungen bestimmt werden.

1.10. Die Messung der Dichte von Kork

1. 2 bis 3 Flaschenkorke mit gleichem Durchmesser
2. großes Reagenzglas
3. Wasser
4. Maßstab

Wir suchen einen geraden Flaschenkorken und ein Reagenzglas, das so groß sein muß, daß der Kork hineinpaßt und noch Raum um ihn bleibt bis zu den Glaswänden. Wir geben Wasser in das Glas, senken den Kork hinein und lassen ihn aufrecht frei schwimmen. Dann nehmen wir den Korken wieder heraus. Wir messen die Länge des Korken und die benetzte Eintauchtiefe und stellen fest: Der Kork ist um 1/5 seiner Länge in das Wasser eingesunken.
Um die Meßgenauigkeit zu verbessern, kleben wir zwei bis drei Korken mit gleichen Durchmessern aufeinander. Die Eintauchtiefe ist dann entsprechend größer und genauer zu bestimmen.
Nach dem Archimedischen Prinzip taucht der Kork so tief in das Wasser ein, bis sein Gewicht gleich dem Gewicht des von ihm verdrängten Wassers ist. Das Gewicht G_K des Korken ist gleich dem Produkt aus seinem Volumen V_K und seiner Dichte ϱ_K.

$G_K = V_K \cdot \varrho_K$. Das Volumen V_W des verdrängten Wassers ist $1/5\ V_K$, seine Dichte $\varrho_W = 1\ g/cm^3$. Also ist

$$V_W \cdot 0{,}1\ g/cm^3 = \frac{1}{5} V_K \cdot 0{,}1\ g/cm^3 = V_K \cdot \varrho_K$$

und

$$\varrho_K = \frac{1}{5} \cdot 1\ g/cm^3 = 0{,}2\ g/cm^3\ . \qquad [29]$$

Bemerkungen

1. Kork hat eine geringere Dichte als Wasser.
2. Die Dichte von Kork kann mit dem Archimedischen Prinzip bestimmt werden.

1.11. Die Ortsabhängigkeit des Gewichts

1. Kraftmesser (1 N)
2. Wägestücke aus Eisen ($m = 50$ g)
3. Spule (300 Windungen)
4. Eisenkern
5. Netzgerät (bis 5 A belastbar)
6. Experimentierschnüre
7. Stativmaterial

Wir hängen einen Kraftmesser an einem Stativ auf und belasten ihn mit einem Wägestück. Unter den Kraftmesser, der jetzt 50 cN anzeigt, stellen wir eine Spule mit Eisenkern auf und schließen sie an ein Netzgerät an. Den Abstand zwischen dem Eisenkern und dem Wägestück wählen wir zuerst klein, z. B. $r = 2$ cm.
Wir schalten den Strom ein mit der Stromstärke von etwa 5 A. Der Kraftmesser zeigt nun wesentlich mehr als 50 cN an, weil sich die Anziehungskraft des Elektromagneten der Erdanziehungskraft überlagert. Nach und nach vergrößern wir den Abstand r. Erst bei recht großer Entfernung des Wägestücks vom Magneten ist dessen Einfluß so gering, daß der Kraftmesser das eigentliche Gewicht von 50 cN anzeigt. Der Abstand r darf bei Versuchsbeginn nicht zu groß sein, weil bei einer eventuell hohen Stromstärke der Elektromagnet das Eisenstück so kräftig anzieht, daß der Kraftmesser überdehnt und damit wertlos wird.
Der Versuch kann als Modellversuch für die Änderung des Gewichts eines Körpers an verschiedenen Orten auf der Erde dienen, die z. B. durch unterirdische Erzlager hervorgerufen werden kann. [30]

Bemerkungen

1. Die Erde verhält sich wie ein Magnet, ist aber kein Magnet, weil sie alle Körper anzieht.
2. Das Gewicht eines Eisenkörpers nimmt zu, wenn zu dem anziehenden Gravitationsfeld der Erde ein Magnetfeld hinzukommt.

1.12. Der elastische Stoß

mehrere gleiche und einige größere Münzen

Wir legen ein 10-Pfennigstück auf einen glatten ebenen Tisch und schnippen mit dem Finger ein zweites 10-Pfennigstück dagegen. Das zweite Geldstück bleibt an der Stoßstelle liegen, das erste rutscht mit der Geschwindigkeit des anstoßenden fort.

Es kommt genau so weit wie das zweite ohne den Stoß rutschen würde, d. h., das zuvor ruhende übernimmt infolge der Elastizität die Energie des stoßenden Geldstücks. Jetzt legen wir drei oder vier 10-Pfennigstücke berührend nebeneinander. Auf den Anfang dieser Kette lassen wir ein weiteres 10-Pfennigstück zentral stoßen. Der Stoß pflanzt sich durch die ganze Reihe fort. Das letzte Geldstück rutscht (fast) mit der Geschwindigkeit fort, die das anstoßende Stück hatte.
Der Versuch gelingt ebenso, wenn wir zwei aneinander gelegte 10-Pfennigstücke gegen die Reihe aus mehreren 10-Pfennigstücken stoßen lassen. Es bewegen sich die letzten beiden Geldstücke der Reihe fort.
Nun schnippen wir ein 10-Pfennigstück gegen ein 2 oder 5 DM-Stück. Die große Münze bleibt (fast) liegen, das 10-Pfennigstück rutscht zurück. Es wird reflektiert. Wir kehren den letzten Versuch um und lassen ein großes Geldstück gegen ein 10-Pfennigstück stoßen. Beide bewegen sich in der Stoßrichtung weiter; das 10-Pfennigstück mit größerer Geschwindigkeit als das große Geldstück. Der Impuls $m \cdot v$ bleibt erhalten.

Bemerkung

Die Versuche zeigen, daß zu ihrer Erklärung der Satz von der Erhaltung der Energie durch den Satz von der Erhaltung des Impulses ergänzt werden muß.

1.13. Das Wechselwirkungsgesetz der Kräfte

Versuch 1

1. 2 Helfer mit Rollschuhen 2. Seil

Wir lassen zwei Helfer, die möglichst von gleicher Masse sind, Rollschuhe anziehen. Jeder nimmt ein Ende eines Seils in die Hand. Beide ziehen gleichzeitig an dem Seil. Sie rollen aufeinander zu und kommen in der Mitte zusammen. Sie ziehen mit gleichen, aber entgegengesetzt gerichteten Kräften.
Jetzt hält einer der Helfer das Seil nur fest. Er zieht nicht, während der andere zieht. Auch diesmal treffen sie in der Mitte zusammen. Der erste braucht eine Kraft, um das Seil festzuhalten. Er übt also eine Gegenkraft aus, denn wenn er das Seil losläßt, kann der andere nicht ziehen.

Versuch 2

1. Helfer auf Schlitten 2. Eisbahn

Wir besetzten zwei Schlitten, die sich auf einer glatten Eisbahn gegenüberstehen, mit Helfern. Sie halten ein langes Seil in ihren Händen. Die Helfer auf einem der Schlitten versuchen, den zweiten Schlitten mit dem Seil zu sich heranzuziehen. Beide Schlitten bewegen sich aufeinander zu. Sie treffen schließlich zusammen. Sind beide Schlitten gleichmäßig belastet, legen sie gleichlange Wege zurück. Ist das nicht der Fall, legt der Schlitten mit der größeren Belastung einen kürzeren Weg zurück als der mit der geringeren Belastung. Die Wege sind umgekehrt proportional zu den bewegten Massen.

Versuch 3

1. 2 gleiche fahrbare Experimentiertische
2. 2 Versuchspersonen gleicher Masse
3. Seil

Wir setzen zwei Versuchspersonen möglichst gleicher Masse einander zugewandt auf zwei gleiche fahrbare Experimentiertische. Sie fassen die Enden eines Seils, spannen es zwischen sich aus und ziehen gleichmäßig daran. Die Wagen setzen sich in Bewegung, rollen aufeinander zu und treffen sich in der Mitte.
Wir wiederholen den Versuch, jedoch zieht jetzt eine Versuchsperson nicht mehr am Seil, sie hält es nur fest. Die zweite Person zieht allein. Trotzdem treffen sich die Wagen in der Mitte. Die erste Person verrichtet jetzt keine Arbeit. Sie muß nur Kraft aufwenden, um das Seil zu halten und zwar von demselben Betrag wie die ziehende Person, nur in entgegengesetzter Richtung: $F_1 = -F_2$. Wir können auch das Seil an einem Stativstab festbinden, den wir mit einer Tischklemme am Tisch befestigen. Die Versuchsperson muß natürlich auf dem Tisch weiter sitzenbleiben.

Versuch 4

Personenwaage

Wir stellen eine Person auf eine Personenwaage und stellen bei ruhigem Stehen ihr Gewicht fest. Jetzt lassen wir die Person ihre Arme rasch nach oben reißen. Während der Bewegung zeigt die Waage einen größeren Ausschlag an, d. h. eine Vergrößerung des Gewichts.
Nachdem die Waage wieder das ursprüngliche Gewicht angibt, veranlassen wir die Person, ihre Arme schnell nach unten fallen zu lassen. Die Waage zeigt nun eine Verminderung des ursprünglich angezeigten Gewichts an.
Bei der Beschleunigung der Arme erzeugt die dazu benötigte Kraft eine Kraft (Trägheitskraft) in entgegengesetzter Richtung, die zur Gewichtskraft addiert bzw. von ihr substrahiert werden muß.

Versuch 5

1. Waage mit Wägesatz
2. Becherglas mit Wasser
3. Kraftmesser
4. Tauchkörper
5. Stativmaterial

Wir tarieren auf einer Waage einen Becher mit Wasser aus. In ihn tauchen wir einen Körper, den wir mit der Hand festhalten, ein. Die Waage zeigt ein größeres Gewicht an, obwohl der Körper keine zusätzliche Gewichtskraft ausüben kann und die Wassermenge unverändert ist.
Wir ändern den Versuch ab. Wir tarieren wieder einen Becher mit Wasser auf einer Waage aus. Den Tauchkörper hängen wir an einen Kraftmesser und stellen seine Gewichtskraft fest. Beim Eintauchen in das Wasser zeigt der Kraftmesser ein geringeres Gewicht des Körpers an. Auf ihn wirkt die Auftriebskraft nach oben ein. Gleichzeitig müssen wir ein scheinbar größeres Gewicht des Wassers auf der Waage austarieren. Auf das Wasser wirkt eine Gegenkraft nach unten ein. Diese Vergrößerung ist gleich der Verminderung der Gewichtskraft des Körpers. [51]

Bemerkungen

1. Eine Kraft erzeugt eine Gegenkraft.
2. Die Angriffspunkte von Kraft und Gegenkraft sind verschieden.
3. Kraft und Gegenkraft treten immer paarweise auf, sie gehören zusammen.
4. Kraft und Gegenkraft sind gleich groß, aber entgegengesetzt gerichtet. Gesetz der Wechselwirkung (actio gleich reactio) von Isaac Newton (1643 bis 1727).

1.14. Die Reibung

Versuch 1

14 vierkantige Streichhölzer

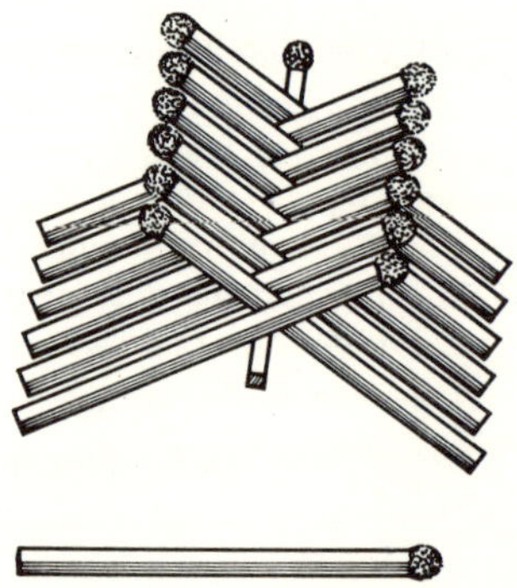

Abb. 1.14./1
Haftreibung bei Streichhölzern

Wir legen ein Streichholz auf den Tisch. Quer darüber legen wir 12 Streichhölzer berührend nebeneinander, und zwar abwechselnd von links nach rechts (Abb. 1.14./1). Die Köpfe stehen hoch, die längeren Enden liegen auf dem Tisch. Es entsteht eine Furche, in die wir ein letztes Streichholz legen.
Nun fassen wir das Ende des ersten auf dem Tisch liegenden Streichholzes und heben mit ihm alle Streichhölzer hoch. Sie rutschen infolge der großen zwischen ihnen herrschenden Haftreibungskräfte nicht ab, solange wir nicht mit der Hand zittern.

Versuch 2

1. Schlüssel
2. runder Bleistift

Wir stecken einen runden Bleistift durch die kreisförmige Öffnung im Griff eines Schlüssels. Heben wir den Bleistift in Schräglage, bleibt der Schlüssel infolge der Haftreibung haften. Drehen wir aber den Bleistift, fängt der Schlüssel an, auf ihm abwärts zu rutschen, weil jetzt die Gleitreibung kleiner ist als die Haftreibung zuvor.

Versuch 3

1. Reibungskörper
2. Kraftmesser
3. Faden

Wir brauchen zunächst einen geeigneten Reibungskörper. Am besten verwenden wir einen Holzquader mit glatten (gehobelten) Seitenflächen, z. B. aus einem Holz-

baukasten. (Lehrmittelfirmen liefern passende Holzquader.) Wir können aber auch ein Metallstück mit glatter Bodenfläche nehmen oder eine Zigarrenkiste, notfalls eine Pappschachtel, die wir teilweise mit Sand füllen. Der Meßbereich des Kraftmessers muß dem Reibungskörper angepaßt sein. Wir hängen ihn in eine Schlaufe eines um den Körper gebundenen Fadens ein. Bei einem Holzklotz drehen wir einen Haken in die kleinste Fläche ein.
Wir legen unseren Reibungskörper auf die horizontale Platte eines Tisches und ziehen an dem angehängten Kraftmesser waagerecht parallel zur Tischplatte. Er dehnt sich mehr und mehr aus. Der Körper bleibt vorerst in Ruhe. Die Haftreibungskraft ist noch größer als die Zugkraft. In dem Augenblick, in dem sich der Körper mit einem Ruck in Bewegung setzt, sind die Zugkraft F_H und die Haftreibungskraft R_H gleich groß: $R_H = F_H$. Ihre Größe lesen wir am Kraftmesser ab.
Sobald der Reibungskörper in Bewegung ist, geht der Auszug des Kraftmessers zurück. Die jetzt noch wirkende Gleitreibung R_G ist kleiner als die Haftreibung: $R_G < R_H$. Wir ziehen so, daß der Körper in einer gleichförmigen Bewegung bleibt, und lesen die Größe der Gleitreibungskraft am Kraftmesser ab: $R_G = F_G$. Sie ist unabhängig von der Geschwindigkeit, mit der der Körper gleitet.

Versuch 4

1. Reibungskörper
2. Kraftmesser
3. Faden

Wir wiederholen den Versuch 3, wobei wir den Reibungskörper auf seine verschiedenen Flächen legen. Es zeigt sich, daß sowohl die Haftreibungskraft wie die Gleitreibungskraft praktisch unabhängig von der Größe der Fläche sind, wenn ihre Beschaffenheit auf allen Seiten gleich ist und das Gewicht unverändert bleibt.

Versuch 5

1. Reibungskörper
2. Kraftmesser
3. Wägestücke
4. Faden

Wir ändern den Versuch 3 ab, indem wir Wägestücke auf den Reibungskörper legen. Sein Gewicht wird so verdoppelt, verdreifacht usw. Wir beobachten, daß die am Kraftmesser abgelesenen Reibungskräfte proportional sind zu den jeweiligen Gewichten (Normalkräften).
Die Versuche 3 bis 5 werden erleichtert, wenn der Reibungskörper auf ein Brett gelegt und dieses unter dem Körper weggezogen wird. Dann können wir unsere Beobachtungen allein auf den Kraftmesser konzentrieren.

Versuch 6

2 Kleiderbürsten

Wir legen zwei Bürsten mit den Haaren aufeinander und ziehen die obere seitlich über die untere hinweg. Wir brauchen dazu eine verhältnismäßig große Kraft. Die Haftreibung ist groß. Drehen wir die unten liegende Bürste um und ziehen die obere mit den Haaren über den glatten Holzgriff der unteren, ist die Kraft wesentlich geringer. Die Gleitreibung ist kleiner.

Versuch 7

1. Reibungskörper
2. Kraftmesser
3. Faden
4. verschiedene Unterlagen

Wir ziehen den Reibungskörper über verschiedene Unterlagen. Es genügt oft, den Versuch einmal auf einem Tisch mit rauher Holzplatte, dann auf einer mit Kunststoff belegten, sehr glatten Tischplatte auszuführen. Andernfalls legen wir Platten oder Streifen aus Glas, Sandpapier, Blech, verschiedenen Stoffarten wie Seide und Samt unter den Reibungskörper und ziehen sie unter ihm weg. Wir können auch Stücke aus diesen Materialien unter den Reibungskörper kleben oder unter seiner Unterfläche herumbiegen und an den Seitenflächen mit Reißnägeln befestigen. Die Reibungskräfte sind je nach dem Material verschieden groß.
Diese Versuche dienen der Erklärung, wie die Reibung zustande kommt. Die Rauhigkeit der aufeinanderliegenden Flächen läßt die geringen Unebenheiten ineinander verhaken. Zum Überwinden dieser Verzahnungen ist beim Verschieben Kraft erforderlich.

Versuch 8

1. Brett für eine schiefe Ebene
2. Reibungskörper
3. Kraftmesser
4. Stativmaterial (oder Auflageklotz)

Wir stellen ein Brett schräg auf und führen den Versuch 3 auf dieser schiefen Ebene aus. Dabei achten wir darauf, daß die mit dem Kraftmesser ausgeübte Kraft parallel zu dieser Ebene erfolgt. Haft- und Gleitreibung sind hier kleiner als beim Versuch 3 auf der horizontalen Ebene und um so kleiner, je steiler die schiefe Ebene gestellt wird. Je größer ihr Steigungswinkel wird, desto kleiner wird der auf die Ebene senkrecht gerichtete Anteil der Normalkraft von der Gewichtskraft.

Versuch 9

1. Reibungskörper
2. Kraftmesser
3. Faden
4. Tisch

Wir führen den Versuch 3 noch einmal durch und ermitteln die Gewichtskraft F_N und die Werte für die Haftreibungskraft R_H und die Gleitreibungskraft R_G. Wir wissen bereits, daß $R \sim F_N$ ist in beiden Fällen. Wir bilden den Quotienten aus den Reibungskräften und F_N und erhalten die Reibungszahlen f_H und f_G:

$$\frac{R_H}{F_N} = f_H \quad \text{und} \quad \frac{R_G}{F_N} = f_G\,,$$

so daß gilt:

$$R_H = f_H \cdot F_N \quad \text{und} \quad R_G = f_G \cdot F_N\,.$$

Versuch 10

1. Tuchstreifen (oder dünne Kugelkette vom Waschbeckenstöpsel)
2. Maßband
3. Tisch

Wir legen einen Streifen Tuch oder eine dünne Kette ausgestreckt horizontal auf einen Tisch und lassen ein kurzes Stück über die Tischkante hängen. Solange das Tuch ruhig liegen bleibt, ist die Haftreibungskraft größer als die Gewichtskraft des überhängenden Tuchstücks. Wir schieben das Tuch langsam mehr und mehr zur Tischkante hin. In dem Augenblick, in dem das Tuch beginnt abzugleiten, halten wir es mit der Hand fest und messen die Länge l_1 des auf der Tischplatte verbliebenen Stücks des Streifens und l_2 des überhängenden Stücks. Die Gewichtskraft F ist jetzt gleich der Haftreibungskraft R_H. Sie ist wieder gleich dem Produkt aus der Haftreibungszahl f_H und der Gewichtskraft F_1 des aufliegenden Stücks: $R_H = f_H \cdot F_1$. Nun ist im Moment des Abgleitens R_H gleich der Gewichtskraft F_2 des überhängenden Stücks: $R_H = F_2 = f_H \cdot F_1$. Die Gewichtskräfte sind aber proportional den Längen l_1 und l_2 der aufliegenden und überhängenden Tuchstücke. Daher wird die Haftreibungszahl

$$f_H = \frac{l_2}{l_1}.$$

Diese Versuche liefern allerdings nur ungenaue Reibungszahlen.

Versuch 11

1. Reibungskörper
2. Kraftmesser
3. Faden
4. Wasser (oder Öl)

Vor einer Wiederholung des Versuchs 3 geben wir ein wenig Wasser oder einige Tropfen Öl auf die Tischplatte und verteilen die Flüssigkeit zu einer dünnen Schicht. Der Reibungskörper gleitet jetzt leichter über die Unterlage. Sie ist „geschmiert". Die Werte für R_G und R_H sind kleiner als bei einer nicht geschmierten Unterlage.

Versuch 12

1. kurze Glasstäbe (oder runde Bleistifte)
2. Reibungskörper
3. Kraftmesser
4. Faden

Wir ändern den Versuch 3 insofern ab, daß wir den Reibungskörper auf runde Glasstäbe oder runde Bleistifte legen. Er rollt auf dieser Unterlage leicht. Daher muß der Meßbereich des Kraftmessers eventuell der neuen Situation angepaßt werden. An ihm lesen wir beim Ziehen die Rollreibungskraft ab. Sie ist kleiner als die Gleitreibungskraft.

Versuch 13

Zeigestock (oder Besenstiel, Spazierstock, langer Stativstab)

Wir legen einen Stock horizontal über die ausgestreckten Zeigefinger bei weit auseinander gehaltenen Händen. Der Schwerpunkt des Stocks sei näher an einem der Finger. Wir nähern die Finger einander. Dabei beobachten wir, daß der Stock als erstes nur auf dem Finger rutscht, der vom Schwerpunkt am weitesten entfernt liegt. Hier ist der durch die Haftreibung erzeugte Widerstand kleiner als bei dem anderen Finger. Während dieses Gleitens nimmt der Gleitwiderstand zu, weil die auf den Finger wirkende Kraft größer wird. Schließlich wird dieser Widerstand gleich dem Haftreibungswiderstand am ruhenden Finger. Erst wenn der rutschende erste Finger noch näher an den zweiten Finger kommt, kehren sich die Verhältnisse um. Dann kommt der zweite Finger in Bewegung. Der Unterschied der wechselnden Bewegungen wird immer geringer, je näher die Finger dem Schwerpunkt kommen.

Versuch 14

1. Zeichendreieck mit Loch
2. Fahrradspeiche (oder glatter, gerader Stahldraht)

Wir schieben eine waagerecht gehaltene Fahrradspeiche durch das Loch eines Zeichendreiecks. Die Speiche heben wir an einer Seite ein wenig an. Der Winkel, unter dem wir anheben, darf nur so wenige Grad betragen, daß das Dreieck nach einem unmerklich kleinen Abrutschen sofort wieder zur Ruhe kommt. Die in Richtung der Speiche wirkende Komponente der Gewichtskraft des Dreiecks kann die Haft- und Gleitreibung noch nicht überwinden.
Wir drehen die Fahrradspeiche um ihre Längsachse. Das Dreieck beginnt abzurutschen. Die Bewegung der Speiche senkrecht zur Bewegungsrichtung des Dreiecks vermindert die Reibung.
Die Fahrradspeiche eignet sich wegen ihrer hohen Steifigkeit für den Versuch besser als ein Stahldraht, der dazu neigt, durchzuhängen.

Versuch 15

1. Kugelkette aus Verschlüssen an Waschbecken (oder Fahradkette)
2. ebener Tisch
3. Maßstab

Wir legen eine Kugelkette gerade ausgestreckt auf den Tisch. Ein zunächst kleines Stück der Kette lassen wir über den Tischrand hängen. Die Kette bleibt in Ruhe, weil die Haftreibung R größer ist als die Gewichtskraft F_1 des aufliegenden Kettenteils.

Wenn wir die Kette zum Abgleiten bringen wollen, müssen wir an ihrem überhängenden Teil ziehen, bis sie sich in Bewegung setzt. Dann ist gerade die Haftreibung R gleich der Gewichtskraft F_2 des überhängenden Kettenteils. Von da an führt die Kette eine beschleunigte Bewegung aus. Wir können den Versuch zu einer Bestimmung der Haftreibungszahl f ausnutzen. Es ist zu Anfang $R = f \cdot F_1$. Im Augenblick, in dem das Gleiten einsetzt, ist $R = F_2$. Also ist $f = \frac{F_2}{F_1}$. Die Gewichtskräfte F_1 und F_2 sind proportional zu den entsprechenden Längen l_1 und l_2 der Kettenteile. Daher wird

$$f = \frac{l_2}{l_1}\,.$$

An die Genauigkeit des Ergebnisses dürfen wir freilich keine zu hohen Anforderungen stellen.
Der Versuch kann auch mit einer Fahrradkette ausgeführt werden.

Versuch 16

1. Kugelkette
2. Holzprisma
3. Faden
4. Schere

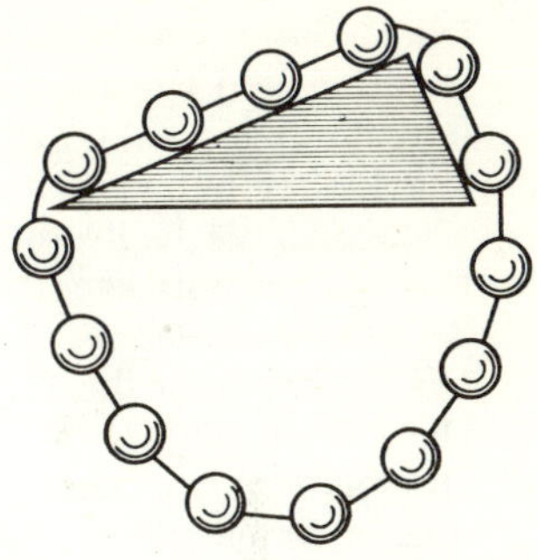

Abb. 1.14./2
Die Stevinsche Kugelkette

Zur Vorbereitung des Versuchs sägen wir aus 2 cm bis 3 cm starkem Holz ein rechtwinkliges Dreieck, ein Prisma, aus, dessen große Kathete 20 cm lang sei. Die Enden einer Kugelkette knüpfen wir mit einem Faden zusammen und hängen sie über das Dreieck. Seine lange Kathete halten wir waagerecht. Die kleine Kathete erhält dann vertikale Lage. (Die historische Abbildung 1.14./2 zeigt eine andere Lage.)
Unter dem Prisma hängt die Kette lose in Form einer Kettenlinie herab. Die Kette bleibt in Ruhe und zwar auch dann, wenn wir den Faden unten durchschneiden.
Als wirkende Kräfte können bei diesem Versuch die Gewichte der Kettenteile und die Reibungskraft längs der Hypotenuse des Dreiecks auftreten. Es ist naheliegend anzunehmen, daß der längere Kettenteil über der Hypotenuse wegen seines größeren Gewichts gegenüber dem kürzeren, senkrecht hängenden Teil, die Kette in eine beschleunigte Bewegung geraten läßt. Jedoch wäre nach jedem Abrutschen einer Kugel über die untere Kante des Prismas der ursprüngliche Zustand der Ruhe wieder hergestellt. Das Experiment zeigt, daß tatsächlich immer der Ruhezustand erhalten bleibt. Der frei unter dem Prisma hängende Kettenteil bleibt bei jeder Verlagerung der Kette im Gleichgewicht. Er kann das Gleichgewicht des Ganzen nicht beeinflussen. Wir dürfen ihn uns wegdenken.Dann halten sich das längere, über der Hypotenuse des Dreiecks liegende Stück der Kette und

das frei senkrecht herabhängende Stück das Gleichgewicht. Jede Kettenkugel habe das Gewicht F_1. Wenn auf 1 cm der Kette n Kugeln entfallen, dann wirkt auf das senkrecht hängende Kettenteil längs der Höhe h der Kathete die Gewichtskraft $F_1 \cdot n \cdot h$. Längs der Hypotenuse mit der Länge l wirkt nur die Komponente F_2 des Gewichts jeder Kugel. Die Gesamtkraft hier ist $F_2 \cdot n \cdot l$. Weil Gleichgewicht herrscht, ist $F_1 \cdot n \cdot h = F_2 \cdot n \cdot l$. Es folgt:

$$\frac{F_1}{F_2} = \frac{l}{h}.$$

Das ist das Gesetz des Gleichgewichts an der schiefen Ebene. Damit ist aber das Paradoxon zwischen den Möglichkeiten einer in Bewegung geratenen und einer in Ruhe bleibenden Kette aufgelöst, ohne daß Reibungskräfte eine Rolle spielen. Der Gedankenversuch wurde von Simon Stevin (1548 bis 1620) in seinem Buch „De Beghinselen der Weeghconst" 1586 veröffentlicht (Grundlagen der Wägekunst oder Statik). Er hielt seine Überlegung für so wichtig, daß er die Zeichnung nach Abbildung 1.14./2 auf das Titelblatt seines Buches setzte mit der Überschrift „Wunder und doch kein Wunder".

Bemerkungen

1. Die Reibung wurde zuerst von Augustin de Coulomb (1736 bis 1806) untersucht. Da er sowohl Physiker als auch Techniker war, entsprechen seine Versuche und Berechnungen auch der technischen Anwendung der Reibung. [3; 8; 16; 27]
2. Die Haftreibungskraft ist größer als die Gleitreibungskraft und diese wieder größer als die Rollreibungskraft.
3. Die Haftreibungskraft und die Gleitreibungskraft sind unabhängig von der Größe der Auflagefläche eines Reibungskörpers.
4. Die Gleitreibungskraft ist unabhängig von der Geschwindigkeit des Gleitens.
5. Die Reibungskraft hängt ab von der Neigung der Unterlage.
6. Die Reibungszahl hängt ab vom Material der aufeinander haftenden oder gleitenden Flächen.
7. Die Reibung entsteht durch das Verzahnen der Unebenheiten der aufeinander liegenden Flächen.
8. Reibungskräfte kommen bei dem Stevinschen Paradoxon nicht in Betracht.

1.15. Die innere Reibung

Versuch 1

1. rohes Ei
2. gekochtes Ei
3. glatte Tischfläche (oder Teller)

Wir legen ein rohes Ei auf die glatte Tischfläche oder in einen Teller und versetzen es mit einer schnellen Bewegung unserer Hand in Rotation. Es versucht infolge der Trägheit seine Bewegung beizubehalten, wird aber durch die verhältnismäßig große innere Reibung des zähflüssigen Inhalts (Eiweiß und Dotter) des Eis und seiner Schale stark gebremst. Das Ei kommt nach wenigen Umdrehungen zur Ruhe.

Wir wiederholen den Versuch mit einem gekochten Ei. Bei gleichem Anstoß kommt es erst nach wesentlich mehr Umdrehungen zur Ruhe, weil jetzt Schale und Inhalt fest sind und zusammen rotieren. Die gesamte Masse unterliegt einheitlich der Trägheit.

Versuch 2

1. 2 gleiche Flaschen mit Korken
2. Wasser
3. Sand
4. Sägespäne
5. schiefe Ebene
6. Waage mit Wägesatz

Wir füllen eine Flasche mit Wasser, eine zweite mit einem Gemisch von Sand und Sägespänen und gleichen die Füllungen so ab, daß die Flaschen gleiche Massen haben. Lassen wir sie eine schiefe Ebene hinabrollen, so kommt die mit Wasser gefüllte Flasche schneller unten an.
Die in beiden Fällen gleiche angreifende Kraft (der Hangabtrieb) setzt die Flaschen in Drehbewegung, überwindet die Rollreibung und beschleunigt sie. Wegen der geringen Viskosität des Wassers entsteht in dieser Flasche nur eine geringe innere Reibung. Es dreht sich nur eine dünne an der Wand der Flasche haftende Wasserschicht mit, während die gesamte Sandmenge der zweiten Flasche in Drehbewegung versetzt werden muß. [27; 31]

Bemerkungen

1. Wasser hat eine geringe Viskosität.
2. Eine Drehbewegung erfordert eine um so größere Kraft, je größer die innere Reibung ist.
3. Die innere Reibung wirkt bremsend auf die Rotation.

1.16. Das Beharrungsvermögen ruhender fester Körper

Versuch 1

1. Standzylinder (oder Weinglas)
2. Karton
3. Geldstück
4. Faden

Wir knüpfen einen Faden durch ein kleines Loch im schmalen Ende eines Kartonstreifens und legen diesen auf einen Standzylinder oder ein Weinglas. Auf den Karton legen wir über der Öffnung des Glases ein Geldstück. Jetzt reißen wir mit einem schnellen Ruck am Faden den Karton seitlich vom Glas weg. Das Geldstück bewegt sich nicht mit dem Karton zur Seite, sondern fällt in das Glas.
Schieben wir den Kartonstreifen langsam zur Seite, bleibt das Geldstück darauf liegen und führt die Bewegung mit aus.

Versuch 2

1. Dominosteine
2. Lineal
3. dünnes Seil

Wir bauen mehrere Dominosteine (oder andere glatte gleichgroße Spielsteine) zu einem Turm übereinander auf dem Tisch auf. Mit einem Lineal, das wir parallel zur Tischplatte und dicht über ihr führen, schlagen wir schnell und kräftig gegen den untersten Stein. Er fliegt fort. Der darüber liegende Aufbau der Steine bleibt erhalten. Er rückt dann nur um die Dicke des weggeschlagenen Steins nach unten. Auch das Lineal rutscht unter dem Aufbau durch. In Abänderung des Versuchs schlingen wir ein dünnes Seil um den untersten Dominostein. Mit einem plötzlichen schnellen Ruck reißen wir die Schnur mit diesem Stein unter dem Aufbau der übrigen Steine heraus.
Der Versuch soll auf Leonardo da Vinci zurückgehen.

Versuch 3

1. Dominosteine
2. Papierstreifen

Wir bauen einen Turm aus Dominosteinen auf dem Ende eines längeren Streifens aus glattem Papier auf. Das andere Ende des Streifens fassen wir an und reißen ihn ruckartig in seiner Längsrichtung dicht über der Tischplatte streifend fort. Er wird unter dem Turm herausgezogen, ohne daß dieser umfällt.

Versuch 4

1. Standzylinder
2. Tischtuch
3. Stab

Zu diesem Versuch benötigen wir ein Tischtuch, das keinen verdickten Saum besitzt. Auch sollte es möglichst glatt sein. Wir legen es auf den Tisch, so daß etwa die Hälfte der Tischplatte bedeckt ist. Auf das Tischtuch stellen wir einen nicht zu hohen Standzylinder. Wir können ihn auch noch mit Wasser füllen.
Nun fassen wir das Tischtuch mit beiden Händen an zwei weit auseinander liegenden Stellen und ziehen es so schnell wie möglich vom Tisch nach unten herunter. Der Standzylinder bleibt stehen.
Das Tischtuch darf beim Wegziehen keine Falten werfen. Es empfiehlt sich daher, das vom Tisch herabhängende Tuch um einen Stab (Besenstiel, langer Stativstab) zu wickeln und es damit zu ziehen.
Nach einiger Übung kann der Standzylinder durch andere Gegenstände, z. B. Weingläser, Tassen, Geschirr ersetzt werden, was den Effekt bedeutend erhöht. Auch können wir dann das Tischtuch ganz über die Tischplatte legen.

Versuch 5

1. Wägestück (2 kg)
2. Fäden
3. Seil
4. Stativmaterial

Wir suchen Fäden, an denen wir ein schweres Wägestück gerade noch aufhängen können, ohne daß sie reißen. Oft genügen doppelt genommene Zwirnsfäden. Damit

das Wägestück beim Zerreißen des Fadens nicht herunterfällt, knüpfen wir noch ein Seil, das es sicher trägt, um seinen Hals. Lassen wir diese Sicherheitsvorkehrung weg, empfiehlt es sich, eine dicke Matte unterzulegen, die das Wägestück auffängt und Schäden an der Tischplatte oder dem Fußboden vermeidet. Mit dem Faden und dem lose hängenden Seil befestigen wir das Wägestück an einem Stativ. Schließlich binden wir einen Faden der gleichen Stärke wie zuvor nochmals um den Hals des Wägestücks und lassen ihn frei herabhängen.
Wir reißen mit einem kräftigen Ruck an dem unteren freien Faden. Er zerreißt, das Wägestück bleibt hängen. Nun ersetzen wir den zerrissenen Faden durch einen neuen gleichen Faden und ziehen langsam daran. Jetzt reißt der obere Faden und das Wägestück fällt herunter.
Wir stellen das Wägestück auf den Tisch, binden einen Faden darum und ziehen langsam daran. Das Wägestück folgt dem Faden. Ein schneller Ruck am Faden läßt ihn zerreißen, während das Wägestück stehenbleibt. Auch können wir es auf den Fußboden stellen und am Faden ziehen. Das Wägestück läßt sich anheben. Beim ruckartigen Ziehen bleibt es stehen, der Faden reißt.

Versuch 6

1. dünner, langer Holzstab (etwa 1 m)
2. Zwirn
3. Stativmaterial
4. 2 Weingläser
5. 2 Stecknadeln
6. Bleistift

Wir knüpfen Zwirnsfäden zu zwei Schlaufen von etwa 40 cm Länge und hängen sie an zwei Stativen auf. In diese Schlaufen legen wir einen dünnen Holzstab, wie er z. B. zum Anbinden von Blumenstöcken benutzt wird. Wir schlagen mit einem kräftigen Schwung mit der Handkante schnell und sehr hart auf die Mitte des Stabs. Er bricht in zwei Teile, während die Fadenschlaufen unbeschädigt hängenbleiben. Ihr Beharrungsvermögen schützt sie. Vorsicht! Die in den Schlaufen hängenden Enden des Stabs schnellen nach oben. Wir gestalten den Versuch noch attraktiver. Dazu stecken wir in die Enden des Stabs je eine Stecknadel. Diese legen wir rechts und links auf Weingläser auf. Beim Aufschlag auf die Mitte des dazwischen liegenden Stabs zerbricht dieser. Wegen ihres Beharrungsvermögens fallen die Weingläser nicht um und werden auch nicht beschädigt.
Wir ersetzen den Holzstab durch einen möglichst langen Bleistift, den ein Helfer mit den zur Faust geballten Händen an den Enden festhält. Ein Schlag mit der Handkante auf die Mitte des Bleistifts läßt ihn zerbrechen. Die haltenden Hände bleiben in Ruhe. Der Schlag muß diesmal sehr hart und kräftig sein.

Versuch 7

1. Flaschenkork
2. Nähnadel
3. Blechstückchen aus Kupfer, Messing
4. Zangen
5. schwerer Hammer
6. Brettchen

Wir verwenden einen geraden Flaschenkork. Von einer Nähnadel brechen wir mit Zangen das Öhr so weit ab, daß die Nadel um ca. 1 mm länger ist als der Kork. Wir stecken sie in der Längsachse ganz in den Kork. Oben schneidet das Ende der Nadel eben mit der Oberkante des Korkens ab, unten schaut die Spitze gerade noch sichtbar heraus.

Wir legen ein Stück dünnes Kupfer- oder Messingblech auf ein weiches Brettchen und stellen den Kork aufrecht darauf. Nun führen wir mit einem schweren Hammer einen kräftigen Schlag senkrecht auf den Kork aus. Die Nähnadel, deren Härte größer ist als die von Kupfer oder Messing, sticht ein Loch in das Metall. Der Kork dient lediglich dazu, daß sich die Nadel nicht verbiegt oder abbricht.

Bemerkungen

1. Ruhende feste Körper haben ein großes Beharrungsvermögen (Trägheit).
2. Eine kurzzeitig auf einen ruhenden Körper ausgeübte Kraft, die ihn bei langsamem Einwirken in Bewegung setzen würde, reicht nicht aus, sein Beharrungsvermögen zu überwinden.

1.17. Die Trägheit

1. Zündholzschachtel
2. Papierbogen

Wir stellen eine Zündholzschachtel so auf einen Bogen Papier, daß ihre Breitseite zur Schmalseite des Bogens zeigt. Nun ziehen wir das Papier schnell über den Tisch und halten es ruckartig, aber ohne Gegenbewegung an. Die Streichholzschachtel fällt infolge der Trägheitskraft in der Bewegungsrichtung um. [27]

Bemerkung

Ein Körper versucht seine Bewegung beizuhalten, solange keine Kraft auf ihn einwirkt.

1.18. Die Trägheitskräfte

Versuch 1

1. Kraftmesser (10 N)
2. Schraubenmutter (oder Hakengewicht 200 cN)
3. Unterlegmatte

Wir hängen einen Körper, z. B. eine Schraubenmutter oder ein Hakengewicht, an einen Kraftmesser.
Er zeigt die richtige Gewichtskraft F, in unserem Beispiel 200 cN, an, solange wir den Kraftmesser ruhig halten. Wir bewegen den Kraftmesser mit der Hand schnell nach unten. Jetzt zeigt er eine Kraft $F_1 < F$ an. Beschleunigen wir den Kraftmesser schnell nach oben, ist die angezeigte Kraft $F_2 > F$.
Wir lassen den Kraftmesser samt dem angehängten Körper los. Er fällt frei. Seine Anzeige geht während des Fallens auf Null zurück. Zur Schonung des Geräts lassen wir es auf eine weiche Unterlage fallen.
Die Änderung der Kraft F zeigt sich auch in einem abwärts bzw. aufwärts fahrenden Fahrstuhl, während wir den Kraftmesser einfach ruhig in der Hand halten.

Versuch 2

Personenwaage

Wir stellen uns auf eine Personenwaage. Sie zeigt unsere Gewichtskraft F an, wenn wir ruhig auf der Waage stehen bleiben. Jetzt gehen wir rasch auf der Waage in die Hocke oder machen eine Kniebeuge. Während dieser Bewegung geht der Zeiger der Waage zurück und zeigt ein Gewicht $F_1 < F$ an. Wir müssen aber unsere Bewegung kurz vor dem Erreichen der tiefsten Stellung abbremsen. In diesem Augenblick geht der Zeiger wieder nach oben und zeigt vorübergehend ein „Übergewicht" an.
Wir bleiben kurze Zeit in der Tieflage und stellen wieder das „richtige" Gewicht F fest. Dann richten wir uns schnell auf. Die Waage zeigt während der Bewegung aufwärts ein Gewicht $F_2 > F$ an. Zum Schluß, wenn wir diese Bewegung wieder abbremsen, beobachten wir ein „Untergewicht".
Bei einer empfindlichen Waage genügt es oft, eine heftige Auf- und Abbewegung mit dem Arm oder einer Faust auszuführen, um die Änderung des Gewichts festzustellen.

Versuch 3

1. 2 schwere gleiche Wägestücke
2. Papierstreifen
3. Kiste mit Sand

Wir stellen zwei schwere Wägestücke, am besten mit den Massen von je 5 kg, mit ihren flachen Unterseiten aufeinander und legen einen Papierstreifen dazwischen. Wir halten die Anordnung am unteren Wägestück in der Hand. Ziehen wir ruckartig mit der anderen Hand am Papierstreifen, können wir ihn nicht zwischen den Wägestücken herausziehen, eventuell zerreißt er.
Nun lassen wir die Anordnung los. Die Wägestücke fallen nach unten. Ziehen wir während des Fallens am Papierband, läßt es sich leicht zwischen den Wägestücken herausziehen. Den Fußboden und die Wägestücke müssen wir dabei vor Beschädigungen schützen. Am besten lassen wir die Wägestücke in eine Kiste mit Sand oder Sägemehl fallen oder auf eine dicke Matte aus der Turnhalle.

Versuch 4

1. Kraftmesser (100 N)
2. Fadenpendel
3. Pendelmasse (1 kg)
4. Stativmaterial

Wir hängen einen Kraftmesser (100 N) an einem Stativ auf. An den Kraftmesser hängen wir ein längeres Fadenpendel und stellen sein Gewicht fest (10 N).
Nun lassen wir das Pendel seitlich hin und her schwingen. In den höchsten Punkten der Schwingung, den Umkehrpunkten, zeigt der Kraftmesser ein kleineres Gewicht an, weil hier die Spannung am Faden am geringsten ist. Beim Durchgang durch die Ruhelage erscheint das Gewicht des Pendelkörpers vergrößert (etwa 30 N), denn hier ist die bei der Kreisbewegung auftretende reactio auf die Zentripetalkraft am größten. [8; 16; 27]

Bemerkungen

1. Die zum Beschleunigen eines Körpers nötige Kraft äußert sich als zusätzliche Kraft, die Trägheitskraft, zur Gewichtskraft.
2. Die Trägheitskraft ist der beschleunigten Kraft entgegengesetzt gerichtet.

1.19. Der Schwerpunkt

Versuch 1

1. Platte aus beliebigem Material
2. Tisch mit gerader Kante
3. Bleistift
4. Nagel

Wir schieben eine Platte von beliebiger regelmäßiger oder unregelmäßiger Form aus Holz, Pappe, Blech oder anderem Material nach dem Rand eines Tisches hin, bis sie gerade noch nicht abkippt. In dieser Lage halten wir sie fest und ziehen von unten an der geraden Tischkante entlang einen Bleistiftstrich. Er stellt eine Schwerelinie dar.
Wir drehen die Platte in eine andere Lage und wiederholen den Versuch, eventuell auch noch ein zweites Mal.
Der Schnittpunkt der so erhaltenen Schwerelinien ist der Schwerpunkt der Platte. Wir prüfen die Richtigkeit, indem wir die Platte in diesem Punkt auf eine Nagelspitze oder Bleistiftspitze setzen. Sie bleibt im Gleichgewicht.

Versuch 2

1. Kartoffel
2. Büroklammer
3. Stricknadel
4. scharfes Messer
5. Faden

Wir biegen eine Büroklammer zu einer Öse auf und stecken sie an einer beliebigen Stelle in eine Kartoffel. An die Öse knüpfen wir einen Faden und hängen die Kartoffel daran auf. Sobald sie sich zur Ruhe eingependelt hat, stecken wir eine Stricknadel in der Verlängerung des Fadens in die Kartoffel, bis sie ganz durchbohrt ist. Wir bewegen die Nadel mehrfach hin und her, drücken sie auch leicht zur Seite. So entsteht in der Kartoffel eine gut markierte Schwerelinie. Dann ziehen wir die Nadel wieder heraus. Wir wiederholen den Versuch, nachdem wir die Öse an einer anderen Stelle in die Kartoffel gestochen haben, eventuell noch ein zweites Mal.
Nun schneiden wir die Kartoffel mit einem scharfen Messer in der Ebene einer Schwerelinie durch, die wir an der Einstichstelle erkennen. Wir sehen den Schnittpunkt der Schwerelinien. Es ist der Schwerpunkt der Kartoffel. [8]

Bemerkungen
1. Ein Körper bleibt nur dann in jeder Lage im Gleichgewicht, wenn er in seinem Schwerpunkt unterstützt wird.
2. Der Schwerpunkt ist der Schnittpunkt von wenigstens zwei Schwerelinien.

1.20. Der Schwerpunkt und die Standfestigkeit des menschlichen Körpers

Versuch 1

1. Reckstange
2. Matte

Um die Lage des Schwerpunkts im menschlichen Körper zu finden, legen wir uns in der Turnhalle über eine tiefliegende Reckstange. Mit gerade gestrecktem Körper

schieben wir uns langsam über die Stange, bis wir das Gefühl haben, vornüber zu kippen. Der Körper liegt dann im Gleichgewicht der Teile vor und hinter der Stange. Unser Schwerpunkt liegt im Inneren unseres Körpers, etwa in der Höhe des Nabels, genau über der Stange.
Hilfestellung ist bei dem Versuch erforderlich!
Beim aufrechten Stehen liegt der Schwerpunkt in der Mitte über der von den Füßen gebildeten Standfläche

Versuch 2

Matte

Wir stellen uns aufrecht hin, die Füße dicht nebeneinander. Jetzt neigen wir uns mit gestrecktem Körper langsam nach vorn. Wir fallen unweigerlich um, sobald unser Schwerpunkt, d. h. die Körpermitte, über die Fußspitzen hinauskommt. Unwillkürlich reißen wir einen Fuß nach vorn, um die Standfläche zu vergrößern und so das Umfallen zu verhindern.
Hilfestellung ist bei dem Versuch, der vor einer Matte auszuführen ist, erforderlich.

Versuch 3

Matte

Wir stellen uns gerade aufgerichtet mit dem Rücken an eine glatte Wand oder Tür. Die Hacken sollen die Wandfläche berühren, die unten keine Scheuerleiste aufweist. In dieser Stellung versuchen wir ein Bein gestreckt anzuheben. Das Knie des anderen Beins darf dabei nicht herausgedrückt werden. Das Anheben des Beins gelingt nicht, wir fallen um. Unser Schwerpunkt liegt in dieser Stellung fast schon über den Fußspitzen. Beim Anheben des Beins kommt er über die Standfläche hinaus.
Hilfestellung ist bei dem Versuch, der vor einer Matte auszuführen ist, erforderlich.

Versuch 4

Stuhl

Wir setzen uns gerade aufgerichtet auf einen Stuhl, die Hände auf den Rücken, die Füße nebeneinander ein wenig nach vorn gestellt. Es ist uns nicht möglich, in dieser aufrechten Haltung aufzustehen. Zum Aufstehen müssen wir die Füße anziehen oder unseren Oberkörper weit nach vorn beugen. Unser Schwerpunkt liegt in diesem Fall weit hinten über dem Stuhlsitz. Erst wenn der Schwerpunkt über die Füße kommt, gelingt uns das Aufstehen.

Versuch 5

Hocker

Wir stellen einen Hocker dicht an eine Wand und uns davor. Unser Abstand von der Wand soll gleich der doppelten Breite des Hockers sein. Wir fassen ihn an den

Seiten mit unseren Händen und stützen den Kopf gegen die Wand. Unsere Beine stehen durchgedrückt gerade. Sie bilden mit dem Oberkörper einen rechten Winkel.
Wir heben den Hocker hoch, halten ihn frei in der Luft und versuchen uns aufzurichten. Dabei ist es natürlich untersagt, uns mit dem Hocker von der Wand abzustoßen. Der Versuch des Aufrichtens mißlingt, denn der Schwerpunkt unseres Körpers samt dem Hocker liegt weit vor den Füßen, die unsere Standfläche bilden.
Der Versuch sollte nicht auf glattem Fußboden ausgeführt werden. Hilfestellung ist erwünscht.

Versuch 6

1. Stuhl
2. Brett
3. Zuckerstück

Wir verwenden einen Stuhl mit viereckigem Sitz und kräftigen geraden Beinen. Wir legen ihn auf dem Fußboden derart um, daß die Vorderbeine auf dem Fußboden liegen, die Hinterbeine mit der Lehne frei darüber. Nahe an der Lehne legen wir über die Hinterbeine ein Brett, auf die weitest entfernte Stelle auf der Lehne ein Stück Zucker. Wir knien auf das Brett und versuchen, den Zucker mit dem Mund aufzunehmen. Dabei dürfen wir aber nicht mit den Händen nach vorn zur Lehne greifen.
Beim Vornüberbeugen des Oberkörpers gerät unser Schwerpunkt über den Stuhlsitz hinaus. Wir kippen vornüber, meist mitsamt dem Stuhl. Der Versuch gelingt nur, wenn wir uns so hinhocken, daß der Schwerpunkt über dem Stuhlsitz als Standfläche bleibt.
Hilfestellung ist erforderlich.

Versuch 7

1. 2 Kerzen
2. Feuerzeug
3. Papierunterlage

Zwei Personen knien mit gerade aufgerichtetem Oberkörper so weit voneinander entfernt auf dem Fußboden nieder, daß sich ihre Hände eben noch berühren, wenn sie die Arme gerade nach vorn strecken. Jede Person erhält eine Kerze in die rechte Hand. Vorsichtshalber decken wir den Boden mit Papier ab, um später Wachsflecke aufzufangen.
Jetzt soll jede Person mit der linken Hand ihren linken Fuß fassen und festhalten. Wir zünden die Kerze der einen Person an und fordern die zweite Person auf, ihre Kerze an der brennenden anzuzünden. Beim Vorbeugen kippt sie vornüber, wenn ihr Schwerpunkt über die Standfläche hinausgerät.

Bemerkungen
1. Der Schwerpunkt des menschlichen Körpers liegt in Nabelhöhe.
2. Je größer die Standfläche des Menschen, desto größer ist seine Standfestigkeit. [23]
3. Kommt die Wirkungslinie der Gewichtskraft (das Lot vom Schwerpunkt) über die Standfläche des Menschen hinaus, fällt er um. Es tritt ein Drehmoment auf.

1.21. Das Gleichgewicht hängender Körpersysteme

Versuch 1

1. Taschenmesser
2. Holzstück
3. Tischkante

Wir verwenden ein Taschenmesser mit zwei Klingen, die wir beide um etwa 90° öffnen. Die Spitze der längeren Klinge stechen wir in ein Holzstück, die kleinere stellen wir nahe an eine Tischkante. Das Holz schwebt unter der Tischkante (Abbildung 1.21./1a). Der Schwerpunkt des Systems aus Taschenmesser und Holz liegt unter der Unterkante des Tischs und unter dem Unterstützungspunkt des Systems. Es ist im stabilen Gleichgewicht.

Versuch 2

1. Bleistift
2. Taschenmesser
3. Tischkante

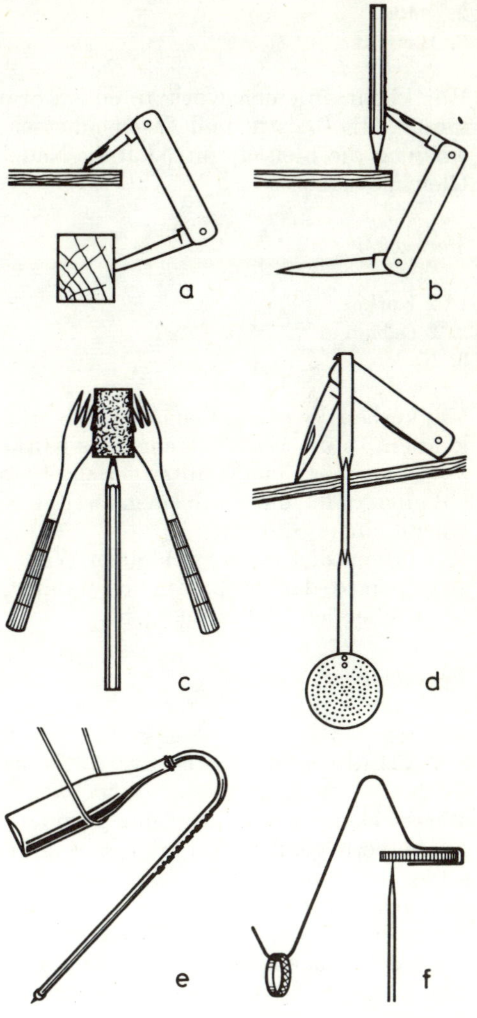

Abb. 1.21./1
Gleichgewicht freihängender Körper

Wir öffnen ein Taschenmesser, so daß Klinge und Griff einen Winkel von ungefähr 120° bilden. Die Spitze der Klinge stechen wir in das untere Ende eines angespitzten Bleistifts. Diesen setzen wir mit der Spitze nahe an den Rand einer Tischplatte. Der Messergriff befindet sich unter der Platte. Wir öffnen das Messer so weit, daß der Bleistift lotrecht steht (Abbildung 1.21./1 b). Dann liegt der Schwerpunkt des Systems aus Stift und Messer unter dem Unterstützungspunkt. Das System ist im stabilen Gleichgewicht. Nach leichtem Anstoßen kehrt es in seine Ausgangslage zurück.

Versuch 3

1. Kork
2. Nadel
3. Bleistift
4. Taschenmesser
5. Stativmaterial

Wir klemmen einen Kork an einem Stativ fest und stecken eine Nadel horizontal hinein. Mit Bleistift und Taschenmesser verfahren wir wie in Versuch 2. Nur setzen wir jetzt die Bleistiftspitze auf die Nadel auf. Auch jetzt ist das System im stabilen Gleichgewicht.

Versuch 4

1. 2 Korke
2. 2 Gabeln
3. Nadel
4. Münze
5. Stativmaterial

Wir kerben die runde Fläche eines Korks so ein, daß wir eine Münze hineinklemmen können. In die Walzenflächen des Korks stecken wir an gegenüberliegenden Seiten zwei Gabeln steil nach unten gerichtet ein. Dann setzen wir die Münze mit dem Rand auf eine Nadel, die wir in einen zweiten Kork gesteckt haben. Diesen Kork befestigen wir an einem Stativ.
Wir öffnen den zunächst kleinen Winkel, den die Gabeln miteinander bilden, und erreichen so, daß das anfänglich stabile Gleichgewicht des Systems in ein indifferentes, schließlich labiles übergeht.

Versuch 5

1. Kork
2. 3 Bleistifte (oder 2 Taschenmesser bzw. 2 Gabeln)

Wir stecken zwei längere gut gespitzte Bleistifte an entgegengesetzten einander gegenüberliegenden Punkten schräg nach unten gerichtet in einen Kork. Ihn setzen wir auf die Spitze eines dritten Bleistifts auf, den wir in der Hand halten. Je nach der Lage und dem von den beiden Bleistiften gebildeten Winkel kann das System im stabilen, indifferenten, labilen Gleichgewicht sein.
Statt der zwei eingestochenen Bleistifte können wir zwei offene Taschenmesser mit den Klingen oder zwei Gabeln in den Kork stecken (Abbildung 1.21./1 c).

Versuch 6

1. Kork
2. 2 Gabeln
3. 2 Stecknadeln (oder Rundkopfstifte)
4. längeres Lineal
5. Stativmaterial

Wir drücken zwei Stecknadeln oder Rundkopfstifte unten in einen Kork. In seine Seiten stechen wir zwei gleiche Gabeln einander entgegengesetzt ein wie in Abbildung 1.21./1 c. Dieses System stellen wir mit den Nadeln auf ein auf Stativmaterial schräg gestelltes längeres Lineal. Wenn wir es leicht seitlich bewegen, wandert der

Kork mit seinen Gabeln abwärts, ohne umzufallen. Der Schwerpunkt liegt unterhalb des Lineals.

Versuch 7

1. 2 Korke
2. Stecknadeln
3. Nähnadel
4. 2 Gabeln (oder 2 Taschenmesser)
5. Stativmaterial

Wir stecken eine Nähnadel in einen Kork, so daß die Nadelspitze freiliegt. Den Kork klemmen wir an einem Stativ fest. In einen zweiten Kork stecken wir eine Stecknadel und zwei gleiche Gabeln (oder Taschenmesser) wie in Versuch 5.
Nur ersetzen wir den dritten Bleistift durch eine Stecknadel, die wir unten in den Kork stecken. Nun legen wir diese Stecknadel nahe an ihrem Kopf horizontal auf die Spitze der Nähnadel und balancieren aus. Der Schwerpunkt muß tiefer als die Spitze der Nähnadel liegen. Dann ist das System im stabilen Gleichgewicht.
Es gelingt sogar, durch leichtes Anblasen, den Kork mit den Gabeln in Rotation zu versetzen. Dabei kann die härtere Nähnadel die weichere Stecknadel durchbohren.

Versuch 8

1. Taschenmesser
2. Schaumlöffel
3. Korkscheibe

Wir öffnen ein größeres Taschenmesser um einen Winkel von 50 ° bis 60 °. Im Scheitel des Winkels klemmen wir mit Hilfe einer Korkscheibe einen langen Schaumlöffel fest. Den Winkel aus dem Taschenmesser stellen wir auf die Kante eines Tisches (Abb. 1.21./1 d). Der Schaumlöffel hängt abwärts etwas unter die Tischkante hinunter. Das System bleibt so stehen, weil der Schwerpunkt unter dem Unterstützungspunkt liegt.

Versuch 9

1. leere Weinflasche
2. Spazierstock mit gebogener Krücke
3. Seil
4. Stativmaterial

Wir hängen eine Seilschleife an einem Stativ auf. In den offenen Hals einer leeren Flasche stecken wir den gebogenen Griff eines Spazierstocks (Abb. 1.21./1 e). Die Flasche hängen wir in die Seilschleife. Die passende Stelle an der Flasche müssen wir ausprobieren. Dann hängt das System aus Flasche und Stock im Gleichgewicht, ohne abzurutschen oder sich herauszudrehen. Der Schwerpunkt liegt unter der Aufhängestelle.

Versuch 10

1. Geldstück
2. Kork
3. Nadel
4. Draht (20 cm)
5. Fingerring (oder Schraubenmutter)
6. Stativmaterial

Wir biegen ein 20 cm langes Stück steifen Draht (Durchmesser etwa 2 mm) an einem Ende um 2,5 cm um. Vom Knick aus 8 cm entfernt biegen wir am anderen Ende 6 cm zu einem Doppelhaken um (Abb. 1.21./1f). Es bleibt ein 3,5 cm langes Endstück übrig, das wir benutzen, um ein Geldstück fest damit einzuklemmen. In den kleinen Haken hängen wir einen schweren Fingerring oder eine dicke Schraubenmutter. Schließlich klemmen wir einen Kork an einem Stativ fest und stecken eine Nadel lotrecht hinein.
Jetzt setzen wir das Geldstück, so wie es die Abbildung zeigt, auf die Nadel. Das Gewicht des Rings bzw. der Mutter müssen wir ausprobieren. Wenn der Schwerpunkt des Systems richtig tief genug liegt, herrscht stabiles Gleichgewicht.

Versuch 11

1. Tasse
2. 2 Korke
3. schwere Gabel
4. Nadel
5. Stativmaterial

Wir zwängen einen Kork in den Henkel einer Kaffeetasse und stecken schräg nach unten zeigend eine schwere Gabel in den Kork. Einen zweiten Kork klemmen wir an einem Stativ fest und stecken eine Nadel lotrecht hinein.
Jetzt stellen wir die Tasse auf die Nadel. Es gelingt, sie in das stabile Gleichgewicht zu bringen. Es ist dabei günstig, wenn der Tassenboden rauh ist. [16; 22]

Bemerkungen

1. Der Schwerpunkt kann außerhalb eines Körpers bzw. eines Systems von Körpern liegen.
2. Ein System ist im stabilen Gleichgewicht, wenn sein Schwerpunkt unterhalb seines Unterstützungspunktes liegt.

1.22. Der freie Fall

Versuch 1

1. Blatt Papier
2. kleine feste Gegenstände

Wir lassen ein Blatt Papier und einen festen Gegenstand, z. B. ein Stück Kreide, Radiergummi, Krokodilklemme o. ä., nebeneinander aus etwa 2 m Höhe gleichzeitig fallen. Das Papierblatt schwebt langsam pendelnd nach unten. Seine Geschwindigkeit ist (fast) gleichbleibend. Der feste Gegenstand erreicht mit wachsender Geschwindigkeit den Fußboden viel früher als das Papier.
Wir wiederholen den Versuch, knüllen aber diesmal das Papier zu einer kleinen

festen Kugel zusammen. Jetzt fallen Kugel und Gegenstand gleichmäßig mit gleicher Beschleunigung zu Boden, weil jetzt beide (annähernd) gleichen Luftwiderstand als Gegenkraft zur Gravitationskraft erfahren.

Bemerkung

Im lufterfüllten Raum fallen Körper, die gleichen Luftwiderstand erfahren, gleichmäßig.

Versuch 2

1. Rundkolben
2. kleine Gegenstände
3. weiche Unterlage

Wir geben in eine Glasflasche (z. B. einen Rundkolben, Kochflasche, Erlenmeyerkolben) mehrere kleine Körper, z. B. Steinchen, Blei, Pappstücke, Flaumfeder. Wir lassen die Flasche samt ihrem Inhalt aus 1 m bis 2 m Höhe fallen. Um sie unbeschädigt aufzufangen, legen wir eine hinreichend weiche Unterlage auf die Stelle, auf der sie auftreffen wird. Wir beobachten, daß sich infolge des fehlenden Luftwiderstands alle Gegenstände in der Flasche mit ihr gleich schnell nach unten bewegen.

Versuch 3

1. 8 m dünne Schnur
2. 6 Schraubenmuttern

Wir binden 6 Schraubenmuttern in eine dünne lange Schnur so ein, daß sich die erste Mutter am Anfang der Schnur befindet, die nächste in 30 cm Abstand von der ersten, die nächsten in jeweils 60 cm Abstand von der vorhergehenden. Die Abstände betragen also 30 cm, 90 cm, 150 cm, 210 cm und 270 cm. Von der ersten bis zur sechsten Mutter sind es also 750 cm.
Mit dieser Fallschnur gehen wir in das Treppenhaus und halten sie senkrecht straff gespannt. Die erste Mutter berührt den Fußboden. Wir lassen die Schnur in der Höhe los. Die Muttern fallen nacheinander auf den Boden, und wir hören die Aufschläge in deutlich gleichen Zeitabständen. Mit zunehmender Fallhöhe wächst die Fallgeschwindigkeit v. Da sich die Fallzeiten t zwischen den Aufschlägen verhalten wie 1:2:3:4 usw., folgt $v \sim t$ ($v = g \cdot t$).
Die Länge einer solchen Fallschnur können wir den vorhandenen Höhen anpassen, aus denen wir sie fallen lassen wollen. Wir müssen nur beachten, daß sich die Fallwege der Muttern verhalten wie 1:3:5:7 usw. Nur sollte die Fallschnur nicht zu kurz sein, weil dann die zu schnell aufeinander folgenden Aufschläge der Muttern die Beobachtung der Zeitabstände erschweren.
Wir können die Fallschnur auch schräg halten. Die erste Mutter muß dann am Fußboden festgehalten werden. Der Effekt der Zeitabstände ist der gleiche wie bei der senkrecht gehaltenen Schnur. Die Schräglage bedeutet einen Übergang zur Fallrinne nach Galilei.

Bemerkungen

1. Ein freifallender Körper führt eine beschleunigte Bewegung aus.
2. Die von einem Körper im freien Fall in gleichen Zeiten zurückgelegten Wege verhalten sich wie die ungeraden Zahlen 1:3:5 usw.
3. Die Fallgeschwindigkeit v ist der Fallzeit proportional $v \sim t$ ($v = g \cdot t$).
4. Körper fallen beim Wegfall des Luftwiderstands gleich schnell.

1.23. Die Fallbeschleunigung

Versuch 1

1. Schraubenmuttern (oder Steine)
2. Maßband
3. Metronom
4. Schnur (6 m)

Wir binden in das Ende einer Schnur eine Schraubenmutter und messen von ihr möglichst genau 5 m der Schnur ab. An dieser Stelle binden wir einen Knoten, damit wir die Länge immer wieder leicht feststellen können.
Im Treppenhaus lassen wir die Schnur bis auf den Fußboden herunter und halten sie am Knoten senkrecht fest gespannt. Ein Metronom lassen wir im Sekundentakt ticken. Nun halten wir neben den Knoten in der Schnur eine Schraubenmutter (oder einen Stein), zählen im Takt des Metronoms, Vier, Drei, Zwei, Eins, Null. Bei Null lassen wir die Mutter los. Sie fällt, schlägt auf den Boden unten auf, und wir hören, daß der Aufschlag mit dem nächsten Takt des Metronoms zusammenfällt. Die Fallzeit beträgt also $t = 1$ s. Aus dem Weg-Zeit-Gesetz $s = \frac{g}{2} t^2$ folgt für die Fallbeschleunigung $g = 10$ m/s².
Um den Aufschlag der Mutter laut genug zu hören, empfiehlt es sich, die Mutter in eine Blechbüchse treffen zu lassen. Da unser Ohr eine Zeitdifferenz von 0,01 s zu hören vermag, ist die Gleichzeitigkeit von Aufschlag und Taktzeichen sehr genau festzustellen. Das Gelingen des Versuchs hängt wesentlich davon ab, daß das Loslassen der Mutter exakt in der Höhe von 5 m erfolgt. Schon 5 cm weniger oder mehr bedingen eine Zeitdifferenz von 0,01 s. Trotzdem liefert der Versuch nur einen Näherungswert für die Fallbeschleunigung.

Versuch 2

1. Schraubenmutter
2. Handstoppuhr (1/10 s)
3. Maßband

Wir messen im Treppenhaus eine Höhe von 10 m möglichst genau aus. Eine Markierung an dem Treppengeländer erleichtert es uns, von dieser Stelle aus einen Körper (Schraubenmutter, Stein, Metallknopf) fallen zu lassen. Die Körper sollten ein Gewicht von 50 cN bis 100 cN haben.
Wir nehmen den Fallkörper in die eine Hand, eine Stoppuhr in die andere Hand. In dem Moment, in dem wir den Körper loslassen, drücken wir den Knopf der Stoppuhr. Wir verfolgen den freien Fall mit den Augen und drücken die Stoppuhr,

wenn wir das Auftreffen des Körpers auf dem Fußboden des Treppenhauses sehen. Die visuelle Beobachtung liefert bessere Werte als das Horchen auf den Aufschlag. Verwenden wir eine Stoppuhr, die 1/10 s anzeigt, gelingt es, die Fallzeit $t = 1{,}4$ s auf $\pm 1/10$ s zu stoppen. Fehler durch Abbremsen des fallenden Körpers durch die Luft bleiben bei 10 m Höhe noch unmerklich.
Eine Fallhöhe von nur 5 m ist weniger günstig, weil hier eine Zeitdifferenz von 1/10 s schon einen Fehler von 20% für den Wert der Fallbeschleunigung bedeutet.

Versuch 3

1. Bürette mit Hahn
2. Wasser
3. Blechbüchse
4. Stoppuhr
5. Maßband
6. Stativmaterial

Wir klemmen einen langen Stativstab mit einer Tischklemme am Tischrand fest und verlängern die Stange mit einem zweiten Stativstab. An ihm befestigen wir eine Bürette, die wir mit Wasser füllen. Senkrecht darunter stellen wir eine leere Blechbüchse auf, in die die Wassertropfen aus der Bürette fallen sollen. Um ihr Auftreffen deutlich zu hören, stellen wir die Büchse auf kleine Holzklötzchen. Der Abstand vom Hahn der Bürette zum Boden der Büchse soll mindestens zwei Meter betragen.
Nun lassen wir Wasser aus der Bürette tropfen. Die Folge der Tropfen regulieren wir so ein, daß sich jedesmal, wenn ein Tropfen hörbar in der Blechbüchse auftrifft, am Hahn der nächste Tropfen ablöst.
Wir lassen möglichst viele Tropfen (mindestens 30) fallen und messen mit einer Stoppuhr die Gesamtzeit, die dafür erforderlich ist. Wir wiederholen den Versuch mehrmals. Dabei schließen wir immer wieder den Hahn und regulieren das Austropfen jedesmal neu. Aus dem Mittelwert der gemessenen Zeiten berechnen wir diejenige Zeit t, die ein einzelner Tropfen für die gemessene Fallstrecke s benötigt und erhalten die Fallbeschleunigung g aus dem Weg-Zeit-Gesetz des freien Falls $s = \frac{g}{2} t^2$.

Der Wert für g ist aus diesen Versuchen mit einem Fehler unter 5% zu erhalten. [8; 16; 32]

Bemerkung

Die Beschleunigung beim freien Fall hat nach diesen Versuchen den ungefähren Wert 10 m/s².

1.24. Die menschliche Reaktionszeit

Versuch 1

1. Holzmaßstab (50 cm)
2. glatte Wand

Wir halten einen mindestens 50 cm langen Holzmaßstab so an eine glatte Wand, daß sich die Nullmarke unten befindet. Wenn sich der Maßstab vertikal eingependelt hat, drücken wir ihn mit einem Finger fest gegen die Wand.

Die Versuchsperson, deren Reaktionszeit wir messen wollen, hält ihren Daumen über die Nullmarke des Maßstabs, darf ihn aber nicht anfassen. Wir informieren die Person, daß der Maßstab fallen wird und sie solle ihn so schnell wie möglich mit ihrem Daumen gegen die Wand drücken und so festhalten. Jetzt lassen wir den Maßstab plötzlich und ohne daß es die Person erwartet los.
Der Maßstab fällt nach unten. Es gelingt der Person ihn erst dann festzuhalten, wenn er 20 cm bis 30 cm durchfallen hat. Aus der Fallstrecke s berechnen wir nach dem Fallgesetz für den freien Fall die Reaktionszeit $t = \sqrt{2s/g}$. Sie liegt ungefähr bei 0,2 s.

Versuch 2

1. elektrische Stoppuhr
2. Morsetaste
3. Schalter (am besten Kontaktplatte)
4. Experimentierschnüre

Wir schalten eine elektrische Stoppuhr nach ihrem Schaltplan so, daß das Zählwerk mit einem Schalter eingeschaltet und mit einem Morsetaster wieder gestoppt werden kann. Als Schalter eignet sich eine Kontaktplatte oder auch ein Fußschalter. Diesen Schalter stellen wir so auf, daß die Versuchsperson, deren Reaktionszeit wir bestimmen wollen, ihn nicht sehen kann.
Wir weisen die Versuchsperson an, den Zeiger der Uhr zu beobachten. Sobald er sich in Gang setzt, soll sie die Uhr mit einem Schlag auf die Morsetaste stoppen. Wir setzen die Uhr unerwartet in Gang. Sie zeigt nach dem Stoppen sofort die Reaktionszeit an. Sie beträgt 0,1 bis 0,2 s. [8]

Bemerkung

Die menschliche Reaktionszeit ist sehr kurz. Sie liegt meist unter 0,2 s.

1.25. Das Drehmoment

Bogen Papier

Wir legen einen großen Bogen Papier (Zeitung) auf einen möglichst glatten Fußboden und stellen uns in Socken oder barfuß darauf. Unser Körpergewicht verlegen wir auf die Fersen und drehen den Oberkörper schraubend nach links und rechts. Bei jeder Drehung des Körpers entsteht, um das Gleichgewicht zu erhalten, ein Drehmoment in entgegengesetzter Richtung. Unter seinem Einfluß weichen die Füße in dieser Richtung aus.
Der Versuch, der einer Übung beim Trockenkurs zum Erlernen des Skilaufs entspricht, ersetzt Versuche mit dem Drehschemel. [33]

Bemerkung

Ein Drehmoment an einem Körper bewirkt ein gleiches Drehmoment in entgegengesetzter Richtung.

1.26. Die gleichförmige Drehbewegung

1. Plattenspieler
2. gerades Drahtstück (10 cm)
3. Plastilin
4. Stoppuhr

Nahe am Rand des Tellers eines Plattenspielers befestigen wir senkrecht mit etwas Plastilin ein etwa 10 cm langes gerades Drahtstück als Zeiger.
Wir setzen den Plattenspieler in Drehung und beobachten die Bewegung des Zeigers.
Wir stoppen mehrfach die Zeit für einen Umlauf des Zeigers, die Umlaufzeit T des Tellers. Er dreht sich gleichmäßig, d. h., er führt eine gleichförmige Drehbewegung aus. T kann auch aus der für den Plattenspieler angegebenen Drehzahl berechnet werden. Beispiel: Drehzahl 45 Umdrehungen pro Minute, $T = 1{,}33$ s.
Die Umlaufzeit ändert sich nicht, wenn wir den Zeiger auf einem Radius des Tellers in verschiedenen Abständen von dessen Mittelpunkt aufstellen.
Jeder der Zeiger, d. h. jeder Punkt des Tellers, führt eine zeitlich periodische Bewegung aus.
Wir berechnen aus der Umlaufzeit T die Anzahl der Umdrehungen pro Sekunde, die Frequenz f. Beispiel: $T = 1{,}33$ s; $f = 0{,}75$ Hz.
Wir bemerken den Zusammenhang zwischen Frequenz f und Umlaufzeit T:

$$f = 1/T.$$

Da die Bahnlängen der durch die Zeiger festgelegten Punkte auf dem Teller vom Radius R abhängen, wachsen die Bahngeschwindigkeiten v dieser Punkte mit R.
$v = 2\pi R/T$. [7; 16; 34]

1.27. Der Angriffspunkt der Kraft beim Drehmoment

1. Garnrolle
2. schmales Band oder Faden (ca. 1 m)
3. Klebstoff
4. Brett
5. Unterlegklotz

Wir kleben oder nageln ein schmales Band in der Mitte einer Garnrolle fest und wickeln es in mehreren Windungen um die Rolle. Dabei achten wir darauf, daß sich das Band mitten um die Rolle schlingt. Andernfalls schert sie beim Ziehen am Band seitlich aus der Zugrichtung aus.
Wir legen die Rolle so auf den Tisch, wie es die Abbildung 1.27./1a zeigt. Das Band liegt unter der Rolle. Ziehen wir jetzt parallel zum Tisch am Band, bewegt sich die Rolle auf uns zu nach vorn. Dies geschieht auch, wenn wir die Rolle umgekehrt auf den Tisch legen, so daß das Band über ihr hervorkommt (Abb. 1.27./1b), obwohl wir vielleicht vermuten, daß die Rolle dann von uns weglaufen würde. Wir nehmen nämlich irrtümlich an, die Drehachse liege in der Achse der Rolle. In Wirklichkeit ist die Verbindungslinie der Auflagepunkte D der Rolle auf dem Tisch die Drehachse. Der Angriffspunkt A der Kraft F liegt in der Mitte der Rolle. In der Abbildung ist er in die Stirnfläche nach A verlegt. Um die Rolle zu drehen, ist ein Drehmoment erforderlich. Der zugehörige Hebelarm ist $AD = a$, das Drehmoment also $M = F \cdot a$. Die Drehung erfolgt von der Drehachse aus gesehen in

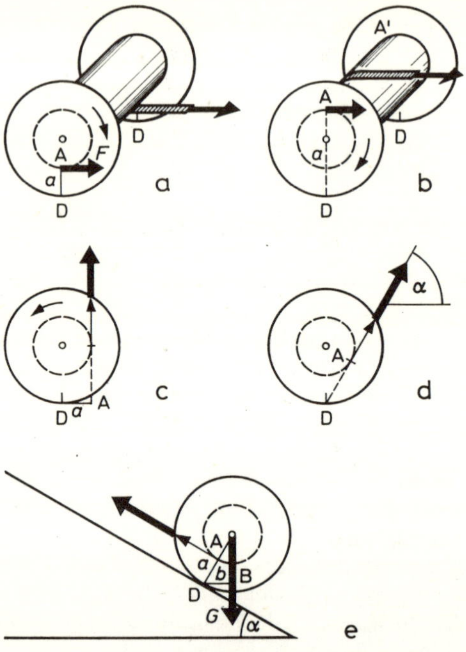

Abb. 1.27./1
Angriffspunkte der Kraft bei Garnrollen

Richtung der wirkenden Kraft F. In unseren beiden Fällen dreht sich also die Rolle nach rechts, ganz gleich, ob das Band oberhalb oder unterhalb der Rolle verläuft. Es ändert sich nur die Länge des Hebelarms a und damit die Größe des Drehmoments M, nicht aber seine Richtung. Anders verhält sich die Rolle, wenn wir am Band senkrecht nach oben ziehen. Die Abbildung 1.27./1 c zeigt dazu nur die Stirnfläche der Rolle. Weil der Angriffspunkt der Kraft nicht mehr senkrecht über der Drehachse d liegt, hat der Hebelarm AD seine Lage zur Richtung der Kraft F geändert. Das Drehmoment M wirkt jetzt nach links, die Rolle dreht sich in dieser Richtung. Sie rollt von uns weg.
Zwischen den beiden Möglichkeiten des Abrollens nach rechts oder links muß es einen Übergang geben. Das ist der Fall, wenn das Drehmoment den Wert Null hat. Die Abbildung 1.27./1 d stellt diese Möglichkeit dar. Wir müssen an dem Band unter demjenigen Winkel α gegen die Horizontale ziehen, bei dem der Hebelarm die Länge Null erreicht. Dann rutscht die Rolle über den Tisch, ohne zu rollen.
Bei diesen Versuchen ist das Gewicht der Rolle unwesentlich, weil es durch die Gegenkraft des Tisches aufgehoben wird. Legen wir aber die Rolle auf ein durch ein Unterlegklotz zur schiefen Ebene gemachtes Brett, will sie infolge ihres Gewichts abwärts rollen. Trotzdem gelingt es uns, sie durch Ziehen am Band aufwärts rollen zu lassen. Die Abbildung 1.27./1 e erörtert dies für den Fall, daß das Band unten an der Rolle angreift und wir parallel zum Brett ziehen. Das Drehmoment $M_1 = F \cdot a$ muß größer sein als das Drehmoment $M = G \cdot b$, das die Gewichtskraft G am Hebelarm DB bewirkt. Wir müssen daher kräftiger ziehen als bei den Versuchen auf der waagerechten Tischebene.
Entsprechendes gilt, wenn das Band oben an der Rolle angreift. [8; 25; 28]

Bemerkungen

1. Eine Drehung wird durch ein Drehmoment bewirkt.

2. Die Richtung der Drehung hängt ab von der Lage des Angriffspunkts der Kraft zur Drehachse.
3. Die Rolle auf der Tischplatte bewegt sich auf uns zu, wenn der Winkel α, den das ziehende Band mit der Tischplatte bildet, gleich Null ist oder kleiner als der Winkel α bleibt, bei dem die Rolle auf dem Tisch rutscht; sie rollt von uns weg, wenn von diesem Winkel aus der Winkel α wächst bis zu 90 °, ganz gleich, ob das Band oben oder unten an der Rolle angreift.
4. Auf einer schiefen Ebene muß das durch das Ziehen am Band erzeugte Drehmoment größer sein als das von der Gewichtskraft bewirkte Drehmoment, um die Rolle bergauf zu bewegen.

1.28. Die Erhaltung des Drehimpulses

Versuch 1

1. Massestück ($m = 50$ g)
2. Faden

Wir binden einen größeren Knopf, besser ein kleines Metallstück von etwa 50 g Masse, in der Mitte eines 40 cm bis 50 cm langen Fadens fest. Seine Enden fassen wir mit den Händen, so daß der Faden horizontal liegt, aber nur lose gespannt ist. Nun führen wir mit den Händen kreisende Bewegungen aus. Die Masse schwingt in einem Kreis mit dem Radius r herum. Der Faden beschreibt dabei einen Doppelkegel mit waagerechter Achse. Die Masse führt eine Zentralbewegung aus, wobei sich die von den Händen ausgeübten Kräfte vektoriell zur Zentralkraft zusammensetzen.

Während der andauernden Rotation nähern wir die Hände einander. Der Radius r wird größer, die Bewegung wird langsamer, d. h. die Winkelgeschwindigkeit kleiner.

Entfernen wir die Hände voneinander, wird r kleiner, die Winkelgeschwindigkeit größer.

Es gilt der Flächensatz, der Drehimpuls bleibt erhalten.

Versuch 2

1. kleines Massestück
2. Faden

Wir binden ein kleines Massestück fest an einen Faden, den wir in kreisende Bewegung versetzen. Dann lassen wir den Faden sich um unseren Zeigefinger herumwickeln. Dabei wird der Radius der Kreisbahn kleiner, die Winkelgeschwindigkeit größer.

Wir können auch das Massestück an einen längeren Faden (etwa 1 m) anbinden. Das freie Fadenende befestigen wir an einem Stab. Wir versetzen ihn in kleine kreisende Bewegung parallel zu seiner Achse. Der Faden beschreibt eine Kreisbahn. Halten wir den Stab plötzlich an, wickelt sich der Faden um ihn herum. Je kleiner der Radius des noch freien Fadenkreises wird, desto größer wird die Winkelgeschwindigkeit.

Versuch 3

1. kleines Massestück
2. Faden
3. Rohr

Wir binden ein kleines Massestück an einen festen Faden (z. B. aus Kunststoff), den wir durch ein ca. 20 cm langes Rohr ziehen. Das oben herausragende Fadenende halten wir in der Hand. Nun versetzen wir die Masse unten durch Herumschleudern in Kreisbewegung. Ziehen wir den Faden langsam oben aus dem Rohr, verkürzen wir damit den Radius der Kreisbahn. Die Winkelgeschwindigkeit wächst. Wird z. B. der Radius halbiert, wächst die Winkelgeschwindigkeit auf das Vierfache. Die Enden des Rohrs sollten glatt sein, damit sich der Faden nicht durchscheuert. Am besten wird ein 20 cm langes Glasrohr an beiden Enden rund geschmolzen. [8; 47]

Bemerkungen

1. Der Drehimpuls eines Körpers, der sich unter dem Einfluß einer Zentralkraft auf einer Kreisbahn bewegt, bleibt zeitlich konstant.
2. Der vom Mittelpunkt der Kreisbahn zur Masse weisende Vektor überstreicht in gleichen Zeiten gleiche Flächen (Flächensatz).

1.29. Die Kräfte bei der Drehbewegung

Versuch 1

Regenschirm

Wir klinken einen Regenschirm aus, spannen ihn aber nicht auf. Wenn wir ihn jetzt schnell um seinen Stiel als Rotationsachse drehen, breitet er sich auf und öffnet sich um so mehr, je schneller die Drehung erfolgt. Die Zentralkraft wächst dabei.

Versuch 2

1. Milchkanne
2. Wasser

Wir nehmen von einer Milchkanne den Deckel ab und füllen zur Hälfte Wasser ein. Dann fassen wir sie am Griff und schleudern sie am ausgestreckten Arm in vertikaler Ebene in einem Kreis mit dem Radius r herum. Dann ist die im höchsten Punkt auftretende Zentrifugalbeschleunigung größer als die Fallbeschleunigung g. Das Wasser läuft nicht aus, wenn die Rotationsgeschwindigkeit $v > \sqrt{r \cdot g}$ ist. Wir können den Versuch auch mit einer schmalen offenen Konservendose ausführen. Dazu schlagen wir dicht unter dem oberen Rand zwei Löcher gegenüber in die Dosenwand. Durch die Löcher ziehen wir eine starke Schnur und verknüpfen sie zu einem Griff. An ihn binden wir eine 1 m lange Schnur. Mit ihr schleudern wir die teilweise mit Wasser gefüllte Dose im Kreis herum. Das Wasser läuft nicht aus, wenn die Dose mindestens zwei Umläufe pro Sekunde ausführt.

Versuch 3

1. Massestück (500 g)
2. starke Schnur
3. Kraftmesser (250 N)

Wir binden ein Metallstück (Eisen oder Blei) mit der Masse ca. 500 g fest an eine 30 cm lange starke Schnur. Diese binden wir an einen Kraftmesser. Ihn fassen wir mit der rechten Hand und schleudern das Massestück am hoch erhobenen Arm waagerecht über unserem Kopf herum. Die Kraft, die wir an unserem Arm verspüren, wird vom Kraftmesser angezeigt. Seinen Auszug fassen wir geschickt mit den Fingern unserer linken Hand und halten ihn fest, damit wir die Größe der Kraft nachher ablesen können.

Versuch 4

1. Plattenspieler (oder Drehschemel)
2. großes Becherglas
3. Kerze
4. Feuerzeug
5. Klebstreifen

Wir zünden eine Kerze an und lassen einen Tropfen Wachs etwas seitlich von der Mitte in ein großes Becherglas tropfen. Die brennende Kerze selbst kleben wir mit dem Tropfen auf dem Boden des Glases etwas zum Rand hin fest. Das Glas stellen wir nahe zum Rand auf einen Plattenspieler oder Drehschemel (Klavierschemel) und befestigen es mit Klebstreifen so, daß es nicht abrutschen kann.
Wir versetzen den Plattenspieler in schnelle Rotation. Weil die schwerere kalte Luft von der Mitte des Glases nach außen gedrängt wird, neigt sich die Flamme nach innen. Dabei weicht die Flamme von der radialen Richtung ab infolge der auftretenden Corioliskräfte. (G. G. Coriolis; 1792 bis 1843.)

Versuch 5

1. Tasse mit Wasser
2. Teeblätter (oder Sägemehl bzw. Kaffeesatz)
3. Löffel

Wir füllen Wasser in eine Tasse und bringen einige Teeblätter dazu. Wenn sich die Blätter vollgesogen haben, sinken sie zu Boden. Statt Tee können wir Sägemehl oder Kaffeesatz verwenden, beides muß sich gut voll Wasser saugen.
Jetzt rühren wir mit dem Löffel um. Sobald das Wasser gut in Rotation gekommen ist, nehmen wir den Löffel heraus. Das Rühren ist beendet, und das Wasser kommt langsam zur Ruhe. Dann sammeln sich die Teeblätter in der Mitte der Tasse. Kein Geringerer als Albert Einstein (1879 bis 1955) gab am 7. 1. 1926 in der Preußischen Akademie der Wissenschaften die Erklärung des Phänomens. Das rotierende Wasser unterliegt der Zentripetalkraft. An der Wandung wird das Wasser gebremst. Es hat dort eine geringere Geschwindigkeit als im Inneren der Tasse. Insbesondere ist die Geschwindigkeit und damit die Kraft am Boden geringer als in der Höhe. Daraus folgt eine Zirkulation des Wassers, das am Rand der Tasse absinkt, nach der Mitte fließt und die Teeblätter nach dort mitnimmt. Das Wasser steigt aufwärts, die Blätter bleiben wegen ihrer Schwere unten liegen.

Kleben wir die Tasse aber mit Klebwachs auf einen Plattenspieler, so daß die Achsen zusammenfallen, so bewegen sich die Teeblätter bei der Rotation nach außen. Es genügt eventuell, die Tasse am Henkel zu fassen und damit schnell herumzudrehen. Die Teeblätter unterliegen jetzt einer Zentrifugenwirkung. Die Geschwindigkeit am Boden, wo das Wasser sofort mit in Drehung gerät, ist größer als in der Höhe. Die Zirkulation des Wassers erfolgt umgekehrt wie im ersten Fall, von der Mitte unten nach den Seiten und dort aufwärts. Die Teeblätter werden zum Rand getrieben. Um den Versuch einer größeren Anzahl von Zuschauern vorzuführen, zeigen wir ihn mit einem großen, tiefen Suppenteller oder einem großen Becherglas.

Versuch 6

1. Plattenspieler (oder Drehschemel)
2. große Konkavlinse in Fassung
3. Metallkugel

Wir legen eine große Konkavlinse (Durchmesser ca. 16 cm) auf einen Plattenspieler und setzen ihn in Rotation. Nun lassen wir vom Rand der Linse eine Kugel abrollen. Sie beschreibt infolge der auftretenden Corioliskraft eine rosetten- oder sternförmige Bahn.
Legen wir die Linse mit weißem Papier aus und darauf Kohlepapier, so zeichnet die Kugel ihre Bahn auf das Papier. [16; 36; 45]

Bemerkungen

1. Damit ein Körper auf eine Kreisbahn gezwungen wird, muß an ihm eine Zentripetalkraft (Radialkraft) zum Kreismittelpunkt hin angreifen.
2. Ein Stoff mit größerer Masse, der auf einer Kreisbahn gehalten werden soll, erfordert eine größere Kraft als ein Stoff mit geringerer Masse. (Entmischen von Stoffen verschiedener Massen.)
3. Im rotierenden System wirken auf bewegte Massen Corioliskräfte ein.

1.30. Das Trägheitsgesetz bei Drehungen

1. rohes Ei
2. gekochtes Ei

Wir legen ein rohes Ei auf den Tisch und versetzen es mit der Hand in Drehung. Es kommt nach wenigen Umdrehungen zur Ruhe. Nun wiederholen wir den Versuch mit einem gekochten Ei. Diesmal dreht sich das Ei längere Zeit, ehe es zum Stillstand kommt. Auf diese Weise können wir rohe Eier von gekochten unterscheiden. Ein rohes Ei hat einen flüssigen Inhalt. Versetzen wir es in eine Drehbewegung, rotiert zunächst nur die Eierschale und die unmittelbar an ihr haftende Schicht des Inhalts. Die nach innen folgenden Schichten, die noch aus der Ruhe in Bewegung versetzt werden müssen, bremsen durch die Reibungskräfte die Rotation schnell ab. Dagegen kommt der feste Inhalt des gekochten Eis sofort insgesamt in Bewegung, ohne daß Reibungskräfte auftreten.
Wir bringen durch weitere Anstöße ein rohes Ei so in Rotation, daß sein gesamter Inhalt die Drehung mitmacht. Dann halten wir es ganz kurz mit der Hand an und lassen wieder los. Das Ei dreht sich sofort weiter. Führen wir den Versuch mit einem gekochten Ei aus, so bleibt es nach dem kurzzeitigen Anhalten aus der Dre-

hung in Ruhe liegen. Bei dem rohen Ei bleibt der flüssige Inhalt in Bewegung, wenn die äußere Schale angehalten wird. Nach dem Trägheitsgesetz versucht es, die einmal vorhandene Bewegung weiter beizuhalten. Halten wir das gekochte Ei in seiner Rotation an, ist mit der Schale der gesamte feste Körper sofort zur Ruhe gekommen. [51]

Bemerkung

Mit Eiern läßt sich das Trägheitsgesetz demonstrieren.

1.31. Die Zentripetalkraft

1. Glasrohr
2. Faden (ca. 80 cm)
3. Wägestücke

Wir verwenden für den Versuch am besten ein 30 cm langes Glasrohr, dessen beide Öffnungen gut rund geschmolzen sind. Durch das Rohr ziehen wir einen etwa 80 cm langen Faden, an dessen Enden wir zwei gleiche Wägestücke fest einbinden. Wir halten das Rohr vertikal. Das eine Wägestück hängt ca. 30 cm unter dem Rohr, das andere neben dem Rohr an dem herunterhängenden Faden. Nun schleudern wir mit der Hand am Rohr das außen hängende Wägestück im Kreis herum. Bald steigt das unter dem Rohr hängende Wägestück aufwärts. Es stellt die für das Aufrechterhalten der Kreisbewegung erforderliche Zentripetalkraft dar. Weil mit wachsender Geschwindigkeit des umlaufenden Wägestücks eine immer größere Zentripetalkraft nötig wird, reicht die Gewichtskraft des unteren Wägestücks nicht mehr aus. Es steigt hoch. Um es in der anfänglichen Lage zu halten, müßten wir zusätzlich Wägestücke anbringen. Statt eines Glasrohrs können wir auch andere Rohrstücke verwenden. Nur sollten sie keine scharfkantigen Ränder haben, weil sonst der Faden beim Drehen durchgeschnitten werden kann. Dann fliegt das kreisende Wägestück weg und kann Unheil anrichten. [27]

Bemerkung

Ein Körper, der sich auf einer Kreisbahn bewegt, wird sofort von einer Zentripetalkraft gehalten.

1.32. Die Zentrifugalkraft

1. Eimer mit Wasser
2. Schlauch (etwa 4 m; ∅ ca. 2 cm)

Wir tauchen das eine Ende eines Schlauchs in das Wasser eines Eimers. Den Schlauch fassen wir ungefähr in der Mitte und schleudern das freie Ende kräftig im Kreis herum. Bald fließt Wasser aus diesem Ende aus. Der Eimer wird entleert. Die Zentrifugalkraft hat das Wasser hoch gedrückt. Vorsicht! Der Versuch wird am besten im Freien ausgeführt, weil das Wasser in großem Bogen herausspritzt. [35]

Bemerkung

Die Zentrifugalkraft vermag Wasser über das Niveau eines Behälters hochzudrükken.

2. Mechanik der Flüssigkeiten

2.1. Die inkompressible Flüssigkeit

rohes Ei

Wir umschließen ein rohes Ei mit unserer Hand und versuchen, es durch den Druck der Hand zu zerquetschen. Das ist nicht möglich. Wir dürfen bei dem Versuch aber keinen Fingerring tragen, der die Eierschale eindrücken würde. Blasen wir ein Ei aus und wiederholen den Versuch, bricht die Eierschale schon bei geringem Druck zusammen. Der Inhalt des rohen Eis ist flüssig. Ein auf eine Flüssigkeit ausgeübter Druck von außen breitet sich in ihr gleichmäßig nach allen Seiten aus, so daß die Schale an keiner Stelle besonders stark belastet wird und an dieser Stelle einbrechen könnte. Es kommt hinzu, daß eine Flüssigkeit fast gar nicht zusammengedrückt werden kann, sie ist inkompressibel. Daher kann die Eierschale nicht nach innen zusammengepreßt werden. [51]

Bemerkung
Die Flüssigkeit ist inkompressibel.

2.2. Der Saugheber im Modellversuch

1. feste Rolle
2. dünne Kette (2 m)
3. 2 Bechergläser (1000 ml)
4. Stativmaterial

Wir hängen eine Rolle, die leicht beweglich sein sollte, an einem hohen Stativ auf. Über die Rolle hängen wir eine Kette, die ebenfalls leicht beweglich und so dünn sei, daß sie in die Nut der Rolle paßt. Beiderseits der Rolle hängen gleiche Längen der Kette herab. Ihre Enden lassen wir in zwei auf den Tisch gestellte große Bechergläser fallen. In jedem Becher liegen dann gleiche Kettenstücke, die wir spiralig aufrollen.
Wir heben beide Becher gleichmäßig an, halten sie also immer in gleicher Höhe. Die Kette bleibt in Ruhe. Wir lassen einen Becher auf dem Tisch stehen, heben den anderen an. Nun rollt der längere Teil der Kette durch sein größeres Gewicht abwärts. Die ganze Kette fällt in den tiefer stehenden Becher.
Wichtig für den Versuch ist, daß die benutzte Kette dünn ist und leicht bewegliche Kettenglieder hat. Soll eine schwerere Kette verwendet werden, muß sie über eine Rolle mit größerem Durchmesser gelegt werden. Bei einer Fahrradkette z. B. kann

als Rolle ein Kettenrad des Fahrrads benutzt werden. Da es schwierig ist, es an einem Stativ anzubringen, stellen wir das Fahrrad, dessen Kettenrad als Rolle dienen soll, hoch auf.
Die Kette ist ein Modell für die Flüssigkeit, die aus einem Saugheber ausläuft. [9;16]

Bemerkung

Bei einem Saugheber läuft die Flüssigkeit aus dem langen Schenkel des Hebers infolge des Gewichts dieses Flüssigkeitsteils aus.

2.3. Der Heronsball

1. großes Einmachglas mit Deckel und Gummiring
2. Stehkölbchen (oder kleinster Erlenmeyerkolben)
3. durchbohrter Gummistopfen
4. Glasröhrchen mit Spitze
5. Bunsenbrenner mit Schlauch
6. Gasanschluß

Wir legen den Deckel eines großen Einmachglases mit der Außenseite nach unten auf den Tisch. Den zugehörigen Gummiring feuchten wir an und legen ihn in die Nut des Deckels. Darauf stellen wir ein Stehkölbchen (50 ml) oder einen entsprechend kleinen Erlenmeyerkolben, den wir zu einem Drittel mit Wasser füllen. Wir verschließen das Kölbchen mit einem Gummistopfen, durch den ein zur Spitze ausgezogenes Glasröhrchen führt, das fast bis auf den Boden des Kölbchens reicht. Mit der Flamme eines Bunsenbrenners erhitzen wir die Luft in dem mit der Öffnung nach unten gehaltenen Einmachglas. Sobald unsere haltende Hand eine gute Erwärmung des Glases verspürt, stülpen wir es schnell über das Fläschchen auf den Gummiring des Deckels und pressen das Einmachglas mit der Hand fest auf den Ring. Wir können auch ein sehr schweres Wägestück auflegen.
Nach einiger Zeit kühlt sich die eingeschlossene Luft ab. Es entsteht ein Unterdruck im Glas, während im Fläschchen noch der normale Luftdruck herrscht. Hier entspannt sich die Luft und treibt das Wasser durch das Röhrchen hoch, aus dem es springbrunnenartig herausspritzt. Ein solches Fläschchen wird nach dem griechischen Mathematiker Heron von Alexandrien *Heronsball* genannt.
Steht kein passend kleiner Stehkolben oder Erlenmeyerkolben zur Verfügung, genügt ein Medizinfläschchen dieser Größe für den Versuch. Es wird vielleicht noch effektvoller, wenn wir die Luft im Einmachglas nur mit einer Kerzenflamme erwärmen. [9; 16]

Bemerkungen

1. Unter Überdruck stehende Luft versucht sich zu entspannen.
2. Ein verminderter äußerer Luftdruck erzeugt in einem abgeschlossenen Raum einen Überdruck der eingeschlossenen Luft.

2.4. Die Dichte von Flüssigkeiten

1. 2 gleiche Trinkgläser
2. Wasser
3. Kaliumpermanganat
4. Spiritus (oder Rotwein bzw. Milch)
5. Verbandmull
6. Papier

Wir färben Wasser mit einigen Kristallen von Kaliumpermangant rot und füllen es in ein Trinkglas. In das randvoll gefüllte Glas geben wir noch etwas Spiritus. Ein zweites Glas, dessen Rand genau auf den des ersten Glases passen muß, füllen wir mit reinem Wasser ebenfalls randvoll. Auf dieses zweite Glas decken wir zuerst ein Stück Verbandmull, darüber ein Stück Papier. Die Abdeckung halten wir mit einer Hand fest und drehen das Glas schnell um 180 ° um. Wenn wir die Hand wegnehmen, fließt kein Wasser aus.
Jetzt stellen wir dieses Glas genau auf das mit dem gefärbten Wasser, fassen beide Gläser und den Mullstreifen mit der linken Hand und ziehen mit der rechten Hand das Papier zwischen den Gläsern ein wenig heraus. Die Flüssigkeiten berühren sich nur in einem schmalen Streifen an den Glasrändern.
Das spezifisch leichter gemachte Wasser steigt in einem roten Streifen aufwärts in das obere Glas. Nach einiger Zeit ist es ganz mit der roten Flüssigkeit gefüllt, das untere mit dem farblosen Wasser mit der Dichte 1 g/cm³. Ziehen wir das Papier völlig zwischen den Gläsern heraus, werden von Versuchsbeginn an rote Fäden der aufsteigenden Flüssigkeit gut sichtbar.
Statt des gefärbten Wassers können wir auch Rotwein verwenden. Ersetzen wir die gefärbte Flüssigkeit durch Milch (Dichte etwa 1,3 g/cm³), müssen wir sie in das obere Glas geben. Die Milch wandert dann in das untere Glas.
Sind keine zwei Gläser mit tadellos glatten Rändern zur Hand, behelfen wir uns mit einem Glas und einer halbierten Apfelsinenschale, deren Durchmesser so groß sein muß, daß wir sie mit leichtem Druck passend in ein Glas pressen können. Wir bohren mit einem spitzen Nagel einige feine Löcher in die Schale und schieben sie in ein zur Hälfte mit der roten Flüssigkeit gefülltes Glas. Die Schale muß dicht an die Glaswand anschließen. Oben darauf gießen wir das reine Wasser. Alsbald steigt auch hier das farbige Wasser durch die Öffnungen in der Schale empor. [28]

Bemerkungen

1. Mit Spiritus versetztes Wasser hat eine kleinere Dichte als reines Wasser.
2. Milch hat eine größere Dichte als Wasser.
3. Eine spezifisch leichtere Flüssigkeit steigt auf, eine spezifisch schwerere sinkt abwärts. Beide entmischen sich.

2.5. Der Cartesianische Taucher

1. Flasche mit Wasser
2. 3 Zündhölzer
3. Messer

Wir füllen eine Flasche mit Wasser. Gut geeignet für den Versuch ist eine Sprudelflasche. Das Wasser muß sich ein wenig über die Öffnung der Flasche wölben. Von zwei oder drei Zündhölzern schneiden wir die Köpfe so knapp ab, daß fast kein Holz mehr übersteht. Die Köpfchen legen wir auf das Wasser und setzen die Kuppe unseres Daumens darauf. Damit verschließen wir die Öffnung der Flasche.
Wir drücken mit dem Daumen auf das Wasser. Damit wächst der Druck im Wasser. Die Zündholzköpfchen sinken langsam abwärts, weil ihr Auftrieb abnimmt. Mit weiter zunehmendem Druck erreichen sie sogar den Boden der Flasche. Lassen wir mit dem Druck des Daumens nach, steigen sie wieder aufwärts. Bei einem geeigneten, auszuprobierenden Druck schweben sie im Wasser.

Obwohl der Cartesianische Taucher bereits im Altertum bekannt war, gilt als sein Erfinder Raphael Magiotti in Rom (1648). Woher der Name des Tauchers kommt ist unbekannt.

Bemerkung

Der Auftrieb des Cartesianischen Tauchers wird mit zunehmendem Druck der umgebenden Flüssigkeit geringer.

2.6. Die Wichte einer Flüssigkeit

1. Becherglas
2. Wasser
3. Glasrohr
4. Maßstab
5. Flüssigkeit
6. Stativmaterial
7. feiner Trichter

Wir benutzen für den Versuch zuerst eine Flüssigkeit, die leichter als Wasser ist und sich nicht mit Wasser mischt. Wir füllen ein Becherglas mit Wasser. Eine Glasröhre, deren Durchmesser nicht zu groß ist, klemmen wir zusammen mit einem Maßstab an einem Stativ fest. Der Anfang der Skala des Maßstabs muß mit den unteren Rand der Röhre übereinstimmen.
Wir tauchen die Röhre in das Wasser ein. Dann füllen wir von oben so lange eine Flüssigkeit, z. B. Öl, in die Röhre ein, bis das Wasser unten aus ihr ganz verdrängt ist. Wenn das Öl das untere Rohrende erreicht hat, steht es in der Röhre höher als der Wasserspiegel. Dann hält das Gewicht der Ölsäule dem Gewicht des verdrängten Wassers das Gleichgewicht. Die Gewichte sind proportional den Volumina, diese wieder proportional den Höhen (Abb. 2.6./1).
Gewicht des verdrängten Wassers = Gewicht des Öls

$$V_1 \cdot \gamma_1 = V_2 \cdot \gamma_2$$
$$h_1 \cdot \gamma_1 = h_2 \cdot \gamma_2$$
$$\gamma_2 = \frac{h_1}{h_2} \cdot \gamma_1 \,.$$

Da die Wichte von Wasser $\gamma_1 = 1 \frac{\text{cN}}{\text{cm}^3}$ ist, folgt

$$\gamma_2 = \frac{h_1}{h_2} \cdot 1 \frac{\text{cN}}{\text{cm}^3} \,.$$

Für den Fall, daß sich die Flüssigkeit, deren Wichte wir bestimmen wollen, mit Wasser mischt, müssen wir das Wasser durch eine andere passende Flüssigkeit

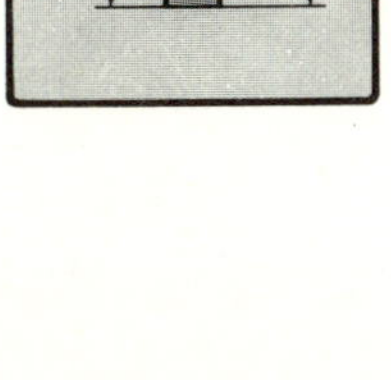

Abb. 2.6./1
Gleichgewicht von Flüssigkeiten verschiedener Dichte

ersetzen, deren Wichte bekannt ist. Ist die Flüssigkeit, deren Wichte wir suchen, schwerer als Wasser, tauchen wir die Röhre in diese Flüssigkeit ein und füllen Wasser in die Röhre. [41]

Bemerkung

Die Wichte einer Flüssigkeit kann aus Steighöhen bestimmt werden.

2.7. Das Reagenzglas-Aräometer

1. Reagenzglas
2. Korkstopfen
3. Bleischrot
4. Millimeterpapier
5. Lineal
6. Standzylinder mit Wasser
7. Kochsalz

Wir schneiden aus Millimeterpapier einen 2 cm breiten Streifen, der etwas länger ist als ein Reagenzglas. Den Zentimeterstrich an einer beliebigen mittleren Stelle des Streifens ziehen wir mit Tusche nach und schreiben die Zahl 1,0 daran. Nun führen wir den Streifen dicht an der Innenwand eines Reagenzglases bis auf seinen Boden. Dort wird er durch eingeschüttetes Bleischrot festgehalten. Das obere Ende des Papiers knicken wir um den Rand des Reagenzglases um.

Wir tauchen das Reagenzglas in einen Standzylinder mit Wasser von möglichst 4 °C ein, wo es senkrecht schwimmt. Durch Nachfüllen von Schrotkörnern regulieren wir die Eintauchtiefe so ein, daß der Strich mit der Zahl 1,0 mit dem Wasserspiegel übereinstimmt. Die Zahl gibt die Dichte von Wasser mit $\varrho_1 = 1{,}0$ g/cm³ an. Das Glas soll jetzt etwa 3 cm aus dem Wasser herausragen. Dann klemmen wir den Papierstreifen mit einem leichten Kork am Glasrand fest.

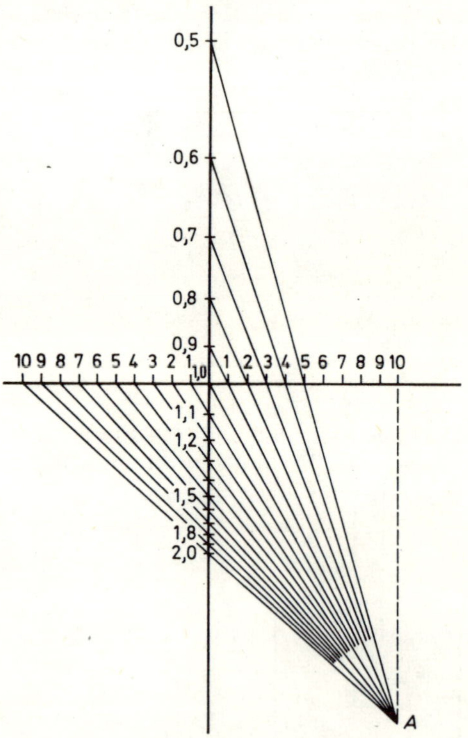

Abb. 2.7./1
Konstruktion der Skala des Aräometers

Wir tauchen das Gerät in eine Kochsalzlösung ein, deren Dichte wir mit einem Aräometer vorher zu $\varrho = 1{,}5\ \mathrm{g/cm^3}$ abgestimmt haben. Das Reagenzglas steigt infolge des größeren Auftriebs aus der Flüssigkeit höher heraus als vorher bei dem reinen Wasser. Den Stand des Flüssigkeitsspiegels lesen wir an der Millimeterteilung ab, nehmen das Glas heraus und markieren die betreffende Stelle auf dem ebenfalls herausgezogenen Millimeterstreifen mit einem Strich und schreiben die Zahl 1,5 daran. Schließlich bringen wir den Papierstreifen in das Glas zurück, setzen dies in die Kochsalzlösung und kontrollieren, ob Strich und Niveau noch übereinstimmen.

Die weitere Einteilung des Millimeterpapiers können wir nach Abbildung 2.7./1 vornehmen, wozu wir den Millimeterstreifen auf ein größeres Papier legen. Wir gehen von der Zahl 1,5 auf dem Streifen aus, verbinden ihn mit der 5 auf der horizontalen Skala und finden rückwärts den Punkt A. Die Strahlen von A aus nach der waagerechten Skala teilen die vertikale Achse auf dem Millimeterpapier nach den Dichte-Werten ein. Ist es nicht möglich, vor dem Versuch eine Kochsalzlösung mit der Dichte 1,5 g/cm³ herzustellen, oder erscheint die Arbeit mit der Zeichnung zu schwierig, verwenden wir eine beliebige, nicht zu schwache Kochsalzlösung und verfahren wie folgt: Wir messen mit einem Lineal die Eintauchtiefen des Reagenzglases von seiner unteren Kuppe bis zur Oberfläche der Flüssigkeiten. Die Tiefe sei bei Wasser h_1, bei der Kochsalzlösung h_2. Dann ist die Dichte der Lösung

$$\varrho_2 = 1\ \mathrm{g/cm^3} \cdot \frac{h_1}{h_2},$$

denn die Eintauchtiefen sind umgekehrt proportional zu den Dichten.

Anmerkung: Wegen der Abrundung des Reagenzglases am unteren Ende sind die Meßergebnisse geringfügig ungenau. Die Bestimmung der Dichte wird um so besser, je größer die Eintauchtiefe ist. [4; 16]

Bemerkungen

1. Die Dichte einer Flüssigkeit kann mit einem Reagenzglas-Aräometer bestimmt werden.
2. Die Dichte einer Kochsalzlösung ist größer als die von Wasser.

2.8. Die schwimmende brennende Kerze

1. Becherglas mit Wasser
2. Kerzenstummel
3. Nagel
4. Streichholz

Wir setzen in einem Becherglas einen Kerzenrest von etwa 1 cm Länge auf das Wasser. Wir zünden ihn an. Durch das Verbrennen des Stearins wird das Gewicht der Kerze immer kleiner. In gleichem Maße nimmt auch der Auftrieb ab.

Infolgedessen wird die Eintauchtiefe entsprechend kleiner. Die Kerze hebt sich höher aus dem Wasser. Das Gewicht der Kerze und der Auftrieb bleiben stets gleich groß.

Das von außen durch das Wasser gekühlte Stearin bildet einen Wall um die Schmelzmulde. Daher erreicht das Wasser den Docht erst, wenn (fast) alles Stearin verbrannt ist. Dann erlischt die Flamme.

Falls der Kerzenstummel nicht stabil aufrecht schwimmt, drücken wir in sein unteres Ende einen leichten Nagel ein. Dadurch sinkt der gesamte Körper etwas tiefer ein als die Kerze allein. Die mittlere Dichte des schwimmenden Körpers wird wegen des relativ schweren Nagels immer größer, wenn die Länge der brennenden Kerze abnimmt, bis der Körper theoretisch untergehen müßte. Das verhindert aber der Wall des Stearins um die Schmelzmulde. Die Kerze brennt auch dann (fast) vollständig ab. Manchmal dringt doch noch Wasser in die Mulde ein und bringt die Kerzenflamme zum Erlöschen. [9; 14]

Bemerkungen

1. Eine schwimmende Kerze kann vollständig abbrennen.
2. Gewicht und Auftrieb eines Körpers bleiben stets gleich groß.

2.9. Das schwimmende Ei

1. gekochtes Hühnerei
2. großes Becherglas (oder Standzylinder)
3. Kochsalz
4. Wasser
5. Rührstab

Wir füllen ein großes Becherglas mit Wasser und legen auf die Wasserfläche ein gekochtes Ei. Es geht unter und sinkt auf den Boden des Becherglases.
Nun stellen wir eine konzentrierte Kochsalzlösung her, füllen sie in das Becherglas und legen das Ei auf die Lösung. Es taucht zwar zu 9/10 ein, schwimmt aber auf der Lösung.
In die Kochsalzlösung bringen wir langsam unter Umrühren Wasser ein. Die Lösung wird verdünnt. Das Ei sinkt immer tiefer ein. Schließlich taucht es unter. Wenn wir das Verdünnen vorsichtig genug durchführen, eventuell auch nochmal ein wenig Kochsalzlösung zugeben, können wir erreichen, daß das Ei in der Flüssigkeit schwebt. Bei weiterer Zugabe von Wasser sinkt es endlich auf den Boden des Becherglases.
Wir gestalten den Versuch besonders interessant, wenn wir das Becherglas nur zur Hälfte mit der spezifisch schweren Kochsalzlösung füllen und mit dem spezifisch leichteren Wasser überschichten. Eine scharfe Trennung erreichen wir, wenn wir auf die Lösung ein passend geschnittenes Stück Pappe legen, das Wasser längs eines Stabes langsam darauf fließen lassen und die Pappe mit Drahthaken herausheben. Das Ei sinkt dann in dem oben befindlichen Wasser bis auf die Salzlösung ab. Dort pendelt es einige Male auf und ab und bleibt schließlich auf der Kochsalzlösung liegen. Das Ei sinkt hier nur noch zu ca. 1/3 ein, weil das Wasser mit dem größeren Volumenanteil einen Teil des Auftriebs übernimmt.
Es empfiehlt sich, bei dem letzten Versuch das Wasser mit einem Tropfen Eosin leicht zu färben. [9; 16]

Bemerkungen

1. Ein Körper sinkt in einer Flüssigkeit unter, wenn seine Dichte größer ist als die der Flüssigkeit.
2. Ein Körper schwimmt auf einer Flüssigkeit, wenn seine Dichte kleiner ist als die der Flüssigkeit.
3. Ein Körper schwebt in einer Flüssigkeit, wenn ihre Dichten übereinstimmen.

2.10. Der nichtschwimmende Kork

1. Korkstopfen
2. Becherglas mit Wasser
3. Wachs
4. Blechlöffel
5. Glasplatte
6. Kerze

Wir zeigen zunächst, daß ein Kork auf Wasser schwimmt. Zur Vorbereitung des eigentlichen Versuchs schmelzen wir etwas Wachs in einem Löffel über einer Kerzenflamme. Das flüssige Wachs gießen wir auf eine Glasscheibe. Kurz vor dem Erstarren drücken wir die Unterseite eines Korkstopfens in das Wachs. Nach dem Erkalten hat der Korkstopfen eine glatte, ebene Unterfläche.
In Vorversuchen suchen wir ein Becherglas aus, das einen völlig ebenen Boden hat, was sich erst bei der Durchführung des Versuchs herausstellt. Finden wir kein geeignetes Becherglas, legen wir auf den Boden eines Glases ein Stück einer Glasplatte.
Zu dem Versuch selbst pressen wir den präparierten Kork leicht gegen den Boden des Becherglases. Dann gießen wir Wasser in das Gefäß. Der Kork steigt nicht hoch, er bleibt auf dem Boden haften, weil kein Wasser unter ihn dringen kann. Daher erfährt er keinen Auftrieb. Dieser tritt aber sofort ein, wenn wir den Kork mit einem Haken etwas seitlich kippen, so daß Wasser unter ihn gelangen kann. Dann steigt er sogleich empor.
Das Aussuchen eines geeigneten Becherglases entfällt, falls wir eine Küvette mit plangeschliffenem Boden verwenden können. Der auf dem Boden haftende Kork gleitet auf dem Boden der Küvette, wenn wir sie schräg halten, nach der höher liegenden Seite, ohne jedoch hochzusteigen. Für diesen Versuch wird gelegentlich empfohlen, einen Gummistopfen in eine Glasschale zu legen, mit dem Finger festzuhalten und ihn mit Quecksilber statt Wasser zu übergießen. Davon ist wegen der Giftigkeit des Quecksilbers abzuraten. [16; 36]

Bemerkung

Ein Körper erfährt in einer Flüssigkeit nur dann einen Auftrieb, wenn sie unter ihn gelangen kann.

2.11. Die kommunizierenden Röhren

Versuch 1

1. 2 Glasröhren
2. Schlauchverbindung
3. Vertikalmaßstab
4. Gefäß mit Wasser
5. Stativmaterial

Wir verbinden die unteren Enden zweier Glasröhren durch ein Stück Schlauch. Die Röhren klemmen wir an einem Stativ fest, ohne uns um exakte vertikale Lage zu bemühen. Nun gießen wir in eine Röhre Wasser ein. Es steigt in beiden Röhren gleich hoch.
Das erreichte Niveau markieren wir mit einem daneben gestellten Vertikalmaßstab. Nun lösen wir eine der Röhren vom Stativ, halten sie mit der Hand, neigen sie seitlich, heben und senken sie. Mit dem Zeiger des Vertikalmaßstabs stellen wir fest, daß dabei die Höhe des Flüssigkeitsspiegels in beiden Röhren immer un-

verändert bleibt. Die so untereinander verbundenen Röhren werden kommunizierende Röhren genannt.

Bemerkung

In kommunizierenden Röhren steht der Flüssigkeitsspiegel gleich hoch.

Versuch 2

1. Küvette (oder Aquarium)
2. starke Pappe
3. Wasser

eventuell Schattenprojektion

Wir schneiden von starker Pappe ein Stück so aus, daß es streifend in eine Küvette paßt und zwar senkrecht zu den großen Außenseiten. Wie schieben die Pappe in der Mitte der Küvette so tief ein, daß zwischen ihr und dem Boden der Küvette noch 1 cm Abstand bleibt. Es entstehen so zwei Kammern.
Nun füllen wir in die eine der Kammern Wasser ein. Es steigt gleichzeitig auch in der anderen Kammer hoch. Dabei stellt sich das Niveau in beiden Kammern gleich hoch ein. Sie stellen verbundene Gefäße (kommunizierende Röhren) dar.
Für den Versuch ist gefärbtes Wasser und Schattenprojektion zu empfehlen. Wird der Versuch in einem Aquarium ausgeführt, entfällt die Projektion. [9]

Bemerkung

Die Wasserspiegel in kommunizierenden Gefäßen sind Teile ein und derselben horizontalen Wasserfläche.

2.12. Beispiel einer Drucksonde

1. Standzylinder mit Wasser
2. Glasröhren
3. kleines Becherglas mit gefärbtem Wasser
4. kleiner Glaskolben mit durchbohrtem Gummistopfen

Wir füllen zur Vorbereitung des Versuchs ein kleines Gefäß mit dunkel gefärbtem Wasser. Ferner stellen wir einen hohen Standzylinder mit Wasser bereit.
Ein Glasrohr tauchen wir mit dem offenen unteren Ende in das farbige Wasser 2 cm tief ein, verschließen das obere Rohrende mit dem Finger und heben das Glasrohr hoch. Es verbleibt unten ein dunkler Pfropfen in dem Rohr. Wir belassen den Finger weiter auf der Röhre und tauchen sie in den Standzylinder mit dem reinen Wasser. Der Farbpfropf ist durch das Wasser hindurch zu beobachten.
Es dringt etwas klares Wasser von unten in das Glasrohr ein, der Pfropf wird angehoben. Je tiefer wir das Rohr als Sonde eintauchen, um so mehr wird die in ihr eingeschlossene Luft zusammengepreßt. Der Pfropf steigt empor und zeigt so den mit der Tiefe wachsenden Druck an. Das dauernde Andrücken unseres Fingers auf das Glasrohr ist ermüdend. Wir ändern eventuell die Versuchsordnung ab. Wir stecken das Glasrohr durch einen Gummistopfen. Nachdem wir das Rohr in die farbige Flüssigkeit getaucht haben, stecken wir den Gummistopfen in den Hals eines kleinen Erlenmeyer- oder Rundkolbens. Der Farbpfropf muß natürlich unten im Rohr ver-

bleiben. Nun können wir die so hergestellte Drucksonde ohne Umstände hochhalten und mit ihr in dem Standzylinder experimentieren. [9; 16]

Bemerkungen

1. Bei einer einseitig geschlossenen Röhre, die in eine Flüssigkeit eintaucht, steigt das Niveau der eingeschlossenen Flüssigkeit mit dem Druck in der betreffenden Tiefe an.
2. Ein einseitig geschlossenes Rohr kann als Drucksonde (Manometer) dienen.
3. Die Druckkraft (Schwerekraft) in einer Flüssigkeit wächst mit der Tiefe.

2.13. Die gleichmäßige Ausbreitung des Drucks

1. Schlauch (2 m)
2. 2 Gummistopfen
3. Wasser
4. Bindedraht

Wir verschließen das eine Ende eines langen Schlauchs mit einem Stopfen und sorgen durch Umbinden mit Draht, daß er fest sitzt. Darauf füllen wir den Schlauch vollständig und ohne Luftblasen mit Wasser. Das noch offene Ende des Schlauchs verschließen wir wie das andere mit Stopfen und Drahtwicklung.
Wir legen den gefüllten Schlauch auf den Tisch. Mehrere Personen legen einen Finger lose (ohne Druck) auf den Schlauch. Dann üben wir mit unserer Hand an einer beliebigen Stelle eine Kraft auf den Schlauch aus. Dadurch entsteht im Wasser ein Druck, der sich überall hin verteilt. Alle an dem Versuch beteiligten Personen spüren, wie sich die Schlauchwand unter ihren Fingern hebt, d. h., daß eine Kraft von innen auf die Wand einwirkt.
Dieses Phänomen, das bereits 1581 Simon Stevin (1548 bis 1620) bekannt war, wurde 1648 von Blaise Pascal (1623 bis 1662) angegeben und heißt nach ihm Prinzip von Pascal. [9]

Bemerkungen

1. Wirkt eine Kraft auf eine eingeschlossene Flüssigkeit ein, so breitet sich der Druck in ihr überall gleichmäßig aus.
2. Infolge dieses Drucks wirkt eine Kraft senkrecht auf die einschließenden Flächen von innen ein.

2.14. Das Pascalsche Paradoxon

1. Aquarium (oder großes Becherglas) mit Wasser
2. Glasröhre
3. kleines Becherglas mit gefärbtem Wasser
4. farbiger Tesastreifen

Wir füllen ein Aquarium oder ein großes weites Becherglas mit Wasser. Einige Zentimeter über dem Boden kleben wir außen einen farbigen Tesastreifen waagerecht auf das Glas. Er markiert später eine bestimmte Eintauchtiefe. Ferner

stellen wir in einem kleinen Gefäß etwas gefärbtes Wasser bereit. Am besten ist eine dunkle Färbung.
Ein nicht zu enges Glasrohr tauchen wir wie einen Stechheber etwa 2 cm tief in das farbige Wasser, halten die obere Öffnung des Rohrs mit dem Finger zu und heben sie wieder heraus. Im unteren Rohrende verbleibt ein Pfropf des gefärbten Wassers. Nun tauchen wir diese Glasröhren senkrecht in das reine Wasser im großen Gefäß bis zu der markierten Eintauchtiefe ein und geben die obere Öffnung frei. Das Wasser dringt von unten in das Rohr ein. Der farbige Pfropf steigt hoch bis sein oberes Ende mit dem äußeren Wasserniveau übereinstimmt (Abb. 2.14./1).

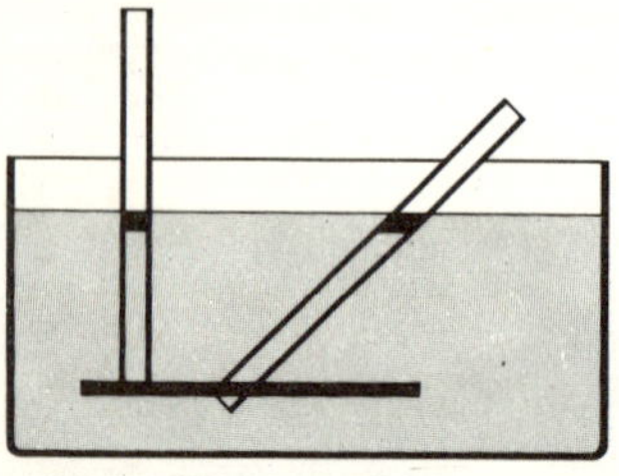

Abb. 2.14./1
Gerät zum Pascalschen Paradoxon

Wir neigen die Röhre zur Seite, halten aber dabei die Eintauchtiefe immer konstant. Wie wir die Röhre auch neigen, der farbige Pfropf bleibt stets am Spiegel des äußeren Wassers stehen, obwohl in dem länger eintauchenden Stück des Rohrs eine größere Wassermenge, d. h. ein größeres Gewicht eindringt. Die Kraft am unteren Ende des Rohrs, am „Boden", bleibt konstant. Dieses Phänomen war schon 1587 Simon Stevin (1548 bis 1620) bekannt. Es wurde jedoch erst 1660 von Blaise Pascal (1623 bis 1662) angegeben und heißt nach ihm das Pascalsche Paradoxon. [36]

Bemerkung

Die Kraft am Boden eines Gefäßes (der Bodendruck) hängt nur ab von der senkrecht darüber stehenden Höhe der Flüssigkeit.

2.15. Das Prinzip des Archimedes

Versuch 1

1. Erlenmeyerkolben
2. Rundkolben
3. Gummistopfen
4. hohe Konservendose
5. Aquarium mit Wasser

Wir verschließen einen Erlenmeyer- oder Rundkolben mit einem Stopfen und tauchen ihn mit der Öffnung nach unten in ein großes Gefäß mit Wasser, bis sich der Kolben vollständig unter Wasser befindet.
Auch der Boden des Kolbens soll untertauchen. Wir spüren an der haltenden Hand den Auftrieb.
Wir lassen den untergetauchten Kolben los. Der Auftrieb läßt den Kolben wieder hochsteigen. Statt eines Kolbens können wir für den Versuch auch eine hohe Blechdose (Konservendose) verwenden mit der Öffnung nach oben. Sie kann allerdings

nicht völlig untergetaucht werden. Bereits bei einem mit einem Stopfen verschlossenen Reagenzglas ist der Auftrieb deutlich zu spüren.

Versuch 2

1. große Konservendose
2. Kraftmesser (10 N)
3. großes Gefäß mit Wasser
4. Aufhängefäden
5. Nagel
6. Hammer

Wir schlagen in eine 1-Liter-Konservendose dicht unter dem oberen Rand 3 Löcher ein, durch die wir Fäden zum Aufhängen ziehen. Wir füllen die Dose mit Wasser und hängen sie an einen Kraftmesser. Er zeigt das Gewicht der Wasserfüllung (fast 10 N) zuzüglich das Gewicht der Dose an.
Nun tauchen wir die Dose in ein großes Gefäß mit Wasser ein. Die Ausdehnung des Kraftmessers geht zurück, und zwar um so mehr, je tiefer die Dose einsinkt. Schließlich lassen wir die Dose ganz untertauchen. Der Kraftmesser zeigt dann kein Gewicht mehr an. Diese Dose verdrängt 1 l Wasser $\triangleq$ 10 N.
Der Kraftmesser müßte eigentlich noch das um den Auftrieb verminderte Gewicht der Dose anzeigen. Dieses ist aber so gering, daß es nicht mehr angezeigt wird. [51]

Bemerkungen

1. Taucht ein Körper ganz oder teilweise in eine Flüssigkeit ein, erfährt er von ihr einen Auftrieb.
2. Taucht ein Körper in Wasser ein, so verliert er scheinbar so viel an Gewicht, wie das verdrängte Wasser wiegt. Prinzip des Archimedes (285 bis 212 v. Chr.).

2.16. Der Abtrieb

Versuch 1

1. großes Becherglas mit Wasser
2. Tesastreifen
3. Tafelwaage
4. Wägestück

Wir benötigen ein Becherglas, das so groß ist, daß wir eine Hand hineinhalten können. Außen auf das Glas kleben wir zwei (farbige) Tesastreifen, den einen in der Höhe h etwa unterhalb der halben Höhe des Glases, den zweiten in der doppelten Höhe $2\,h$. Dann füllen wir Wasser bis zu dem unteren Streifen ein. Das Becherglas stellen wir auf die eine Schale einer Tafelwaage und tarieren aus.
Nun tauchen wir eine Hand in das Wasser, ohne den Boden des Glases zu berühren. Die Waagschale mit dem Becherglas sinkt nach unten, während das Wasser im Glas steigt. Wir tauchen die Hand so weit ein, bis das Wasser die obere Markierung mit dem Tesastreifen erreicht. Darauf tarieren wir erneut aus. Wir stellen fest, daß sich das Gewicht verdoppelt hat. Die Kraft, die auf die Waagschale nach unten wirkt, der sogenannte Abtrieb, ist bei einem Becherglas mit dem Querschnitt A gleich $F = h \cdot A \cdot \varrho \cdot g$, wenn $\varrho = 1$ g/cm³ die Dichte des Wassers bedeutet. Mit der Höhe $2\,h$ ist die Kraft somit verdoppelt.

Versuch 2

1. großes Gefäß mit Wasser
2. Konservendose
3. Sand (oder Steinchen)
4. Seil
5. Tafelwaage
6. Nagel
7. Hammer
8. Stativmaterial

Wir füllen ein Gefäß, das so groß sein muß, daß eine nicht zu breite Konservendose hineinpaßt, zu dreiviertel mit Wasser. Das Gefäß stellen wir auf eine Tafelwaage und tarieren aus.
Nahe am Rand einer offenen Konservendose schlagen wir drei Löcher ein. Durch sie ziehen wir Seile und hängen die Dose an einem Stativ auf. Wir füllen so viel Sand oder Steine in die Dose, daß sie in Wasser untergehen würde. Nun tauchen wir sie in das Gefäß mit Wasser ein. Die Waagschale, auf der das Gefäß steht, sinkt nach unten. Die Kraft auf den Boden des Gefäßes wird größer, weil das darin befindliche Wasser einen Abtrieb erfährt.
Wir tarieren jetzt nochmals aus. Dann füllen wir noch mehr Sand oder Steine in die Dose. Obwohl das Gewicht damit vergrößert wird, bleibt die Waage im Gleichgewicht.
Wir verschieben am Stativ die Aufhängungen der Dose nach unten, so daß sie tiefer eintaucht. Jetzt müssen wir mehr Wägestücke auf die andere Waagschale legen, um wieder Gleichgewicht herzustellen, weil das Volumen des eingetauchten Teils der Dose größer wurde. [9]

Bemerkungen

1. Wasser erfährt einen Abtrieb, wenn ein Körper in das Wasser eintaucht.
2. Die Größe des Abtriebs ist unabhängig vom Gewicht des eintauchenden Körpers.
3. Die Größe des Abtriebs hängt ab vom Volumen des eintauchenden Körpers.

2.17. Der Verkehrtschwimmer ohne Luftdruck

1. 2 ineinanderpassende Reagenzgläser
2. Wasser

Wir suchen zwei Reagenzgläser. Das eine davon muß leicht beweglich in das andere passen. Das größere füllen wir zur Hälfte mit Wasser und drücken das engere etwa zur Hälfte in das größere hinein. Es muß etwas Wasser ausfließen. Nun drehen wir die Gläser um und halten sie senkrecht mit den Öffnungen nach unten. Das innere Glas steigt nach oben. Wasser fließt aus dem äußeren Glas aus. Der Luftdruck spielt hier keine Rolle, obwohl dies zunächst den Anschein hat und auch oft behauptet wird. Wir bezeichnen die Bodenfläche des inneren Glases mit A, den Luftdruck mit p, die Dichte der Luft mit ϱ_1, die des Wassers mit ϱ_2 und die Eintauchtiefe des inneren Glases mit h (Abb. 2.17./1). Der Druck des Wassers auf A ist dann $p - \varrho_2 \cdot h$, der Luftdruck $p - \varrho_1 \cdot h$.

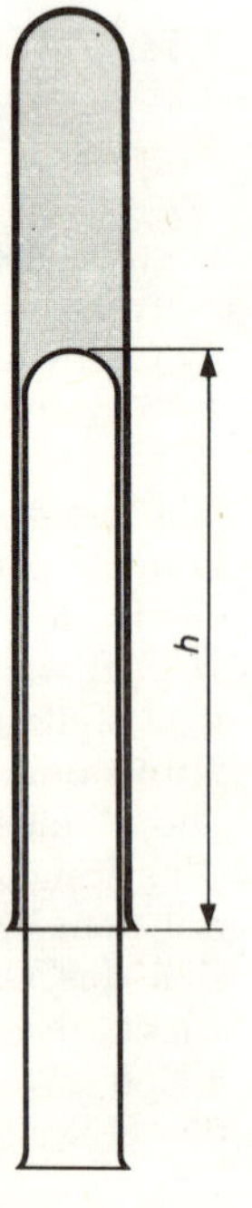

Abb. 2.17./1
Der Verkehrtschwimmer

Es resultiert als Druckdifferenz $(\varrho_2 - \varrho_1) \cdot h$. Daher wirkt nach oben die Kraft $F = A \cdot (\varrho_2 - \varrho_1) \cdot h$. Sie ist vom Luftdruck unabhängig. Nur die Dichte der Luft beeinflußt den Versuch.
Da F von h abhängig ist, muß die Eintauchtiefe h bei Versuchsbeginn groß genug sein, sonst fällt das innere Reagenzglas herab. [9]

Bemerkungen

1. Das innere Reagenzglas wird nicht vom Luftdruck nach oben bewegt.
2. Für das Aufsteigen des engeren Reagenzglases ist die Differenz der Dichten von Wasser und Luft maßgeblich.

2.18. Der Rückstoß durch ausströmendes Wasser

Versuch 1

1. Wasserhahn
2. langer Schlauch
3. T-Stück
4. Stopfen
5. großer Trichter
6. Stativmaterial
7. Auffangwanne

Wir schließen einen langen Schlauch an den Wasserhahn an und hängen ihn ohne Knick über ein hohes Stativ. 50 cm bis 70 cm des Schlauchs hängen senkrecht. In sein unteres Ende stecken wir ein T-Stück.
Wir öffnen den Wasserhahn. Das Wasser fließt aus den beiden Öffnungen des T-Stücks gleichmäßig aus. Der Schlauch behält seine vertikale Lage.
Nun verschließen wir eine Öffnung des T-Stücks mit einem Stopfen. Wasser strömt jetzt nur noch aus einer Öffnung aus. Die auf die verschlossene Öffnung wirkende Kraft des strömenden Wassers hebt diese Seite des T-Stücks an. Der Schlauch bewegt sich seitlich, entgegen der Richtung des ausfließenden Wassers, zurück. Das Aufdrehen des Wasserhahns darf nur langsam und vorsichtig erfolgen, damit nicht ein etwaiger plötzlicher Wasserdruck den Schlauch vom Hahn abrutschen läßt und eine Überschwemmung eintritt. Wir können auch einen großen Trichter auf das Stativ legen und an ihn den senkrechten Schlauch anschließen. Beim Eingießen von Wasser oder Einleiten durch einen Schlauch von der Wasserleitung her in den Trichter entfällt die vorgenannte Vorsicht weitgehend. Der Versuch gelingt auch, wenn wir statt des T-Stücks nur ein rechtwinklig umgebogenes Glasröhrchen unten in den Schlauch stecken. Vorsichtshalber bauen wir den Versuch über einer großen Wanne auf.
Der Versuch erklärt, warum sich ein frei hängender Schlauch der Dusche beim Aufdrehen des Wasserhahns seitlich bewegt.

Versuch 2

1. hohe Konservendose
2. Wasser
3. Bohrer
4. Korkstopfen
5. Fäden
6. Auffangschüssel
7. Stativmaterial

Wir bohren in eine hohe Konservendose nahe über dem Boden ein Loch, das wir vorerst mit einem Kork verschließen. Dicht unter dem oberen Rand der Dose bohren oder schlagen wir mit einem Nagel an zwei gegenüber liegenden Stellen Löcher ein, durch die wir Fäden ziehen. An ihnen hängen wir die Dose bifilar auf. Dann füllen wir die Dose mit Wasser.
Wir ziehen den Stopfen aus der Öffnung und lassen die Dose los. Das Wasser spritzt in einem Bogen heraus und fließt in eine untergestellte Schüssel. Durch den Rückstoß des auslaufenden Wassers hebt sich die Dose merklich nach der der Ausflußöffnung entgegengesetzten Seite.
Wir können die Dose auch auf ein leicht bewegliches Wägelchen, z. B. von einer Spielzeugeisenbahn, stellen. Wenn das Wasser ausströmt, fährt der Wagen nach der gegenüber liegenden Seite davon. [9; 16; 27]

Bemerkungen

1. Wasser, das aus einer Öffnung ausströmt, erzeugt eine Kraft in der Gegenrichtung, den Rückstoß.
2. Die Kraft des Rückstoßes ausströmenden Wassers setzt das Gefäß, aus dem es fließt, in Bewegung.

3. Mechanik der Gase

3.1. Die Luft als Körper

1. großes Becherglas
2. Aquarium mit Wasser
3. großes Wägestück

Wir füllen ein großes durchsichtiges Gefäß, ein Aquarium, mit Wasser. Auf den Boden stellen wir ein großes Wägestück, z. B. ein 5-kg-Stück (eventuell auf einen Holzklotz, damit es besser sichtbar wird). Wir tauchen ein großes Becherglas, das dem Augenschein nach „leer“ ist, mit der Öffnung nach unten in das Wasser.
Das Wasser dringt nur wenig von unten in das Becherglas ein. Die darin befindliche Luft wird etwas zusammengepreßt, kann aber das Glas nicht ausfüllen. Beim Überstülpen über das Wägestück entweicht Luft in Blasen aus dem Becherglas. Wo sich der Metallkörper befindet, kann nicht gleichzeitig die Luft als zweiter Körper sein. [9]

Bemerkungen

1. Luft wird von einem anderen Körper verdrängt.
2. Luft (und jedes andere Gas) ist ein Körper.

3.2. Die Gleichheit des Stempeldrucks in Gasen

Versuch 1

1. Kugelspritze
2. Salmiaknebel

Wir verwenden für den Versuch eine aus einer Kugel mit mehreren Öffnungen auf der Wölbung und angesetztem Kolbenrohr bestehende sogenannte Kugelspritze. (Sie wird i. a. in der Mechanik der Flüssigkeiten vorgeführt.)
Wir lassen Salmiaknebel entstehen und ziehen ihn durch Herausziehen des Kolbens in die Spritze ein. Dann halten wir sie so, daß die Öffnungen in horizontaler Ebene liegen. Drücken wir den Kolben wieder einwärts, strömt aus allen Öffnungen der gut sichtbare Nebel gleichmäßig aus. Der Stempeldruck ist demnach überall gleich.

Versuch 2

1. Kugelspritze
2. mehrere Kerzen
3. Feuerzeug

Wir halten oder lagern eine Kugelspritze so, daß ihre Öffnungen in einer waagerechten Ebene liegen. Den Kolben ziehen wir heraus. Vor jede Öffnung stellen wir eine brennende Kerze, die Flammen in Höhe der Öffnungen. Schieben wir jetzt den Kolben wieder einwärts, strömt Luft aus den Öffnungen. Die davorstehenden Kerzenflammen werden radial nach außen geblasen. [9]

Bemerkung

Der Druck in einem eingeschlossenen Gas ist überall gleich groß.

3.3. Der allseitig wirkende Luftdruck

Versuch 1

1. Trinkglas (oder Einmachglas)
2. steifes Papier

Wir füllen ein Trinkglas randvoll mit Wasser. Dann decken wir ein Stück Papier darauf, drücken es mit der Hand fest auf den Rand des Glases und kehren dies schnell um. Das Papier liegt jetzt waagerecht. Wir dürfen die Hand wegnehmen, die das Papier hielt. Es fällt nicht ab. Das Wasser läuft nicht aus dem Glas aus. Der Versuch wirkt noch verblüffender, wenn wir an Stelle des Trinkglases ein großes Einmachglas verwenden.

Versuch 2

1. Trinkglas (oder Einmachglas)
2. steifes Papier
3. Verbandmull (oder Tüll)

Wir legen über ein bis zum Rand gefülltes Glas ein Stück Mull oder Tüll. Es muß rundum an allen Seiten einige Zentimeter über den Glasrand hinausragen. Über den Stoff decken wir wieder Papier, drücken es an und drehen das Glas um. Wir ziehen das Papier langsam waagerecht seitlich weg, halten aber dabei den Mull mit den Fingern der anderen Hand am Glas fest, damit er nicht auch seitlich wegrutscht. Auch jetzt fließt kein Wasser aus, nicht durch den doch porösen Stoff. Es zeigt sich lediglich in der Mitte eine leichte Ausbeulung des Stoffs. Dieser kann eine Maschenweite bis zu 2 mm haben. Erst wenn wir das Glas zur Seite kippen, beginnt das Wasser auszulaufen.
Die Versuche 1 und 2 gelingen auch dann, wenn wir die Gläser nicht vollständig füllen. Beim Umdrehen bleibt dann über der Wasserfüllung eine Luftblase.

Versuch 3

1. Trinkglas (oder Einmachglas)
2. steifes Papier
3. Klebstoff (oder Plastilin)
4. Nadel und Faden

Mit einer feinen Nadel ziehen wir einen Faden durch die Mitte eines Stück Papiers und knüpfen unter dem entstandenen kleinen Loch einen dicken Knoten, damit der Faden nicht hindurch rutschen kann. Zur Sicherheit dichten wir die Öffnung noch mit Klebstoff oder Plastilin ab. Nun decken wir das Papier auf ein mit Wasser gefülltes Glas. Wir heben es an dem Faden hoch und können es sogar vorsichtig in kleine Pendelschwingungen versetzen. Haftet das Papier nicht am Rand des Glases, fetten wir ihn leicht ein und erhöhen so die Adhäsion zwischen Glas und Papier. Vorsichtshalber legen wir ein Tuch unter, damit es im Notfall keine Scherben gibt.
Ist das Glas z. B. 10 cm hoch und hat eine Öffnung mit dem Durchmesser 5 cm, beträgt die Gewichtskraft der darin enthaltenen 200 cm³ Wasser gerade 2 N. Die Luft wirkt allseitig mit der Kraft von 10 N auf den Quadratzentimeter. Die daher auf die Wasserfläche von 20 cm² wirkende Kraft von 200 N ist somit weit größer als das Gewicht des Wassers. Es wird von der Luft im Gleichgewicht gehalten.
Das Abdecken des Glases mit Papier oder Mull sorgt lediglich dafür, daß trotz der nicht mehr ausreichenden Oberflächenspannung in der Wasserfläche diese nicht zerreißt, sondern erhalten bleibt. [3]

Bemerkung

In der Luft wirkt eine Kraft senkrecht nach oben.

3.4. Der nach oben abnehmende Luftdruck

1. Thermosflasche
2. doppelt durchbohrter Gummistopfen
3. U-Rohr mit Wasser
4. Glasröhrchen
5. Schlauchstücke
6. Pipette
7. Maßband
8. Millimeterpapier
9. Hahnrohr

Wir verschließen eine Thermosflasche mit einem passenden, zweimal durchbohrten Gummistopfen. In die eine Bohrung stecken wir ein Hahnrohr, in die andere ein Glasröhrchen, an das wir über Schlauch- und Röhrchenverbindungen ein U-Rohr mit Wasserfüllung als Manometer anschließen. Hinter das U-Rohr kleben oder klemmen wir einen Streifen Millimeterpapier.
Mit diesem Gerät gehen wir bei geöffnetem Hahnrohr in den Keller. Die Wasserspiegel in den Schenkeln des U-Rohrs stehen gleich hoch. Wir markieren die Höhe durch einen Strich auf dem Millimeterpapier.
Ist kein Hahnrohr vorhanden, verschließen wir im Keller die noch offene Bohrung im Stopfen durch ein Glasstäbchen. Steht jetzt der Wasserspiegel im äußeren Schenkel des U-Rohrs höher, lassen wir aus einer Pipette so lange Wasser nachtropfen, bis Niveaugleichheit in beiden Schenkeln erreicht ist.

Die Drücke in der Flasche und außen sind nun gleich. Wir gehen mit unserem Gerät im Haus so hoch wie möglich, z. B. bis auf den Dachboden. Während des Aufstiegs sinkt die Wassersäule im inneren Schenkel des U-Rohrs und steigt im äußeren. Der Luftdruck außen nimmt ab, während er in der Flasche konstant bleibt. An der höchsten Stelle angekommen, füllen wir im äußeren Schenkel Wasser nach, bis der Wasserspiegel im inneren Schenkel wieder den Markierungsstrich auf dem Millimeterpapier erreicht hat. Nun können wir auf dem Papier die Niveaudifferenz d und damit die Abnahme des Luftdrucks in Millimeter Wassersäule ablesen. Dabei muß das U-Rohr stets vertikal gehalten werden.
Ist es möglich, im Treppenhaus die Aufstiegshöhe h zu messen und ist $h = 8$ m, beträgt die Niveaudifferenz $d = 13$ mm. Der Luftdruck hat dann um 1,33 mbar abgenommen.
Eine einfache Flasche ist für den Versuch ungeeignet. Die Wärme der haltenden Hand würde das Ergebnis fälschen. Eine solche Flasche müßte durch einen mit Holzwolle oder anderem Isolierstoff gepolsterten Kasten gegen Wärmeeinflüsse abgeschirmt werden. Damit wird der Versuch aber sehr unhandlich. [9; 28]

Bemerkungen

1. Mit einem Wassermanometer kann die Abnahme des Luftdrucks mit der Höhe nachgewiesen werden.
2. Die Abnahme beträgt 13 mm Wassersäule oder 1 mbar auf 8 m.
3. Mit einem Wassermanometer können Höhenunterschiede gemessen werden.

3.5. Die Trägheit der ruhenden Luft

1. schmales Brettchen (40 cm lang oder Holzstäbchen)
2. Zeitungen
3. Hammer

Ein etwa 40 cm langes, schmales und möglichst dünnes Brettchen (kein Sperrholz) oder ein Holzstäbchen dieser Länge legen wir so auf den Tisch, daß es 15 cm bis 20 cm über die Tischkante hinausragt. Den auf dem Tisch verbleibenden Teil bedecken wir mit einigen Lagen weit ausgebreiteter Zeitungen.
Drücken wir leicht auf den frei liegenden Teil des Brettchens, werden die Zeitungen hochgehoben. Führen wir aber mit der Breitseite eines Hammers einen kurzen, kräftigen Schlag auf den herausragenden Teil des Brettchens aus, bricht er ab, während die Zeitungen ruhig liegenbleiben. Die Trägheit der auf ihnen ruhenden Luft verhindert das Hochheben.
Bei sehr dünnen Brettchen oder Holzstäbchen genügt es, wenn wir mit der Handkante einen heftigen Schlag auf das überstehende Holz ausführen, um es zerbrechen zu lassen. [16; 37]

Bemerkung

Ruhende Luft besitzt eine große Trägheitskraft.

3.6. Die Elastizität der Luft

Versuch 1

Fahrradpumpe (oder Kolbenprober)

Wir pressen einen Finger auf die Öffnung einer Fahrradpumpe und schieben den Kolben kräftig ein. Wenn wir ihn loslassen, bewegt er sich nach außen. Die zusammengepreßte Luft in der Pumpe entspannt sich, und der Kolben federt zurück.
Der Versuch kann auch mit einem Kolbenprober ausgeführt werden.

Versuch 2

1. großer Glaskolben
2. Gummistopfen
3. Hahnrohr
4. Schlauch (2 m)
5. großer Trichter
6. Glasrohr mit Spitze
7. Schlauchverbindung
8. Wasser
9. Stehleiter

Wir verschließen einen Glaskolben, der mindestens einen Liter faßt, mit einem Gummistopfen, durch den ein Hahnrohr führt. Es muß bis dicht auf den Boden des Kolbens reichen. Notfalls verlängern wir es über eine kurze Schlauchverbindung mit einem Glasrohr. An das Hahnrohr schließen wir außen einen wenigstens 2 m langen Schlauch an, in dessen freies Ende wir einen großen Trichter stekken. Den Kolben stellen wir auf den Fußboden. Ein Helfer steigt auf eine Leiter, hält den Schlauch senkrecht und gießt aus einem großen Gefäß Wasser in den Trichter. Der Wasserdruck reicht aus, daß Wasser in den Kolben abfließt und dessen Boden bedeckt. Das Hahnrohr muß in dieses Wasser eintauchen.
Wir schließen den Hahn und ziehen den langen Schlauch ab. Vorsicht! Das noch im Schlauch vorhandene Wasser läuft aus! An das Hahnrohr setzen wir über ein kurzes (!) Schlauchstück ein zu einer Spitze ausgezogenes ebenfalls kurzes Glasrohr an.
Jetzt öffnen wir den Hahn wieder. Das Wasser spritzt aus der Spitze sehr hoch heraus, manchmal mehr als einen Meter hoch, weil sich die im Kolben zusammengepreßte Luft entspannt.

Versuch 3

1. großer Stehkolben
2. Gaswaschflasche
3. durchbohrter Gummistopfen
4. rechtwinklig gebogenes Glasrohr
5. Schlauchstücke
6. Tesastreifen
7. Wasser

Wir bringen in einen Stehkolben so viel Wasser, daß er zur Hälfte gefüllt ist. Dann verschließen wir ihn mit einem Gummistopfen, durch den wir ein rechtwinklig gebogenes Glasrohr führen, das bis auf den Boden des Kolbens reicht. Das Rohr schließen wir mit einer kurzen Schlauchverbindung an das lange Rohr einer Gaswaschflasche an. Auf den Boden dieser Flasche geben wir einige Zentimeter hoch Wasser, dessen Höhe wir durch einen außen angeklebten Tesastreifen markieren. An das kurze Rohr dieser Flasche stecken wir ein Stück Schlauch, am besten Saugschlauch (Abb. 3.6./1). An ihm saugen wir kräftig mit dem Mund. Der entstehende Unterdruck in der Waschflasche läßt Wasser aus dem Stehkolben herüberfließen. Das Niveau in der Waschflasche steigt über den Tesastreifen hoch. Das Luftvolumen im Kolben nimmt zu.

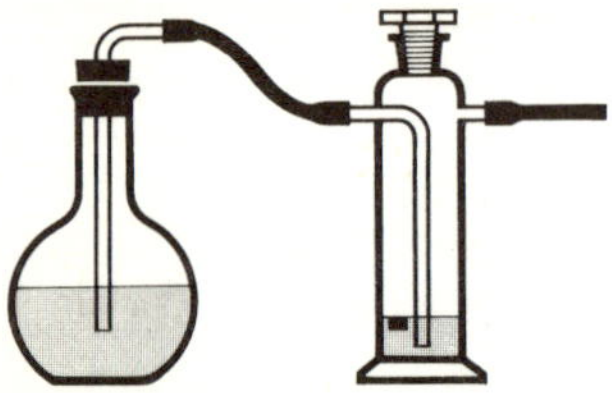

Abb. 3.6./1
Der richtige Anschluß einer Waschflasche

Geben wir den Saugschlauch wieder frei, fließt das aus dem Stehkolben stammende Wasser wieder in diesen zurück, weil sich die Luft dort auf ihr ursprüngliches Volumen verkleinert.
Steht keine Gaswaschflasche zur Verfügung, ersetzen wir sie durch eine beliebige Flasche, in deren Hals wir einen doppelt durchbohrten Gummistopfen stecken. Durch die Öffnungen führen wir rechtwinklig gebogene Glasröhren.
Der Versuch erläutert, warum bei Versuchen, bei denen ein Gas nach seiner Entwicklung gewaschen werden soll, auf die richtigen Anschlüsse der Waschflasche geachtet werden muß.

Versuch 4

1. 2 gleiche Eierbecher
2. 1 hartgekochtes Ei

Wir stellen zwei gleiche Eierbecher einander fast berührend hintereinander auf. In den uns zugekehrten legen wir ein Ei. Nun blasen wir schräg von oben zwischen das Ei und die Wand des Eierbechers. Das Ei hebt sich hoch. Wenn wir stark genug blasen, kann es so hoch steigen, daß es unter der Einwirkung unseres weiteren Blasens in den zweiten Eierbecher hinüberkippt. Die unter das Ei geblasene Luft wird zuerst stark verdichtet. Sie sucht sich zu entspannen und befördert das Ei nach oben.
Dieser sehr effektvolle Versuch ist von Michael Faraday (1791 bis 1867) in seinem Buch „Die Naturgeschichte einer Kerze“ angegeben worden. [9; 16]

Bemerkungen

1. Luft läßt sich leicht verdichten, wobei ein Überdruck entsteht.
2. Entfällt der Überdruck einer verdichteten Luft, so dehnt sie sich wieder aus.
3. Luft besitzt Volumenelastizität.

3.7. Der Widerstand der Luft

Versuch 1

1. Bogen Schreibpapier
2. Stoppuhr

Wir lassen einen ausgebreiteten Bogen Schreibpapier aus 1,5 m Höhe zu Boden fallen und messen mit einer Stoppuhr die Fallzeit. Darauf falten wir das Papier einmal zusammen und lassen es aus derselben Höhe wieder fallen. Wir wiederholen den Versuch, nachdem wir das Papier noch einmal, dann ein drittes Mal gefaltet haben. Schließlich knäulen wir das Papier zu einer Kugel fest zusammen. In allen Fällen bestimmen wir die Fallzeiten. Sie werden immer kürzer, weil das Papier immer weniger Widerstand durch die Luft erfährt.

Versuch 2

1. Bogen Schreibpapier
2. Faden
3. Körper kleiner Masse
4. Stoppuhr

Wir schneiden aus Papier ein Quadrat aus. An seine Ecken binden oder kleben wir gleich lange Fäden an, deren Enden wir verknüpfen. In den Knoten binden wir einen Körper kleiner Masse, z. B. einen großen Knopf, mit ein. Wir erhalten das Modell eines Fallschirms, das wir aus größerer Höhe fallen lassen.
Die Fallzeit ist recht groß. Führen wir den Versuch aus derselben Höhe aus wie im Versuch 1 und messen die Fallzeit, erweist sie sich als erheblich größer als die Zeiten aus den Versuchen dort. [9]

Versuch 3

1. Papier verschiedener Stärke
2. Winkelmesser
3. Zirkel
4. Schere
5. Klebstoff
6. Stange mit Drahtring
7. Stoppuhr

Wir stellen Fallkegel her. Dazu verwenden wir normales Schreibpapier, Seidenpapier, Durchschlagpapier. Daraus schneiden wir Kreissektoren mit 6 cm Radius und dem Mittelpunktwinkel 270° aus. Diese Sektoren kleben wir zu oben offenen Kegeln zusammen, den Fallkegeln.
Wir biegen einen Draht zu einem Ring, in den die Kegel hineinpassen. Den Ring befestigen wir an eine lange Stange. Um einen Kegel aus möglichst großer Höhe fallen zu lassen, legen wir ihn mit der Spitze nach unten in den Ring, steigen mit der Stange auf einen Stuhl, so daß sich der Kegel nahe unter der Zimmerdecke befindet. (Höhe etwa 3 m.) Wenn wir jetzt die Stange ruckartig nach unten wegziehen, kommt der Kegel frei und beginnt zu fallen.
Jeder Kegel durchfällt zunächst eine kurze Strecke beschleunigt. Dann bewegt er sich mit konstanter Geschwindigkeit weiter. Dabei beobachten wir, daß Kegel aus dickerem Papier, die also schwerer sind als Kegel aus dünneren Papier, bei gleicher Form und Größe eine längere Beschleunigungsstrecke durchfallen und dann eine größere konstante Geschwindigkeit erreichen.
Sobald die konstante Geschwindigkeit erreicht ist, ist die Summe der auf den Kegel wirkenden Kräfte gleich Null, d. h., die als Gegenkraft G auftretende Zugkraft Z ist gleich dem Reibungswiderstand R der Luft: $G = Z = R$.
Um die Fallgeschwindigkeit zu messen, führen wir Versuche mit Kegeln aus gleichem Papier, also gleichem Gewicht und gleicher Größe, aus. Wir führen sie vor einer Wand (Wandtafel) durch, auf der wir in der Höhe s einen Markierungsstrich anbringen, oder vor einer aus Stativmaterial hergestellten waagerechten Stange. Wir messen die Zeit t_1, die der Kegel bei konstanter Geschwindigkeit

für das Durchfallen der Strecke s bis zum Fußboden benötigt. Günstig ist z. B. die Strecke $s = 2$ m. Dann ist die Geschwindigkeit $v_1 = \frac{s}{t_1}$.

Nun stecken wir nacheinander 1, 2 und 3 Kegel in den zuerst benutzten und lassen sie fallen. Die Beschleunigungsstrecke ist jetzt länger, die erreichte konstante Geschwindigkeit größer, denn die Zugkräfte sind jetzt $2G$, $3G$, $4G$. Wir messen die Fallzeiten t_2, t_3, t_4 auf der gleichen Fallstrecke s. Damit berechnen wir die Fallgeschwindigkeiten v_2 bis v_4 und finden z. B., daß bei der Zugkraft $4G$ die Geschwindigkeit $v_4 = 2v_1$ ist. Da $G = R$ ist, folgt $G_1 : G_4 = R_1 : R_4 = 1:4 = v_1^2 : v_4^2$. Durch Auswertung aller vier Ergebnisse erhalten wir

$$R_1 : R_2 : R_3 : R_4 = v_1^2 : v_2^2 : v_3^2 : v_4^2$$

oder allgemein

$$R \sim v^2 .$$

Die Fallkegel werden nach ihrem Erfinder W. Bahrdt auch Bahrdtsche Kegel genannt. [9; 38; 39; 40]

Bemerkungen

1. Körper erfahren beim Fallen durch die Luft einen Widerstand, der von der Form der Körper (bei gleicher Masse) abhängt.
2. Der Luftwiderstand eines bewegten Körpers ist proportional dem Quadrat seiner Geschwindigkeit. (Dies gilt auch für ruhende von Luft umströmte Körper.)

3.8. Der Auftrieb in Luft

1. Kolbenprober
2. Waage
3. Wägesatz

Wir schieben den Kolben eines Kolbenprobers vollständig ein. In dieser Stellung legen wir das Gerät auf eine Waage und tarieren aus. Nun ziehen wir den Kolben so weit wie möglich nach außen. Dabei wird Luft eingesaugt, womit sich das Gewicht des Geräts um das Gewicht der Luft erhöht. Trotzdem bleibt die Waage im Gleichgewicht. Das herausragende Stück des Kolbenprobers erfährt in der Luft einen Auftrieb, der dem Gewicht der eingesaugten Luft entspricht.
Es ist zwar möglich, den Kolbenprober an einen Kraftmesser (Federwaage) zu hängen und damit den Versuch auszuführen. Jedoch kann hier der Einwand entstehen, daß wegen der geringen Empfindlichkeit des Kraftmessers die geringe Gewichtsveränderung nicht angezeigt würde.

Bemerkung

Der Auftrieb eines Körpers in Luft ist so groß wie das Gewicht der vom Körper verdrängten Luftmenge. Archimedisches Prinzip der Gase. (Archimedes, geb. 285 v. Chr. in Syrakus, fand das Gesetz um 250 v. Chr.)

3.9. Der Auftrieb eines Luftballons

Versuch 1

1. Kinderluftballon mit Gasfüllung
2. Zwirnsfaden
3. Kraftmesser (10 cN)
4. Nadel

Wir füllen einen Kinderluftballon prall mit Gas und binden ihn mit einem kleinen Zwirnsfaden an den Haken eines Kraftmessers. Diesen halten wir so, daß sein Auszug senkrecht nach oben weist. Der aufsteigende Ballon dehnt die Feder im Kraftmesser aus. Wir lesen die angezeigte Kraft p_1 ab. Sie entspricht dem Auftrieb A vermindert um das Ballongewicht p_2:

$$p_1 = A - p_2 .$$

Wir stechen den Ballon mit einer Nadel an und lassen die Gasfüllung völlig entweichen. Den Kraftmesser drehen wir um in seine Normallage senkrecht nach unten. Die anhängende leere Ballonhülle zieht die Feder heraus. Wir ermitteln die Gewichtskraft p_2 der Hülle.
Der Auftrieb, den der Ballon erfährt, ist dann $A = p_1 + p_2$.

Versuch 2

1. Kinderluftballon mit Gasfüllung
2. Briefwaage
3. Wägestück (5 cN)
4. Zwirnsfaden
5. Nadel

Wir füllen einen Kinderluftballon mit Gas kräftig auf und binden ein kurzes Stück Zwirnsfaden daran. Am anderen Ende des Fadens befestigen wir ein 5-cN-Wägestück. Dieses stellen wir auf eine Briefwaage. Sie zeigt eine Gewichtskraft G_1 an, die kleiner ist als 5 cN.
Wir entleeren den Ballon, indem wir ihn mit einer Nadel anstechen. Wenn die Gasfüllung ganz entwichen ist, legen wir die leere Ballonhülle mit dem Wägestück erneut auf die Briefwaage. Sie zeigt die Gewichtskraft G_2 an. Der Auftrieb des gefüllten Ballons ist dann $A = G_2 - G_1$. [55]

Bemerkung
Ein Ballon, der mit Gas gefüllt ist, erfährt einen Auftrieb.

3.10. Das Expansionsbestreben der Gase

Versuch 1

Knallbüchse

Wir verwenden für den Versuch ein Kinderspielzeug, das wir uns auch selbst leicht herstellen können. Es besteht aus einem Rohr aus Holz oder Metall, das wir an einem Ende mit einem Kork verschließen. In das andere Ende führen wir einen gut passenden Kolben an einem Stiel ein. Wir stoßen den Kolben schnell in das

Rohr (die Knallbüchse). Die plötzlich zusammengepreßte Luft will sich ausdehnen. Sie schleudert den Kork mit einem lauten Knall aus dem Rohr.
Vorsicht! Wir dürfen die Knallbüchse niemals gegen Personen gerichtet ausprobieren.

Versuch 2

Leuchtgasleitung

Wir öffnen für einen Augenblick den Hahn an der Leuchtgasleitung. Nach kurzer Zeit wird der Gasgeruch in den entferntesten Stellen des Raums wahrgenommen. Das Gas diffundiert in die Zimmerluft und breitet sich aktiv aus. Vorsicht! Stadtgas kann geruchlos sein. Dann kann der Versuch wegen der Vergiftungsgefahr so nicht ausgeführt werden. Wir können jedoch irgend ein anderes gut riechendes Gas verwenden, müssen aber auch hier darauf achten, daß keine gesundheitsgefährdenden Gase benutzt werden. Von Ätherdampf ist auf alle Fälle abzusehen, weil zahlreiche Personen darauf mit Übelkeit reagieren.

Versuch 3

1. Kinderluftballon
2. Faden
3. Luftpumpe mit Rezipient

Wir drücken einen Kinderluftballon fest zusammen, so daß er nur noch einen geringen Rest Luft enthält. Dann binden wir seine Öffnung zu. In diesem flachen Zustand legen wir ihn unter den Rezipienten einer Luftpumpe und evakuieren. Der Ballon bläht sich auf, bis er völlig rund wird, er kann sogar platzen. Die geringe Luftmenge in ihm dehnt sich immer stärker unter dem verminderten Luftdruck aus. [9]

Bemerkung

Ein Gas sucht den zur Verfügung stehenden Raum auszufüllen.

3.11. Die Druckschwankungen bei Gasen

Versuch 1

1. Kochflasche (oder Rundkolben 500 ml)
2. Gummistopfen mit Hahnrohr
3. Wasser
4. Streichholz

Wir geben etwas Wasser in eine Kochflasche und verschließen sie mit einem Gummistopfen, durch den wir ein Hahnrohr stecken. Nun saugen wir mit dem Mund so viel Luft wie möglich aus der Flasche und schließen schnell den Hahn. Wir zünden ein Streichholz an, halten es über die Öffnung des Hahnrohrs und öffnen den Hahn. Es wird Luft eingesaugt und mit ihr Verbrennungsgase vom Streichholz. Sie liefern Kondensationskerne.

Jetzt blasen wir mit dem Mund kräftig Luft in die Flasche und schließen den Hahn. Nach kurzer Zeit öffnen wir den Hahn wieder. Wir hören ein leichtes Zischen als Zeichen, daß die komprimierte Luft entweicht. In der mit Wasserdampf angereicherten Luft in der Flasche bildet sich ein deutlich sichtbarer Nebel.
Wir blasen erneut Luft in die Flasche. Der Nebel verschwindet wieder.
Das Entstehen und Vergehen des Nebels zeigt die Druckschwankungen an.

Versuch 2

Sprudelflasche

Wir verwenden eine Flasche mit Mineralwasser (Selterswasser), die halbgefüllt längere Zeit verschlossen gestanden hat. Wenn wir jetzt den Verschluß öffnen, fällt der Überdruck in der Flasche plötzlich ab, was sich durch das Zischen der ausströmenden Luft hörbar anzeigt. Es entsteht Nebel in der Flasche. [9]

Bemerkung

In Gasen entstehen bzw. lösen sich Nebel auf als Folge von Druck- und damit verbundenen Temperaturschwankungen.

3.12. Die Luftströmungen

Versuch 1

1. Weinflasche
2. Kerze im Halter

Wir stellen eine brennende Kerze hinter einer Weinflasche auf. Es erscheint uns unmöglich, die Kerze hinter einem solchen Hindernis ausblasen zu können. Trotzdem gelingt es uns, wenn wir aus dem Mund einen kräftigen Luftstrom gegen die Flasche blasen.
Der Luftstrom wird durch die Flasche nicht zur Seite weggelenkt. Er teilt sich vielmehr vor der Flasche, strömt um sie herum. Hinter der Flasche vereinigen sich die beiden Teilströme wieder und blasen die Kerze aus.
Der Versuch gelingt nicht, wenn die Flasche nicht völlig glatt ist. Etiketten müssen daher vor dem Versuch entfernt werden.

Versuch 2

1. Trichter
2. Kerze im Halter

Wir versuchen, eine brennende Kerze durch einen Trichter hindurch auszublasen. Die Öffnung des Trichters ist dabei der Kerze zugewandt. Halten wir den Trichter so, daß die Kerze mitten vor seiner Öffnung steht, also in der Richtung des Trichterhalses, dann flackert die Kerze in den Trichter hinein, ohne zu verlöschen. Das Ausblasen gelingt so nicht.
Die Kerze verlöscht aber, wenn wir den Rand der Trichteröffnung auf sie richten. Dann bläst die an der Trichterwand entlangströmende Luft die Kerze aus.

Die beim Blasen im Mund zusammengepreßte Luft kann sich im Trichterhals nicht ausdehnen. Dies erfolgt im kegelförmigen Teil des Trichters. Dabei bildet sich eine gegen die Wand gerichtete Strömung aus. In der Mitte des Trichters fehlt die Strömung fast völlig.
Die bei dem Versuch oben liegende Trichterwand erhält wegen der vom Mund mitgeführten Wärme mehr Luft als die untere Wand. Daher senken wir den Trichter so, daß seine obere Kante auf die Flamme gerichtet ist. Am unteren Rand wird die Flamme in die Öffnung des Trichters hinein gezogen. Die Luftströmung können wir sichtbar machen, indem wir Zigarettenrauch in den Trichter blasen.

Versuch 3

1. Trichter
2. Filterpapier
3. Klebstoff

Wir kleben aus leichtem Papier (Filterpapier) einen Kegel, legen ihn auf den Tisch und stülpen einen Trichter darüber. Wenn wir kräftig in den Trichter blasen, wird der Kegel in den Trichter hineingezogen. Auch ein Wattebausch verhält sich so.

Versuch 4

1. Trichter
2. Filterpapier
3. Klebstoff

Wir kleben aus Filterpapier einen Kegel, der genau in einen Trichter hineinpaßt. Dann legen wir den Kegel in den Trichter, halten diesen hoch und blasen kräftig in das Trichterrohr. Der Kegel wird nicht fortgeblasen, er haftet im Trichter.

Versuch 5

2 kleine Holzkugeln an Fäden

Wir hängen zwei leichte Holzkugeln (etwa 3 cm Durchmesser) in 2 Zentimeter Abstand nebeneinander auf. Blasen wir mit dem Mund Luft zwischen die Kugeln, bewegen sie sich aufeinander zu, nicht auseinander.

Versuch 6

1. Pappe
2. 2 Stricknadeln

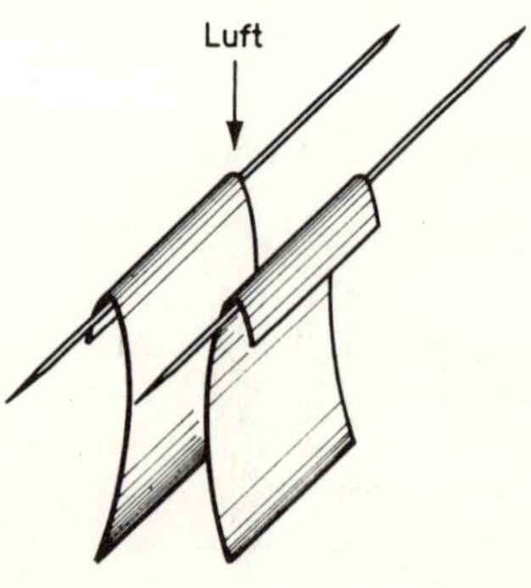

Abb. 3.12./1
Die Saugwirkung eines Luftstroms

Wir biegen leichte, rechteckige Stücke Karton von Postkartengröße gewölbt nach Abbildung 3.12./1 und hängen sie über 2 Stricknadeln oder einfach über die Zeigefinger unserer Hände. Der Abstand an der engsten Stelle soll etwa 2 Zentimeter betragen. Dann blasen wir mit dem Mund einen Luftstrom senkrecht von oben zwischen die Pappen. Sie ziehen sich gegenseitig an und schlagen zusammen. Dadurch wird der Luftstrom unterbrochen. Die Pappen schwingen zurück, und das Spiel beginnt von neuem.
Bei Oboen und Klarinetten werden die Töne nach diesem Prinzip erzeugt. Kleine elastische Blättchen schwingen im Luftstrom des Bläsers dabei mit Frequenzen im Hörbereich.

Versuch 7

1. Garnrolle
2. Pappe
3. Klebstoff

Wir schneiden aus leichter Pappe zwei kreisförmige Scheiben. Ihr Durchmesser muß mindestens um 4 cm größer sein als der Durchmesser einer großen Garnrolle. Die Mitte der einen Scheibe durchbohren wir. Das Loch muß ein wenig größer sein als die Öffnung in der Rolle. Dann kleben wir diese Scheibe konzentrisch auf die Garnrolle. Die andere Scheibe legen wir auf 3 kleine Unterlagen, z. B. kleine Pappstücke, auf den Tisch. Über diese Scheibe halten wir in 2 cm bis 3 cm Abstand konzentrisch die Garnrolle mit der angeklebten Scheibe und blasen kräftig in die obere Öffnung der Rolle.
Die unten liegende Scheibe wird zur Rolle hin hochgezogen (Aerodynamisches Paradoxon). Beim Blasen in die Rolle wird zwischen den Scheiben die Luft seitlich fortgetrieben. Es entsteht ein luftverdünnter Raum. Der äußere Luftdruck hebt daher die untere Scheibe an. Deswegen ist es wichtig, daß zwischen dieser Scheibe und dem Tisch Luft vorhanden ist.

Bemerkungen

1. Ein Luftstrom, der sich vor einem Hindernis, auf das er trifft, teilt, vereinigt sich hinter ihm wieder.
2. Tritt ein Luftstrom aus einem Rohrteil aus, entsteht an dieser Stelle ein statischer Unterdruck.
3. Bläst ein Luftstrom von einem größeren in einen engeren Querschnitt, erhöht sich seine Geschwindigkeit. Es entsteht ein statischer Unterdruck.

3.13. Der Rückstoß der Luft

Kinderluftballon

Wir blasen einen Kinderluftballon so prall wie möglich auf und halten den Einlaßhals schnell mit dem Finger zu. Nun halten wir die Öffnung des Halses nach unten und lassen plötzlich los. Der Ballon steigt mit einem Ruck nach oben. Der Druckausgleich äußert sich in einem Zischen der ausströmenden Luft. Der Ballon bewegt sich entgegengesetzt zur Richtung der Luftströmung, er wird zurückgestoßen. Der Ballon schwankt während des Aufstiegs hin und her. Dies ergibt sich aus der

Beweglichkeit des Ballonhalses. Wir können den Flug stabilisieren, indem wir ein Papierband an den Hals ankleben oder anbinden. [9]

Bemerkung

Aus einer Düse ausströmende Luft erzeugt einen Rückstoß.

3.14. Der Überdruck in der Gasleitung

Versuch 1

1. Gasleitung
2. Schlauch
3. hohes Becherglas

Wir füllen ein hohes Becherglas mit Wasser. An den Hahn der Gasleitung schließen wir einen Schlauch an, dessen offenes Ende wir etwa 2 cm tief in das Wasser eintauchen. Nach dem Öffnen des Hahns perlen Gasblasen aus dem Schlauch. Wir senken ihn langsam tiefer in das Wasser ein, bis keine Blasen mehr austreten. Dann ist der Druck der Wassersäule gleich dem Druck des ausströmenden Gases. Dies ist bei etwa 10 cm bis 15 cm Wassertiefe der Fall. Der Überdruck ist also verhältnismäßig klein.

Versuch 2

1. Gasleitung
2. Schlauch
3. Wassermanometer

Wir schließen über einen Schlauch ein Wassermanometer an die Gasleitung an. Öffnen wir langsam den Gashahn, steigt die Wassersäule im Manometer an. Wir können den Überdruck ablesen.
Wenn möglich, führen wir den Versuch 1 oder 2 in verschiedenen Stockwerken aus. Es zeigt sich, daß der Überdruck mit der Höhe abnimmt. [42]

Bemerkung

Der Überdruck in der Gasleitung ist nur gering und nimmt mit der Höhe ab.

3.15. Der Unterdruck in einem Luftstrom

Versuch 1

1. Tischtennisball
2. Fön

Wir schalten einen Winderzeuger, z. B. einen Fön, ein und lassen den Luftstrom schräg steil nach oben blasen. Nun halten wir einen Tischtennisball von der Seite her an den Strahl an. Durch leichte Änderung der Strahlrichtung gelingt es uns,

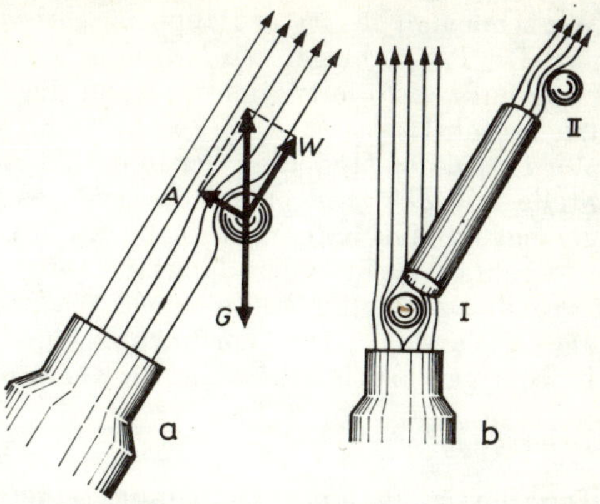

Abb. 3.15./1
Die Wirkung eines Luftstroms

den Ball frei an den Strahl anzuhängen (Abb. 3.15./1 a). Die Stromlinien drängen sich über dem Ball zusammen. Es entsteht dadurch ein Unterdruck, der den Ball ansaugt. Dann ist die Gleichgewichtskraft *G* gleich der Resultante aus dem Widerstand *W* und der statischen Druckkraft *A*. An welcher Stelle der Ball am Luftstrom hängt, ist abhängig von der Geschwindigkeit der Luft.

Versuch 2

1. Tischtennisball
2. Fön
3. Rohr (1 m)

Wir halten einen Fön so, daß sein Luftstrom senkrecht nach oben gerichtet ist. Einen Tischtennisball bringen wir über der Düse des Föns in den Luftstrom. Er schwebt darin (Abb. 3.15./1 b, Stellung I). Nun halten wir von der Seite her ein etwa 1 m langes Rohr, dessen Durchmesser etwas größer sein muß als der des Balls, schräg nach oben gerichtet in den Luftstrom über den Ball. Er fliegt durch das Rohr oben heraus und fällt zu Boden.
Wir halten den Ball gegen den aus dem Rohr strömenden Luftstrom. Er bleibt wie im Versuch 1 an der Strömung hängen (Abb. 3.15./1 b, Stellung II).
Besser als ein Fön eignet sich ein Winderzeuger größeren Ausmaßes für die Versuche, weil wir damit die Windgeschwindigkeit besser regeln und einen breiteren Luftstrom erhalten können. [9]

Bemerkung

Wird ein freier Luftstrom an einer Stelle verengt, tritt hier ein Unterdruck auf.

3.16. Der Bumerang als Luftschraube

1. Pappe
2. Schere

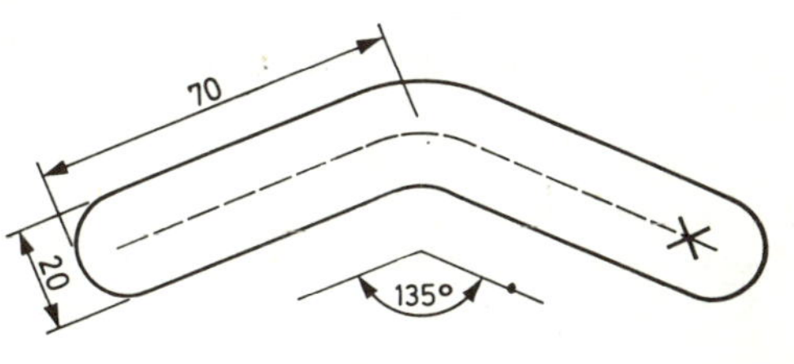

Abb. 3.16./1
Der Bumerang

Wir schneiden aus fester Pappe nach Abbildung 3.16./1 das Modell eines Bumerangs aus. Die Pappe biegen wir längs der gestrichelten Linie leicht an, so daß eine Wölbung entsteht. Sie ist richtig, wenn die Pappe bei Bewegung durch die Luft Auftrieb erfährt.
Wir fassen das Modell an der in der Abbildung mit einem Kreuz gekennzeichneten Stelle mit zwei Fingern und werfen es mit einer kräftigen Drehbewegung flach geneigt (20°) schräg nach oben in die Luft. Der Bumerang verhält sich wie eine Luftschraube. Er steigt langsam aufwärts, beschreibt einen Bogen und kommt zurück. Dabei stabilisiert eine Kreiselwirkung während des Flugs die Rotationsachse. Vorsicht! Die Vorführung eines käuflichen Bumerangs (nur im Freien) ist sehr gefährlich. Auf seine Verwendung sollte verzichtet werden. [9]

Bemerkung

Die Bewegung eines Bumerangs entspricht der einer raumstabilisierten Luftschraube.

3.17. Die Kreiselwirkung beim Wurfkörper

1. Bierdeckel
2. Diskus

Wir schleudern einen Bierglasuntersatz (Bierdeckel) aus Pappe mit der rechten Hand weg. Die Pappscheibe neigt sich nach links und wird auch in dieser Richtung von ihrer Bahn abgelenkt.
Werfen wir sie mit der linken Hand, neigt sie sich nach rechts und weicht auch nach rechts aus.
Der Bierdeckel, den wir als Kreisel ansehen dürfen, erfährt beim Flug einen Auftrieb. Infolgedessen greift an ihm ein Drehmoment an, das senkrecht zur Kreiselachse und senkrecht zur Flugrichtung wirkt. Es entsteht eine Präzessionsbewegung der Deckelachse. Weil aber wegen des geringen Trägheitsmoments die Rotation des Deckels durch die Reibung schnell abnimmt, wird die Präzession immer schneller, bis sich der Deckel hochkant stellt und abstürzt. Wir wiederholen den Versuch im Freien mit einem Diskus. Er besitzt ein großes Trägheitsmoment. Daher wird die Präzession der Diskusachse außerordentlich langsam und kaum merklich. Der Diskus „segelt" verhältnismäßig ruhig. [8]

Bemerkung

Bei einem rotierenden Wurfkörper überlagert eine Präzessionsbewegung die Kreiselbewegung.

3.18. Der Magnus-Effekt

1. Papprolle (25 cm lang)
2. Pappscheiben
3. Leinenband (1,5 m)
4. Stab

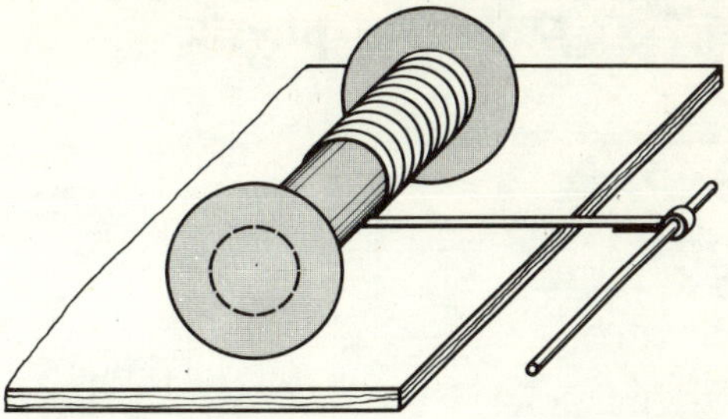

Abb. 3.18./1
Rolle für den Magnus-Effekt

Wir kleben auf beide Öffnungen einer 25 cm langen, schmalen Papprolle (Durchmesser ca. 5 cm) kreisrunde Pappscheiben. Sie erleichtern das Abrollen und verhindern Störungen des Luftstroms um die Rolle. Diese soll möglichst leicht sein (etwa 30 cN bis 50 cN). Ferner wickeln wir mehrfach ein dünnes, schmales Leinenband fest um die Rolle. Das freie Ende des Bandes befestigen wir an einem Stock (Abb. 3.18./1). Wir legen die Rolle auf den Tisch, spannen das Band leicht an und ziehen den Stab ruckartig schnell zur Seite. Die Rolle bewegt sich in derselben Richtung auf dem Tisch, gerät aber gleichzeitig in Rotation im Uhrzeigersinn. Die Rolle hebt sich vom Tisch ab, beschreibt einen Bogen nach oben und fällt schließlich auf den Boden.
Der Vorgang wurde 1853 von H. G. Magnus untersucht. Die Reibung der Luft an der Rolle bewirkt eine Zirkularströmung, die einen Auftrieb senkrecht nach oben hervorruft. [9]

Bemerkung

Ein sich drehender Zylinder erfährt eine Kraft senkrecht zur Strömungsrichtung.

4. Molekularphysik

4.1. Die Teilbarkeit der Stoffe

Versuch 1

1. Tafelkreide
2. Würfelzucker
3. Papier
4. Hammer

Wir zerteilen verschiedene Stoffe: Papier oder Pappe wird zerrissen, Kreide oder Würfelzucker zerbrochen, dann mit einem Hammer auf fester Unterlage zerstoßen und zerrieben. Mit diesen Vorgängen überwinden wir die deutlich spürbaren Molekularkräfte.

Versuch 2

1. verschiedene Ölsorten
2. Wanne mit Wasser

Wir geben einige Tropfen von Oliven- oder Rüböl oder Lebertran auf eine Wasserfläche. Das Öl breitet sich zu einem dünnen Film aus. Er wird noch dünner beim Auftropfen von Petroleum oder Benzin. Die Dicke der Schicht auf dem Wasser entspricht dann der Dicke eines Moleküls. Die Schicht wird von den Molekularkräften gerade noch zusammengehalten.

Versuch 3

1. Kristalle von Kaliumpermanganat
2. Gefäß mit Wasser
3. Rührstab
4. Bechergläser

Wir lassen einige Kristalle von Kaliumpermanganat ($KMnO_4$) in ein Becherglas mit Wasser fallen. Es färbt sich nach kurzem Umrühren violett. Von dem so gefärbten Wasser gießen wir einige Milliliter in ein anderes Gefäß mit klarem Wasser. Es färbt sich ebenfalls violett. Dann gießen wir erneut von diesem Wasser ein wenig in ein drittes Gefäß mit klarem Wasser usw. und beobachten, wie stark sich die Färbung trotz fortschreitender Verdünnung fortsetzen läßt.

Versuch 4

1. Kristalle von Anilinrot
2. Papier
3. Alkohol

Wir lassen ein paar Kristalle von Anilinrot auf weißes Papier fallen und schütteln sie sofort wieder ab. Dem Augenschein nach ist das Papier völlig frei von dem Farbstoff. Lassen wir jetzt einige Tropfen Alkohol auf das Papier fallen, färbt es sich intensiv rot, weil trotzdem Moleküle von Anilinrot zurückgeblieben waren.

Versuch 5

1. Filterpapier
2. Fluoreszeinlösung
3. Becherglas mit Wasser

Wir tauchen ein Stück Filterpapier in eine verdünnte Fluoreszeinlösung. Dann legen wir das Papier auf die Oberfläche von Wasser, das wir in ein Becherglas gefüllt haben. Das Wasser, das von dem Papier angesaugt wird, löst Moleküle von Fluoreszein heraus. Die Farbstofflösung sinkt in dem Wasser in Form von smaragdgrünen Tropfen und Fäden nach unten. Nach und nach färbt sich das ganze Wasser grün.

Versuch 6

1. Fuchsin
2. Alkohol
3. große Gefäße mit Wasser
4. Meßglas
5. Kapillare
6. Waage mit Wägesatz
7. verdünnte Salzsäure

Wir wiegen 1 g Fuchsin ab und lösen es in 50 ml Alkohol. Von der Lösung messen wir in einem Meßglas 1 ml ab und gießen sie in ein Gefäß mit 2 ml Wasser. Es wird tiefrot gefärbt, 1 g Fuchsin färbt 100000 ml Wasser intensiv.
Von dieser verdünnten Lösung saugen wir etwas in einer Kapillare hoch. In der Durchsicht sieht diese Flüssigkeit immer noch rot aus. Hat die Kapillare 1 mm lichte Weite und saugen wir 10 mm hoch, so enthält die Röhre 7,854 ml Lösung, d. h., das Fuchsin hat sich so weit verteilt, daß in 1 ml wässriger Lösung nur noch 10^{-5} g Fuchsin enthalten sind.
Alle bei diesen Versuchen benutzten Geräte sind sogleich nach Beendigung der Versuche mit verdünnter Salzsäure zu reinigen!

Versuch 7

1. Schwefeleisen
2. Salzsäure
3. Reagenzglas

Wir übergießen in einem Reagenzglas ein wenig Schwefeleisen (FeS) mit einigen Tropfen Salzsäure. Es entsteht Schwefelwasserstoff. Nach kurzer Zeit ist das ent-

stehende unangenehm riechende Gas an den entferntesten Stellen des Raums durch den Geruch festzustellen.
Das Reagenzglas entleeren wir sofort, am besten unter einem Gasabzug.
Vorsicht! Früher wurde empfohlen, den Versuch mit Ätherdampf auszuführen. Es genügt dann, den Stopfen der Vorratsflasche kurz zu lüften. In 1 l Luft = 10^6 ml sind 10^{-3} ml Ätherdampf noch nachweisbar. Da aber viele Personen beim Einatmen von Ätherdampf an Übelkeit erkranken, ist dringend von dieser Form des Versuchs abzuraten.

Versuch 8

Kampfer oder Naphthalin (Mottenkugeln)

Wir zerreiben etwas Kampfer. Der entstehende Geruch ist alsbald im Raum wahrnehmbar. Kampfer bzw. Naphtalin geht direkt vom festen in den gasförmigen Zustand über. Wiegen wir etwas von dem Stoff auf einer Feinwaage ab, lassen den Stoff eine Woche lang unberührt liegen und wiegen erneut, so ist kein Gewichtsverlust festzustellen, obwohl sich von ihm laufend Moleküle verflüchtigt haben. [9]

Bemerkung

Stoffe können unter Überwindung der Molekularkräfte durch Zerreißen, Pulverisieren, Mischen, Auflösen, Verdampfen, Verdunsten zerkleinert werden.

4.2. Die Porösität der Stoffe

Versuch 1

1. Tafelkreide
2. Reagenzglas mit Wasser

Wir werfen ein Stückchen Kreide in ein Reagenzglas mit Wasser. Von der Kreide steigen Gasblasen auf, weil Wasser in die Poren der Kreide eindringt und die darin enthaltene Luft verdrängt.

Versuch 2

1. Becherglas
2. Filterpapier
3. Holzkohlepulver
4. Wasser
5. rote Tinte

Wir hängen einen geöffneten Filter auf ein passendes Becherglas. In einem Gefäß färben wir Wasser mit Holzkohlepulver schwarz. Das gefärbte Wasser gießen wir in den Filter. Das aus ihm fließende Wasser ist klar, weil die Poren des Filters kleiner sind als die Kohleteilchen. Wir färben das geschwärzte Wasser zusätzlich mit roter Tinte. Dann ist das durch den Filter fließende Wasser rosa gefärbt, weil die Poren des Filters diesmal größer sind als die Farbstoffteilchen.

Versuch 3

1. 2 schmale Meßzylinder
2. Wasser
3. Würfelzucker
4. feiner Zucker
5. Waage mit Wägesatz

Wir wiegen ein Stück Würfelzucker ab und die gleiche Menge feinen Zucker. Zwei gleiche schmale, hohe Zylinder stellen wir nebeneinander auf und füllen sie gleich hoch mit Wasser. In den einen werfen wir ein Stück Würfelzucker. An der Skala des Zylinders lesen wir eine Vergrößerung des Volumens ab. In den zweiten Zylinder lassen wir den feinen Zucker fließen. Hier zeigt sich keine Vergrößerung des Volumens, weil die „Poren" des Wassers die kleinen Zuckerteilchen aufnehmen.

Versuch 4

1. 2 gleiche Bechergläser
2. Watte
3. Wasser

Wir füllen ein Becherglas zu 2/3 mit Wasser. In ein zweites, gleich großes Becherglas geben wir bis zur Höhe des Wassers im anderen Glas lockere Watte. Es handelt sich also um gleiche Volumina. Nun nehmen wir die Watte heraus, bringen sie in das Wasser des ersten Glases hinein und drücken sie langsam nach unten, bis sie sich ganz im Wasser befindet. Wir können keine Vergrößerung des Volumens des Wassers feststellen, auch dann nicht, wenn wir die Watte noch fest nach unten drücken.

Versuch 5

1. Reagenzglas
2. Wasser
3. Alkohol

Wir füllen ein Reagenzglas zur Hälfte mit Wasser. Auf das Wasser gießen wir Alkohol, bis das Reagenzglas vollständig gefüllt ist. Es darf keine Luft mehr in der Röhre bleiben. Nun verschließen wir sie mit einem Gummistopfen und kehren sie mehrmals um. Die beiden Flüssigkeiten mischen sich, wobei das Gesamtvolumen kleiner wird.

Versuch 6

1. größerer Glaskolben
2. Jodkörnchen
3. Bunsenbrenner
4. Feuerzeug

Wir bringen einige Körnchen Jod in einen Glaskolben und erhitzen ihn vorsichtig sehr wenig über einer Flamme. Es bilden sich rotviolette Joddämpfe. Sie vermischen sich sofort mit der Luft.

Es empfiehlt sich, ein weißes Papier bei der Beobachtung hinter den Kolben zu halten. [9; 36]

Bemerkung

Stoffe sind porös, weil ihre Moleküle durch minimale Zwischenräume getrennt liegen. Dadurch entstehen Hohlräume im Innern, deren Oberfläche größer ist als die äußere Oberfläche. (Beispiel: 1 cm^3 Kieselgur hat als äußere Oberfläche 6 cm^2, als innere 450 m^2, also eine 750000 mal größere Fläche.)

4.3. Die Kapillarität

Versuch 1

1. Tafelkreide
2. leichtes Heizöl
3. kleine Schale
4. Feuerzeug

Wir geben ein wenig Heizöl in eine Schale und stellen eine Tafelkreide hinein. Die Kreide muß senkrecht und fest stehen. Wir warten einige Minuten. Das Öl steigt infolge der Kapillarwirkung in der porösen Kreide hoch bis zur Spitze. Dort können wir es anzünden, wobei wir darauf achten, daß sich der Ölrest in der Schale nicht ebenfalls entzündet. Es entsteht eine 2 cm hohe Flamme.
Um sie auszulöschen, gießen wir Wasser in die Schale. Es sammelt sich unter dem Ölrest und dringt in der Kreide nach oben. Wenn es die Spitze erreicht hat, erlischt die Flamme. Wir vermeiden es, die Flamme auszublasen, denn dabei könnte die Kreidekerze umfallen und das restliche Öl entzünden.

Bemerkung

Die Kapillarkräfte in der Kreide sind größer als die Gewichtskraft des Öls.

Versuch 2

1. 2 gleiche Weingläser
2. Wasser

Wir suchen zwei gleiche Weingläser. Das eine davon setzen wir mit seiner Öffnung umgekehrt oben auf die Öffnung des zweiten, darunter stehenden Glases. Die Ränder müssen genau aufeinanderpassen. Nun lassen wir oben auf die Wölbung des oberen Glases einige Wassertropfen fallen. Sie gleiten zunächst auf diesem oberen Glas abwärts. Dann aber werden sie durch die Kapillarwirkung in den Spalt zwischen den Glasrändern in das untere Glas hineingezogen. Dort laufen sie innerhalb des Glases weiter nach unten.

Versuch 3

1. Filter- oder Fließpapier
2. Becherglas mit gefärbtem Wasser
3. Stativmaterial

Wir färben Wasser in einem Becherglas mit ein paar Kristallen von Kaliumpermanganat oder roter Tinte (Eosin). An einem Stativ befestigen wir einen Streifen Filterpapier und lassen es mit seinem unteren Ende 2 cm tief in das Wasser hängen. Wir sehen, wie Wasser in den Kapillaren des Papiers hochsteigt. [9; 36;5]

Bemerkungen

1. Poröse Stoffe zeigen Kapillarwirkung.
2. In einem engen Spalt treten Kapillarkräfte auf.

4.4. Die Kohäsion des Wassers

1. Brettchen
2. Nagel
3. Hammer
4. dünnes Seil
5. große Schüssel mit Wasser
6. Stativmaterial

Wir schlagen einen langen Nagel in ein Brettchen. Es soll als Schiffchen dienen. Wer es schöner haben will, kann das Schiff auch aus Rinde schnitzen. Eine große Schüssel füllen wir bis an den Rand mit Wasser und legen das Schiff auf die Wasserfläche. Dicht unter dem Kopf des Nagels binden wir ein Seil fest. Sein anderes Ende knüpfen wir oben an ein Stativ, das wir neben die Schüssel stellen. Das Seil soll jetzt nicht fest gespannt sein, sondern einen Durchhang haben.
Nach kurzer Zeit setzt sich das Schiff in Bewegung und schwimmt zum Stativ hin. Es sieht so aus, als ob an dem Seil gezogen würde.
Das Gewicht des Seils ist viel kleiner als das von Brett und Nagel. Dennoch genügt die geringere Gewichtskraft, die das Seil ausübt und die sogar nur zum Teil an dem Brett angreift, um es wegzuziehen. Dabei muß das Brett das vor ihm liegende Wasser zerteilen und wegschieben. Das gelingt, weil sich die Wassermoleküle leicht gegeneinander verschieben lassen. Die Kohäsionskräfte zwischen den Molekülen sind nur gering.
Ein fahrendes Schiff und ein schwimmender Mensch benötigen dagegen eine große Antriebskraft, weil in diesen Fällen das Wasser schnell zur Seite gestoßen und geteilt werden muß. [3]

Bemerkungen

1. Wasser ist eine leicht bewegliche Flüssigkeit.
2. Die Kohäsion des Wassers ist gering.

4.5. Die Kohäsionskräfte

Versuch 1

2 planparallele Platten

Wir verwenden für den Versuch am besten zwei planparallel geschliffene Glasplatten, die für optische Versuche benutzt werden. Wir drücken sie leicht zusammen. Wenn die Platten völlig sauber und wirklich eben geschliffen sind, haften

sie infolge starker Kohäsionskräfte so fest zusammen, daß wir sie nicht voneinander abheben können.
Erst wenn wir sie seitlich verschieben, lassen sie sich trennen.

Versuch 2

2 sechskantige Bleistifte

Wir halten einen sechskantigen Bleistift waagerecht und drücken von unten einen zweiten, etwa gleich langen dagegen. Wenn beide glatt poliert sind, haftet der untere an dem oberen Bleistift. [9]

Bemerkung

Stoffe werden von Kohäsionskräften zusammengehalten.

4.6. Die Adsorption

Versuch 1

1. Glasplatte
2. Holzstab

Wir schreiben auf eine staubfreie Glasplatte mit einem Holzstab einige Worte. Darauf hauchen wir die Platte an, und die Schrift erscheint deutlich lesbar, weil das Holz auf dem Glas adsorbierte Stoffe weggeschabt hat. An dieser Stelle schlägt sich der beim Ausatmen aufgeblasene Wasserdampf anders nieder. Er wird besser adsorbiert als an den danebenliegenden Stellen.
Selbstverständlich dürfen wir die Glasplatte vor dem Versuch nicht extra reinigen.

Versuch 2

1. Glasplatte
2. Münze

Wir legen eine Münze auf eine Glasplatte und lassen sie mehrere Stunden liegen, ohne sie zu verschieben. Dann nehmen wir sie weg und hauchen die betreffende Stelle kräftig an. Wir sehen ein „Hauchbild“ auf dem Glas. Zwischen Münze und Glas fand ein Gasaustausch statt. An dieser Stelle wird der Wasserdampf des Atems besser adsorbiert, so daß das Bild der Münze erscheint.

Versuch 3

1. gefärbtes Wasser
2. Holzkohlepulver
3. Filter
4. Becherglas
5. Alkohol

Wir färben Wasser z. B. mit roter Tinte (Eosin) oder Kaliumpermanganat oder Methylenblau, bis eine gut sichtbare Lösung entstanden ist. Nun geben wir Pulver von Holz- oder Tierkohle hinzu und schütteln die Suspension mehrere Male tüchtig

durch. Darauf gießen wir sie in ein Filter, das wir über ein Becherglas hängen. Weil die Farbstoffe von der Kohle adsorbiert worden sind, läuft klares Wasser durch den Filter, dessen Poren die größeren Kohleteilchen zurückhalten.
Wir zeigen, daß der Farbstoff tatsächlich in der Kohle adsorbiert wurde, indem wir ihn aus der Kohle wieder herauslösen. Dazu übergießen wir die Kohle mit Alkohol. Nun fließt farbige Lösung durch den Filter. [9]

Bemerkungen

1. Gase und Dämpfe werden von Glas verschieden stark adsorbiert.
2. Kohle vermag Farbstoff zu adsorbieren.

4.7. Die Oberflächenspannung

Versuch 1

1. leichte Objekte
2. Wanne mit Wasser

Wir legen eine Nähnadel, Rasierklinge, Büroklammer, ein Stück Drahtnetz auf Wasser. Obwohl sie spezifisch schwerer sind als das Wasser, schwimmen sie auf seiner Oberfläche. Beim Auflegen der Gegenstände müssen wir beachten, daß keine Spitze die Wasserfläche durchlöchert. Sonst sinken die Gegenstände unter. Das Auflegen auf das Wasser gelingt sicher, wenn wir die Objekte auf ein Stückchen Seidenpapier legen und sie damit auf die Wasserfläche bringen. Das Papier sinkt nach kurzer Zeit nach unten weg, und die leichten Körper bleiben auf dem Wasser liegen. Wir können sie auch leicht einfetten. Meist genügt es, sie durch die Finger zu ziehen.
Die Rasierklinge und ein bis zu 1 dm^2 großes Drahtnetz dürfen wir sogar noch bis zu 2 cN bzw. 3 cN belasten, ohne daß die Unterlage untergeht.

Versuch 2

1. Haarsieb
2. Öl
3. Wasser

Wir geben ein wenig Öl in ein feines Haarsieb. Das Drahtgeflecht darf nur benetzt sein, seine Löcher müssen frei bleiben. Nun füllen wir vorsichtig Wasser ein, indem wir es langsam von der Seite her einfließen lassen, bis das Sieb halb voll ist. Das Wasser fließt nicht durch das Sieb. Wir sehen es aber außen unter den Öffnungen durchhängen, gehalten von der Oberflächenspannung des Wassers. Erst wenn wir das Sieb von außen berühren und so die Oberflächenspannung unterbrechen, fließt Wasser aus.

Versuch 3

1. 7 Flaschenkorken
2. Gefäß mit Wasser

Wir stellen zunächst einen Flaschenkork senkrecht auf den Tisch. Dann ordnen wir weitere sechs Korke berührend um den ersten herum an. Wir fassen das Korkenpaket als Ganzes und bringen es von oben her auf eine Wasserfläche. Die Korken bleiben schwimmend senkrecht stehen, während sie einzeln sogleich in die waagerechte Lage umkippen würden. Die Oberflächenspannung hält das Paket zusammen.

Versuch 4

1. Schale mit Wasser
2. Öl
3. Entspannungsmittel

Wir geben Wasser in eine Schale und lassen einen Tropfen Öl darauf fallen. Es breitet sich sofort über die Wasserfläche aus. Das Öl hat eine geringere Oberflächenspannung als das Wasser (Wasser/Öl = 0,02), so daß eine resultierende Kraft an der Flüssigkeit mit der kleineren Oberflächenspannung angreift und sie ausbreitet. Nun streuen wir ein Entspannungsmittel (z. B. Pril) oder tropfen ein entsprechendes flüssiges Mittel auf das Öl. Die Ölhaut zieht sich zusammen, es bilden sich Öltropfen. Der Versuch eignet sich zur Projektion auf dem Arbeitsprojektor.

Versuch 5

1. Entspannungsmittel
2. Material wie in den Versuchen 1 bis 3

Wir zeigen als Gegenversuche zu den Versuchen 1 bis 3 die Wirkung von Entspannungsmitteln wie Pril oder Rei. Die Oberflächenspannung wird dann kleiner. So kann sie die in Versuch 1 aufgelegten Körper nicht mehr tragen. Wir können die Versuche auch entsprechend mit Seifenlösungen ausführen.

Versuch 6

1. flache Glasschale mit Wasser
2. Tusche
3. Tuschfeder
4. Öl
5. Bleistift

Wir füllen Wasser in eine flache Glasschale. Darauf bringen wir Tusche, am besten mit einer Tuschfeder. Wenn wir sie gefüllt in das Wasser tauchen, breitet sich die Tusche schlagartig über die Wasserfläche aus. Mit mehrmaligem Eintippen der Feder können wir die ganze Wasserfläche schwarz färben. Jetzt tauchen wir eine Bleistiftspitze in Öl und tippen sie in das Wasser. Sofort bildet sich um diese Stelle ein heller Fleck. Das schwarz gefärbte Wasser weicht zurück.
Der Versuch gelingt deutlich, wenn wir die Glasschale auf weißes Papier stellen. Auch kann der Versuch mit dem Schreibprojektor projiziert werden.

Versuch 7

1. Papier
2. Schere
3. großes Gefäß (Aquarium) mit Wasser
4. Öl

5. Seifenlösung
6. Spiritus
7. Benzin
8. kleines Kampferstückchen
9. dünnes Stäbchen (oder Strohhalm)

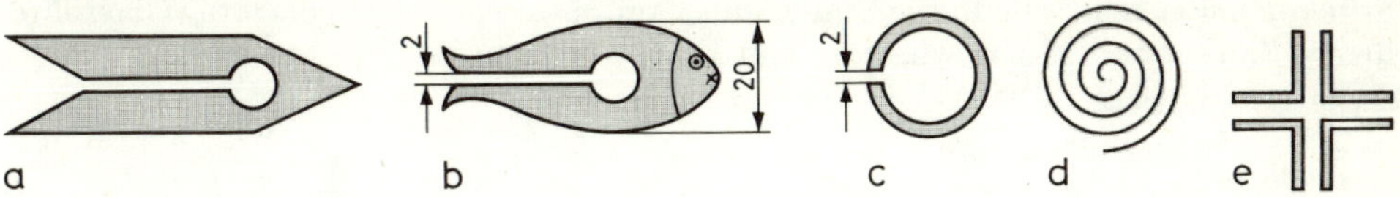

Abb. 4.7./1
Figuren zur Oberflächenspannung

Wir schneiden aus Papier Figuren nach Abbildung 4.7./1 a bis c aus und legen sie auf das Wasser in einem größeren Gefäß, z. B. Aquarium, Waschschüssel, Badewanne. Jetzt lassen wir einen oder nach Bedarf mehrere Tropfen Öl oder der anderen Flüssigkeiten in den ausgeschnittenen Kreis tropfen bzw. legen ein kleines Stückchen Kampfer in diese Stelle. Das Eintropfen erfolgt leicht, wenn wir die Flüssigkeit von einem dünnen Stäbchen oder aus einem Strohhalm abfließen lassen. Das Öl breitet sich schnell in dem offenen Kreis aus und fließt durch den Schlitz in den Figuren ab. Sobald das Öl am Ende des Schlitzes an der Öffnung des Ringes angekommen ist und dort ausfließt, setzen sich die Figuren in entgegengesetzter Richtung in Bewegung. Sie gleiten auf der Wasserfläche dahin. Erfolgt die Bewegung zu langsam, ist das verwendete Öl zu dickflüssig. Wir verdünnen es dann mit Benzin. Das von einem Kampferstückchen ausgehende ätherische Öl ergibt dieselbe Wirkung.

Versuch 8

1. dünner Draht
2. Schale mit Wasser
3. Öl (oder andere Flüssigkeiten)
4. Stäbchen (oder Strohhalm)

Wir biegen aus dünnem Draht eine Spirale nach Abbildung 4.7./1 d und legen sie vorsichtig auf Wasser. Tropfen wir Öl in die Mitte der Spirale, breitet es sich durch alle Windungen aus. Sobald es die äußere Öffnung erreicht hat, beginnt die Spirale sich zu drehen.

Versuch 9

1. vier Streichhölzer ohne Köpfe
2. Schale mit Wasser
3. Zuckerlösung
4. Öl (oder Seifenlösung)

Wir knicken vier Streichhölzer nach Abbildung 4.7./1 e und legen sie in der in der Abbildung angegebenen Weise auf Wasser. Jetzt tropfen wir etwas Öl in die Mitte zwischen die Knickstellen der Hölzchen auf das Wasser. Die Streichhölzer bewegen sich voneinander fort. Tropfen wir darauf Zuckerlösung auf die gleiche Stelle, schwimmen die Hölzchen aufeinander zu.

Der Versuch kann bei Verwendung einer flachen, mit wenig Wasser gefüllten Schale mit dem Schreibprojektor projiziert werden.
Der Versuch kann als Zaubertrick vorgeführt werden. Dann pressen wir passende Stücke Zucker und Seife in die Enden einer am besten schwarz gefärbten Glasröhre, dem „Zauberstab", den wir vor dem Eintauchen in das Wasser unauffällig jeweils umdrehen.

Versuch 10

1. flache Trinkschale
2. Geldstück (oder Stecknadeln)

Wir füllen eine flache, vollkommen trockene Trinkschale so weit mit Wasser, bis die Wasserfläche am Rand der Schale eine Hohlkehle bildet. Das Wasser zieht sich zum obersten Rand ein wenig hoch.
Jetzt lassen wir recht behutsam schräg von der Seite her Geldstücke, z. B. Zehnpfennigstücke, in das Wasser gleiten. Es ist erstaunlich, wie viele Geldstücke sich noch in dem Gefäß unterbringen lassen, ohne daß Wasser über den Rand überläuft. Die Oberfläche des Wassers wölbt sich höher und höher. Die Kohäsionskraft verhindert, daß die Wasserfläche zerreißt oder sich vom Glasrand ablöst.
Es empfiehlt sich, in einem Vorversuch festzustellen, wieviel Geldstücke nötig sind, bis das Wasser schließlich doch überläuft. Die Anzahl ist natürlich von der Größe und der Form der Trinkschale abhängig.
Führen wir den Versuch statt mit Geldstücken mit Stecknadeln aus, ist es gut, mehrere hundert Nadeln bereitzuhalten. [1; 9; 25; 28; 41]

Bemerkungen

1. Die Kohäsionskraft im Wasser bedingt seine große Oberflächenspannung.
2. Flüssigkeiten haben verschiedene Oberflächenspannungen, deren Größe von den innermolekularen Kräften abhängt.
3. Die Ausbreitung einer Flüssigkeit auf einer anderen hängt von den verschiedenen Oberflächenspannungen ab.
4. Wasser hat eine größere Oberflächenspannung als z. B. Öl, Benzin und zieht sich von diesen zurück, jedoch eine kleinere Oberflächenspannung als eine Seifenlösung.

4.8. Der Druck der Gasmoleküle

1. Briefwaage
2. Bleischrot
3. große Schale

Wir stellen eine Briefwaage in eine große Schale mit höherem Rand, die bei dem Versuch ablaufendes Schrot auffangen soll. Wir lassen es aus geringer Höhe in gleichmäßigem Strahl auf den Teller der Waage rieseln. Obwohl jedes einzelne Bleikügelchen nur einen einzelnen Impuls auf den Teller ausübt, zeigt die Waage einen konstanten Ausschlag. In dem Versuch wird der Druck simuliert, den Gasmoleküle auf eine Wand ausüben.
Der Versuch kann auch mit Glasperlen ausgeführt werden. [10]

Bemerkung

Gasmoleküle üben auf eine begrenzte Fläche eine dauernde Kraft aus.

5. Schwingungen und Wellen

5.1. Die harmonische Schwingung

1. Plattenspieler
2. gerade Drahtstücke (etwa 10 cm lang)
3. Plastilin
4. Stoppuhr
5. Experimentierleuchte als Punktlichtlampe

Nahe am Rand des Tellers eines Plattenspielers befestigen wir senkrecht mit etwas Plastilin ein Drahtstück als Zeiger I. Ein zweites Drahtstück kleben wir ebenfalls senkrecht auf die Achse des Tellers als Zeiger II. Die Punktlichtlampe stellen wir zur Schattenprojektion der Zeiger genau in der Tellerebene weit entfernt auf.
Wir setzen den Plattenspieler in Drehung und beobachten die Bewegung des Zeigers I. Der Schatten des Zeigers II muß in Ruhe bleiben. [7; 16; 34]

Bemerkungen

1. Der Schatten des rotierenden Zeigers I führt eine sich zeitlich periodisch wiederholende Hin- und Herbewegung aus, eine Schwingung.
2. Die Schwingung stellt sich als Parallelprojektion der gleichförmigen Kreisbewegung des Zeigers I dar. (Vergleiche Versuche: Die gleichförmige Drehbewegung.)
3. Wir messen die Schwingungsdauer T, d. h. die Zeit vom Durchgang des Schattens des Zeigers I durch den Schatten des Zeigers II bis zum nächsten Durchgang in der selben Richtung (volle Schwingung).
4. Wir stoppen die Zeit für n Schwingungen und berechnen daraus die Anzahl der Schwingungen pro Sekunde, die Frequenz f. Es ist $f = 1/T$.
5. Wir nennen die jeweilige Auslenkung des Schattens I von dem Schatten II die Elongation, die größte Auslenkung bis zu den Umkehrstellen die Schwingungsweite oder Amplitude.
6. Wir stellen fest, daß die Geschwindigkeit des Schattens I beim Durchgang durch den Schatten II am größten, in den Umkehrstellen gleich Null ist.
7. Der Schatten I führt eine harmonische Schwingung aus.

5.2. Die gedämpfte Schwingung

1. Spiegelgalvanometer
2. 2 lange Experimentierkabel
3. Stoppuhr

Wir schließen zwei lange Experimentierkabel an ein Spiegelgalvanometer an. Mit dem Ende des einen Kabels berühren wir kurzzeitig die Oberseite unserer Zunge, mit dem Ende des anderen Kabels die Unterseite der Zunge. Es entsteht ein Stromstoß, der den Zeiger des Spiegelgalvanometers zum Ausschlag bringt.
Der Lichtzeiger führt darauf eine gedämpfte Schwingung aus. Auf der Skala des Galvanometers können wir die Umkehrpunkte der Schwingung gut feststellen. Ihr zeitlicher Abstand ist gleich der Schwingungsdauer T der gedämpften Schwingung. Die erhaltenen Zahlenwerte der Amplituden stellen wir in einer Tabelle zusammen.
Wir bilden die Quotienten jeweils zweier aufeinander folgender Amplituden a_n und a_{n+1}. Die Quotienten sind dauernd konstant: $a_n : a_{n+1} = c$. Die Zahlenwerte der Amplituden bilden also eine geometrische Folge. Den natürlichen Logarithmus von c nennt man das logarithmische Dekrement. Wir tragen die Amplitudenwerte auf einfach logarithmischem Papier in Abhängigkeit von der Zeit auf und erhalten eine Gerade. Wir entnehmen dem Graf:

$$\frac{\ln a_n - \ln a_{n+1}}{T} = \frac{\ln \frac{a_n}{a_{n+1}}}{T} = \gamma \quad .$$

γ heißt die Abklingkonstante (Dämpfung): $\gamma \cdot T = \ln c$. Wir messen die Zeit, in der die Amplitude auf die Hälfte abgesunken ist, und erhalten die Halbwertszeit der gedämpften Schwingung. [7; 28]

Bemerkungen

1. Die Schwingungen des Zeigers eines Spiegelgalvanometers sind gedämpft.
2. Die Amplituden der gedämpften Schwingung bilden eine geometrische Folge.
3. Der natürliche Logarithmus des Quotienten dieser Folge heißt logarithmisches Dekrement.
4. Die Halbwertszeit der gedämpften Schwingung kann bestimmt werden.

5.3. Die ungedämpfte Schwingung

1. Spule (500 Windungen)
2. U-Kern
3. Ringkern-Einstellungstrafo (oder Schiebewiderstand und Schalter)
4. Experimentierschnüre
5. Blattfeder
6. Unterlegklotz
7. Stativmaterial

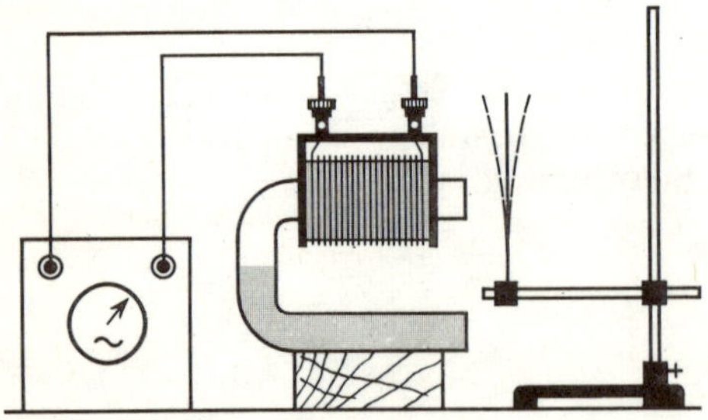

Abb. 5.3./1
Ungedämpfte Schwingung einer Blattfeder

Wir schieben auf den oberen Schenkel eines senkrecht aufgestellten U-Kerns eine Spule mit 500 Windungen und schließen sie an einen Einstellungstrafo oder mit

Potentiometerschaltung über einen Widerstand an Wechselstrom an (Abb. 5.3./1). Eine kurze Blattfeder (z. B. ein Stück einer gerade gebogenen Weckerfeder) klemmen wir mit Hilfe eines Stativs senkrecht ein und schieben sie vor den Eisenkern der Spule. Es empfiehlt sich, einen schweren Stativfuß zu verwenden. Wir schalten den Strom ein. Die Feder gerät in dem elektromagnetischen Feld in ungedämpfte Schwingungen mit der Frequenz des Wechselstroms. Wir ändern die Amplituden der Schwingungen durch langsames Erhöhen der Spannung an der Spule.
Indem wir die Länge der schwingenden Feder ändern, gelingt es uns, die Federschwingungen in Resonanz mit dem elektromagnetischen Feld zu bringen. Dann schwingt die Feder mit maximaler Amplitude.

Bemerkungen

1. Eine Blattfeder führt in einem elektromagnetischen Feld ungedämpfte Schwingungen aus.
2. Eine an sich gedämpfte Schwingung geht in eine ungedämpfte über, wenn sie im richtigen Takt immer wieder angeregt wird.

5.4. Der Schwingungstaucher

1. großes Becherglas mit Wasserfüllung
2. Reagenzglas
3. Tarierschrot
4. Stoppuhr
5. eventuell Aräometer

Wir füllen das Reagenzglas mit soviel Schrot, daß es aufrecht in dem Wasser des Becherglases schwimmt. Nach leichtem Anstoß mit dem Finger schwingt das Reagenzglas auf und ab. An Stelle des Reagenzglases kann ein Aräometer verwendet werden.

Bemerkungen

1. Das Reagenzglas führt eine gedämpfte Schwingung aus.
2. Das Reagenzglas führt eine harmonische Schwingung aus.
3. Die Kraft F, die das Reagenzglas nach oben treibt, ist gleich der Kraft, mit der wir es nach unten drücken und ist gleich dem Gewicht der verdrängten Wassermenge (Prinzip des Archimedes).
4. Die rücktreibende Kraft für die Schwingung ist die Auftriebskraft F. Wir berechnen sie aus dem Volumen des um die Tiefe h eingetauchten Reagenzglases $V = \pi \cdot R^2 \cdot h$ und der Wichte von Wasser $\gamma = 1\ \mathrm{cN/cm^3}$:
$$F = \pi \cdot R^2 \cdot h \cdot \gamma\,.$$
5. Wir stoppen die Schwingungsdauer des Reagenzglases. Um die Zeit für viele Schwingungen zu erhalten, stoßen wir es im Takt der Schwingungen wiederholt an.
6. Wir berechnen die Schwingungsdauer T, wenn wir die Masse des Reagenzglases mit seiner Füllung auf der Waage bestimmt haben:
$$T = 2\pi \cdot \sqrt{\frac{m}{F}}\,.$$
7. Wir messen die Zeit für eine größere Anzahl von Schwingungen und bestimmen daraus die Frequenz f.

5.5. Die schwingende Wassersäule

1. weites U-Rohr (etwa 30 cm lang, oder zwei entsprechend große Glasröhren, die unten durch einen Schlauch verbunden sind)
2. gefärbtes Wasser
3. Glasperlen
4. großer Stativfuß
5. Stativstange (100 cm)
6. 2 Muffen
7. 2 Gläserklemmen
8. Stoppuhr
9. kurzes Schlauchstück mit Glasröhrchen (oder über einen Dreiwegehahn ein Kolbenprober)

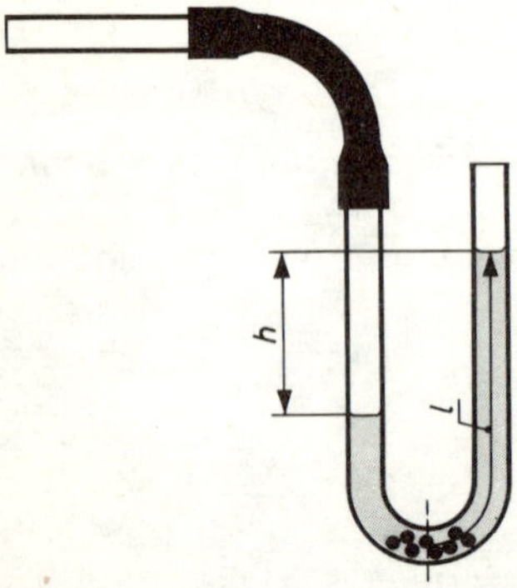

Abb. 5.5./1
Schwingende Wassersäule

Wir klemmen die beiden Schenkel des U-Rohres am Stativ fest und füllen es teilweise mit Wasser. An einen Schenkel schließen wir ein kurzes Schlauchstück mit eingesetztem Röhrchen oder einen Kolbenprober über einen Dreiwegehahn an (Abb. 5.5./1). Durch einen kurzen eingeblasenen Luftstoß kommt die Wassersäule in Schwingungen. [7; 16; 34]

Bemerkungen

1. Die Schwingungen sind gedämpft. Wir füllen Glasperlen in das U-Rohr, die sich im gebogenen Teil sammeln. Die Dämpfung wird vergrößert. Die Schwingungen verlaufen bei hinreichend großer Perlenzahl schließlich aperiodisch.
2. Die Wassersäule führt eine harmonische Schwingung aus, weil die rücktreibende Kraft F proportional zur Niveaudifferenz in den Schenkeln des Rohres ist: $F = A \cdot h \cdot \gamma$. Darin bedeuten γ die Wichte des Wassers, $\gamma = 1\ \mathrm{cN/cm^3}$, A den Querschnitt des Rohres, den wir aus dem Radius berechnen können.
3. Wir messen die Länge l der längeren Wassersäule in dem einen Schenkel bis zur Mitte der unteren Biegung. Die Schwingungsdauer ist dann $T = 2\pi\sqrt{l/g}$ und entspricht somit der Schwingungsdauer des mathematischen Pendels bzw. des Fadenpendels. T ist unabhängig vom Querschnitt des Rohres, der Wichte der Flüssigkeit und der Amplitude der Schwingungen. Dies können wir prüfen, wenn wir andere Flüssigkeiten in das Rohr füllen, z. B. Salzlösung, Kupfersulfatlösung, Benzin, Kalilauge. Um T zu stoppen, können wir die Anzahl der Schwingungen durch Einblasen von Luft im Takt der Schwingungen vergrößern.
4. Aus der Gleichung für T können wir die Länge l derjenigen Wassersäule berechnen, mit der wir ein Sekundenpendel erhalten.
5. Wir messen die Zeit für eine größere Anzahl von Schwingungen und bestimmen daraus die Frequenz f.

5.6. Die schwingende Kette

1. großer Stativfuß
2. Stativstange (100 cm)
3. Muffe
4. feste Rolle
5. Kette
6. Schnur
7. Stoppuhr

Wir befestigen die Rolle oben am Stativ. Die Enden einer leichten Kette verbinden wir mit einer Schnur. Diese legen wir über die Rolle, so daß die Kette beiderseits herabhängt. Durch Anheben und Loslassen der Kette auf einer Seite bringen wir sie zum Schwingen.

Bemerkungen

1. Die Kette gerät in gedämpfte Schwingungen.
2. Wir stoppen die Schwingungsdauer T der Kette.
3. Aus der Zeit, die wir für eine größere Zahl von Schwingungen messen, bestimmen wir die Frequenz der Schwingung.

5.7. Die Frequenz einer schwingenden Gummischnur

Gummischnur

Wir fassen eine Gummischnur zwischen Daumen und Zeigefinger unserer beiden Hände und spannen die Schnur zuerst ein wenig. Mit dem Mittelfinger einer Hand zupfen wir sie an. Wir hören einen Ton. Seine Höhe hängt nur davon ab, wie lang die Schnur ist.
Jetzt spannen wir die Schnur immer mehr. Nach jeder Dehnung warten wir kurze Zeit und zupfen erneut an. Zu unserem Erstaunen bleibt die Tonhöhe unverändert. Erst wenn die Spannung so groß wird, daß die Gefahr des Zerreißens besteht, wächst die Tonhöhe an.
Sie hängt von der Spannung P, der Länge l und der Masse m der Schnur ab. Die Frequenz der Tonschwingungen ist nach der Mersenneschen Formel

$$\nu = \frac{1}{2l} \cdot \sqrt{\frac{P}{m}} .$$

Spannen wir die Schnur auf die n-fache Länge, dann wächst die Spannung P auf das n-fache. Dafür sinkt die Masse m auf den n-ten Teil. Daher bleibt ν unverändert (solange wir im Bereich des Hookeschen Gesetzes bleiben). [62]
Marin Mersenne (1588 bis 1648) fand seine Formel 1600 experimentell.

Bemerkung

Die Frequenz einer schwingenden Gummischnur ist unabhängig von ihrer Spannung.

5.8. Die Schwingungsdauer einer Pendelkugel

1. Pendel mit Eisenkugel
2. Hufeisenmagnet
3. Faden
4. Schraubzwinge
5. Stoppuhr
6. Stativmaterial

Wir hängen eine Eisenkugel mit einem etwa 70 cm langen Faden an einem hohen Stativ auf. Wir lassen dieses Pendel schwingen und bestimmen mit einer Stoppuhr die Schwingungsdauer T_1 des Pendels.
Nun stellen wir einen Hufeisenmagnet senkrecht auf den Tisch, die Pole nach oben. Das gelingt am besten, wenn wir den Magnet in eine hölzerne Schraubzwinge einklemmen. Den Magnet schieben wir unter das ruhende Pendel. Wir lassen die Eisenkugel dicht über den Magnetpolen und senkrecht zu deren Verbindungslinie im Magnetfeld schwingen. Im Magnetfeld wirkt eine Kraft hemmend auf das Pendel ein. Wir bestimmen erneut die Schwingungsdauer (T_2) und finden $T_2 < T_1$.
Der Versuch dient als Modell, um den Einfluß der Erdbeschleunigung auf die Schwingungsdauer T eines Pendels zu demonstrieren, wie er zwischen Äquator- und Polgegenden auf der Erde auftritt.
Sven Hedin hat bei seinen Reisen durch Asien aus den Änderungen der Schwingungsdauer eines Pendels auf das Vorkommen von Bodenschätzen unter der Erdoberfläche geschlossen. Das Verfahren wird auch heute noch angewandt. [16]

Bemerkungen

1. Die Schwingungsdauer eines Eisenpendels wird durch den Einfluß eines Magnetfeldes verkürzt.
2. Die Änderung der Schwingungsdauer eines immer gleichen Pendels läßt auf eine Krafteinwirkung von außen schließen (Magnetfeld, Erdfeld).

5.9. Das Galilei-Pendel — Hemmungspendel

1. Tischklemme (oder großer Stativfuß)
2. Stativstange (100 cm)
3. Muffe mit Haken
4. Muffe mit Stift
5. Faden (100 cm)
6. Pendelkugel
7. kleiner Stativfuß
8. kurze Stativstange
9. Muffe
10. Maßstab

Wir stellen das 1 m lange Stativ auf und befestigen die Muffe mit Haken an seinem oberen Ende. Dann binden wir den Faden von der Länge l_1 mit unten angehängter Kugel am Haken fest. Hinter der Schwingungsebene des Pendels stellen wir mit dem kleinen Stativ den Maßstab waagerecht auf (Abb. 5.9./1).
Wir heben den Pendelkörper bei gestrecktem Faden seitlich bis zur Unterkante des Maßstabs um die Höhe h aus der tiefsten Lage des Pendelkörpers. Wir lassen das Fadenpendel schwingen. Der Pendelkörper erreicht auf der anderen Seite wieder die Höhe h.
Jetzt bringen wir den Stift (oder eine kurze Stativstange) genau senkrecht unter dem Aufhängepunkt des Pendels, aber noch oberhalb des Maßstabs an. Beim

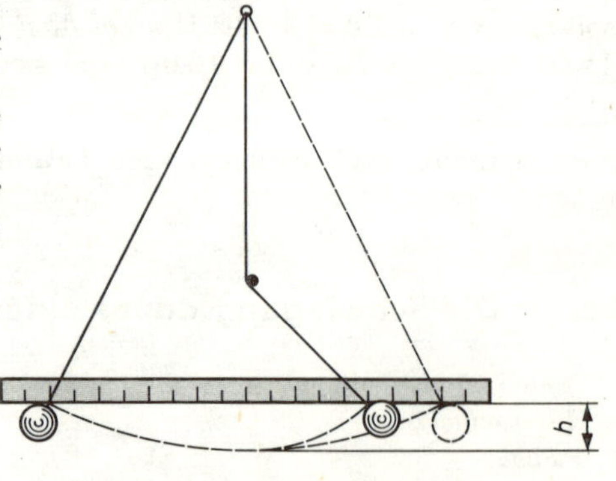

Abb. 5.9./1
Galilei-Pendel

Schwingen schlägt der Faden gegen den Stift. Der Pendelkörper wird wieder um h angehoben. Aus der vertikalen Lage erfolgt die Schwingung nur noch mit der verkürzten Pendellänge l_2. Dies gilt, solange $l_2 > h$ ist.
Versetzen wir den Stift weiter nach unten, bis $l_2 = h$ wird, erreicht der Pendelkörper immer noch die Höhe h. Wird aber $l_2 < h$, d. h., der Stift befindet sich unter dem Maßstab, dann überschlägt sich das verkürzte Pendel. [7; 36]

Bemerkungen

1. Die in dem Pendelkörper gespeicherte potentielle Energie, die ihm beim Anheben zugeführt wurde, verwandelt sich beim Schwingen in kinetische Energie. Beim Erreichen der Höhe h wird sie wieder vollständig in die potentielle Energie umgesetzt, die gleich der ursprünglichen potentiellen Energie ist (Energiesatz).
2. Die größte Höhe h, die der Pendelkörper erreicht, ist unabhängig vom Weg.
3. Die Schwingungsdauer T_2 des verkürzten Pendels ist immer kleiner als die Schwingungsdauer T_1 des freien Pendels. Weil $T = 2\pi \cdot \sqrt{l/g}$ ist, wird T von der Pendellänge abhängig, und es verhält sich $T_1 : T_2 = \sqrt{l_1} : \sqrt{l_2}$. Die Länge l ist bis zur Mitte der Pendelkugel zu messen.
4. Ist $l_2 = l_1/4$, verhält sich $T_1 : T_2 = 2:1$. Das verkürzte Pendel schwingt doppelt so schnell wie das freie Pendel.
5. Ist $l_2 < h$, schwingt der Pendelkörper des verkürzten Pendels zunächst bis zum Maßstab auf die Höhe h. Weil aber die Energie noch nicht erschöpft ist, fliegt das Pendel ein Stück auf einer vertikalen Kreisbahn um den Stift nach oben und fällt dann herunter.
6. Ist $l_2 < 2\,h/5$, reicht die kinetische Energie der Pendelkugel aus, um sie einen vollen Kreis um den Stift ausführen zu lassen. Der Faden wickelt sich um den Stift auf.
7. Das Galilei-Pendel ist ein Beispiel für eine zeitlich und räumlich unsymmetrische Schwingung.

5.10. Der Foucaultsche Pendelversuch

1. längeres Pendel
2. Experimentierleuchte
3. Stativmaterial
4. Projektionswand
5. Zwirn
6. Feuerzeug

Wir hängen ein etwa 1,50 m langes Pendel auf. Wir ziehen es aus seiner Ruhelage heraus und binden es mit einem Zwirnsfaden an einem Stativ fest. Dann richten wir das Licht einer Experimentierleuchte so auf den Stativstab, daß sein Schatten und der des Pendelfadens an einer 2 m entfernten Projektionswand aufeinanderfallen.
Sobald das Pendel völlig ruhig hängt, brennen wir den Haltefaden durch. Das Pendel schwingt. Seine Schwingungsebene fällt in die Richtung des Schattens.
Infolge der Drehung der Erde um ihre Achse weicht nach kurzer Zeit die Schwingungsebene von der Schattenrichtung des Stativstabs ab. Das Pendel schwingt aus dem Schatten heraus. An der Wand wird die Pendelschwingung rechts und links vom Schatten des Stabs sichtbar.
Die an sich kurze Versuchszeit wird besonders günstig, wenn der schattenwerfende Stab möglichst dünn ist.

Die Achsendrehung der Erde wurde 1851 von Jean Bernard Léon Foucault (1819 bis 1868) mit einem sehr langen Pendel im Pantheon von Paris nachgewiesen. [52]

Bemerkung

Die Drehung der Erde um ihre Achse kann mit dem sogenannten Foucault-Pendel demonstriert werden.

5.11. Das zusätzlich beschleunigte Pendel

1. Pendel mit Eisenkörper
2. U-Kern
3. 2 Spulen (300 Windungen)
4. Gleichspannungsnetzgerät
5. Experimentierschnüre
6. Stoppuhr
7. Stativmaterial

Wir bauen aus einem U-Kern und zwei Spulen mit je 300 Windungen einen Elektromagneten auf und schließen ihn an ein Netzgerät für Gleichspannung an. Ein mehr als 1 m langes Pendel mit einem Pendelkörper aus Eisen hängen wir so auf, daß der Körper dicht über den Polen des Elektromagneten schwingen kann.
Wir lassen das Pendel schwingen und bestimmen mit einer Stoppuhr aus 10 Schwingungen die Schwingungsdauer.
Wir schalten nun den Strom für den Elektromagneten ein mit einer Stromstärke bis 3 A. Lassen wir jetzt das Pendel in Richtung der magnetischen Feldlinien schwingen, erfährt der Pendelkörper außer durch die Beschleunigung durch die Erdanziehung eine zusätzliche Beschleunigung durch den Magneten. Die wieder mit der Stoppuhr bestimmte Schwingungsdauer wird erheblich kleiner.
Schwingt das Pendel senkrecht zu den magnetischen Feldlinien, verringert sich die Schwingungsdauer ebenfalls, jedoch weniger stark als in dem Versuch zuvor. [7]

Bemerkung

Die Schwingungsdauer eines Pendels hängt von der seinem Körper erteilten Beschleunigung ab.

5.12. Die Resonanz eines Fadenpendels

1. Fadenpendel
2. Metronom
3. Haarpinsel
4. Tesafilm
5. Stativmaterial

Wir hängen eine Pendelkugel bifilar an einem Stativ so hoch auf, daß ein Metronom noch darunter paßt. An die Pendelstange des Metronoms kleben wir mit Tesafilm einen leichten feinen Haarpinsel an. Die Haare reichen wenig über das obere Ende der Stange hinaus. Der Pinsel muß die Pendelkugel von unten leicht berühren, wenn wir das Metronom unter das Fadenpendel stellen. Wir nehmen das Metronom aber noch einmal zurück.
Wir lassen das Pendel schwingen. Es ist leicht, den etwas vor dem Pendel aufgestellten Taktgeber auf die Frequenz des Pendels genau einzustellen. Darauf schieben wir das Metronom wieder unter das Fadenpendel und bauen es so auf,

daß die Pendelstange des Taktgebers und das Fadenpendel in einer Ebene schwingen können.
Nun setzen wir das Metronom unter dem ruhenden Fadenpendel in Betrieb. Die zarten Anstöße durch den Pinsel setzen das Fadenpendel in Schwingungen. Seine Elongationen nehmen mehr und mehr zu. Sie werden aber nur dann aufgeschaukelt, wenn Resonanz zwischen den beiden Schwingern besteht. Ändern wir die Frequenz des Metronoms, kann keine Resonanz auftreten. Das Fadenpendel führt dann unregelmäßige Bewegungen aus.
Der Versuch eignet sich für folgende Hinweise: Eine verhältnismäßig schwere Kinderschaukel kann durch schwache Anstöße im Takt ihrer Eigenschwingung zu großen Ausschlägen gebracht werden. Kirchenglocken, die noch durch Seilzug geläutet werden, lassen sich durch leichtes Anziehen am Seil bei Resonanz zum Läuten bringen. [16]

Bemerkungen

1. Schwingungen sind in Resonanz, wenn sie gleiche Frequenzen haben.
2. Im Resonanzfall genügen geringe Impulse, um eine Schwingung zu großen Amplituden aufzuschaukeln.

5.13. Die Lissajousschen Figuren

Versuch 1

1. 2 Taschenspiegel
2. 2 Wäscheklammern
3. Experimentierleuchte
4. Schirm
5. Stativmaterial

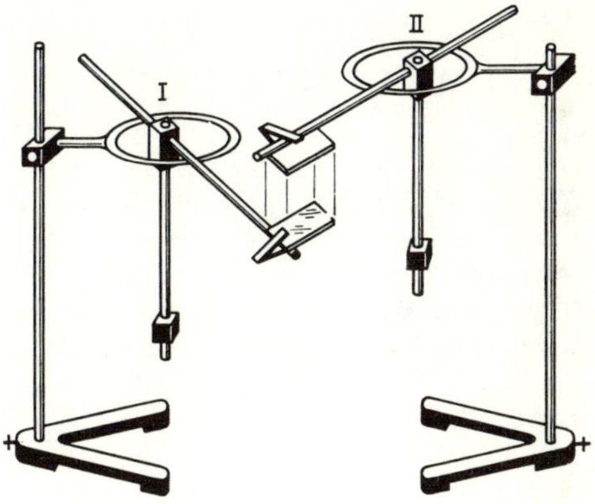

Abb. 5.13./1
Lissajoussche Figuren mit Pendeln

Wir bauen zwei Pendel auf. Für jedes einzelne klemmen wir an einem Stativ einen Kochring an, legen einen Stativstab horizontal als Drehachse darüber und befestigen in seiner Mitte mit einer Muffe einen langen, senkrecht hängenden Stativstab. Das untere Ende beschweren wir noch mit einer Muffe, um eine günstige Schwingungsdauer zu erreichen. An einem Ende der waagerecht liegenden Drehachse befestigen wir einen Taschenspiegel mittels einer Wäscheklammer. Dabei faßt die Kerbe der Klammer um den Stab. Der Spiegel soll 45 ° Neigung gegen die Horizontale haben (Abb. 5.13./1).
Die beiden so erhaltenen Geräte I und II stellen wir mit senkrecht zueinander stehenden Drehachsen auf. Der Spiegel II soll etwa 8 cm über dem Spiegel I stehen, die spiegelnden Flächen einander zugewandt. Auf den tiefer liegenden Spiegel I richten wir parallel zur Achse II den Lichtstrahl aus einer Experimentierleuchte. Der Strahl wird senkrecht nach oben auf den Spiegel II reflektiert und

verläßt diesen parallel zur Achse I. Der Schirm, auf dem wir den Lichtstrahl auffangen wollen, muß also parallel zum einfallenden Lichtstrahl stehen.
Die Experimentierleuchte stellen wir so ein, daß das Bild der Wendel der Glühlampe als Lichtpunkt auf dem Schirm entsteht, nicht auf dem Spiegel.
Wir stoßen das Pendel I leicht zu gedämpften Schwingungen an. Der Lichtpunkt auf dem Schirm beschreibt eine gerade Linie. Stoßen wir jetzt das Pendel II ebenfalls leicht an, beschreibt der Lichtpunkt Figuren, die nach Lissajous benannt werden. Schwingen beide Pendel phasengleich, erhalten wir eine unter 45 ° geneigte Gerade. Wir ändern die Schwingungsdauer eines Pendels durch Verschieben der unten angeklemmten Muffe und erhalten damit eine Phasendifferenz der Schwingungen. Die aufgezeichnete Gerade geht in eine Ellipse über und bei einem Phasenunterschied von $\pi/4$ der Schwingungen in einen Kreis.

Versuch 2

1. 2 Blattfedern
2. 2 Taschenspiegel
3. 2 Wäscheklammern
4. Experimentierleuchte
5. Projektionswand
6. Stativmaterial

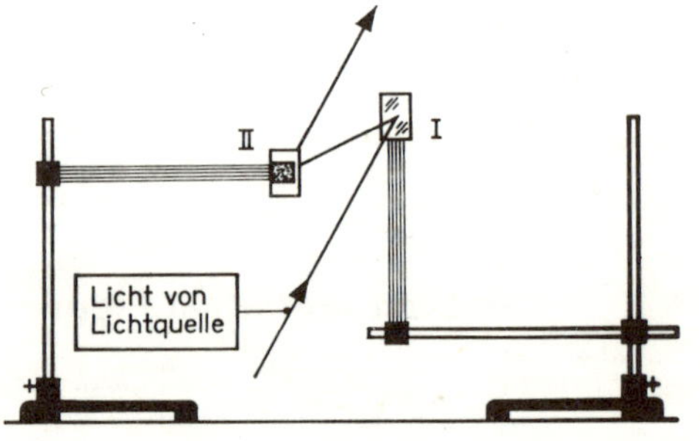

Abb. 5.13./2
Lissajoussche Figuren mit Blattfedern

Wir klemmen an den Enden zweier gleicher Blattfedern je einen kleinen Spiegel mit Hilfe von Wäscheklammern (oder anderen Klemmen) fest an. Selbstverständlich können wir die Spiegel auch ankleben. Die Federn befestigen wir an Stativen derart, daß die eine Feder horizontal liegt, die andere vertikal. Die Spiegel liegen in gleicher Höhe und sind einander zugekehrt (Abb. 5.13./2).
Aus einer Experimentierleuchte richten wir einen Lichtstrahl auf den Spiegel I und stellen diesen so ein, daß der Strahl von ihm auf den Spiegel II gelenkt wird. Von ihm fällt das Licht auf eine Projektionswand und erzeugt dort einen Lichtfleck.
Wir stoßen die Feder mit dem Spiegel I an. Die Feder gerät in Schwingungen. Der Lichtfleck an der Wand führt eine gedämpfte vertikale lineare Schwingung aus. Stoßen wir die Feder II allein an, erhalten wir eine horizontale Schwingung des Lichtflecks.
Jetzt stoßen wir beide Federn zum Schwingen an. Der Lichtfleck zeichnet sogenannte Lissajoussche Figuren auf die Wand. Ihre Form können wir verändern, indem wir die Länge der schwingenden Federn und damit ihre Frequenz verkürzen oder verlängern. Stimmen Frequenz und Amplitude der beiden linearen Schwingungen nicht überein, entstehen komplizierte Formen der Kurven. Es gelingt aber leicht, die Federn so einzustellen, daß sie gleiche Schwingungsdauern und Amplituden haben. Ist dann ihre Phasendifferenz Null oder ein gerades Vielfaches von $\pi/2$, entsteht eine unter 45 ° verlaufende lineare Schwingung, bei jeder anderen Phasendifferenz eine elliptische Schwingung. Als Sonderfall erscheint bei einer Phasendifferenz von ungeraden Vielfachen von $\pi/2$ ein Kreis. Um die ge-

ringen Änderungen der Schwingungszustände zu erreichen, empfiehlt es sich, kleine Zusatzmassen an den Federn anzuklemmen. [24]
Die Kurven, die der Lichtzeiger aufzeichnet, werden nach dem französischen Physiker Jules Antoine Lissajous (1822 bis 1881) benannt.

Bemerkungen

1. Lissajoussche Figuren entstehen durch Überlagerung zweier Schwingungen mit senkrecht aufeinanderstehenden Schwingungsrichtungen.
2. Mit zwei senkrecht zueinander stehenden Blattfedern lassen sich Lissajoussche Figuren erzeugen.

5.14. Die gekoppelten Längs- und Torsionsschwingungen einer Schraubenfeder

1. Schraubenfeder
2. Stativmaterial

Wir verwenden für den Versuch eine nicht zu starre Schraubenfeder, die wir mit ihrem oberen Ende an einem hohen Stativ festklemmen. Am unteren Ende der Feder befestigen wir eine Querstange (Stativstab), die rechts und links durch angehängte Massen, z. B. Klemmschrauben, beschwert wird. Die Massen verschieben wir so lange, bis die Querstange horizontal hängt. Wir ziehen die Feder etwas in die Länge und lassen sie los. Sie führt Längsschwingungen aus. Ihre Frequenz ist durch die angehängten Massen und die Rückstellkraft der Feder bestimmt. Wir versetzen die wieder ruhende Feder durch Drehen an der Querstange in Torsionsschwingungen. Ihre Frequenz ist durch das Trägheitsmoment der angehängten Massen und die Rückstellkraft der Feder festgelegt.
Beide Eigenschwingungen können wir aufeinander abstimmen. Dazu verändern wir das Trägheitsmoment durch Verschieben der Massen auf der Querstange, ohne die Größe der Massen zu ändern. Ist die Abstimmung gelungen, regen die Längsschwingungen wegen der stets eintretenden geringen Torsion der Feder diese zu Torsionsschwingungen an. Das System führt nach kurzer Zeit nur noch die letzteren aus. Diese regen aber wegen der immer vorhandenen geringen Dehnung der Feder wieder zu Längsschwingungen an. Beide Schwingungen sind gekoppelt. Das Spiel wiederholt sich. [63]

Bemerkungen

1. Eine Schraubenfeder kann sowohl Längs- als auch Torsionsschwingungen ausführen.
2. Durch Kopplung kann die Längsschwingung die Feder zu Torsionsschwingungen anregen und umgekehrt.

5.15. Die Überlagerung von Schwingungen — Schwebungen

1. Spule (600 Windungen) mit Eisenkern
2. Stabmagnete
3. Fäden
4. Spiegelgalvanometer
5. Experimentierschnüre
6. Stativmaterial

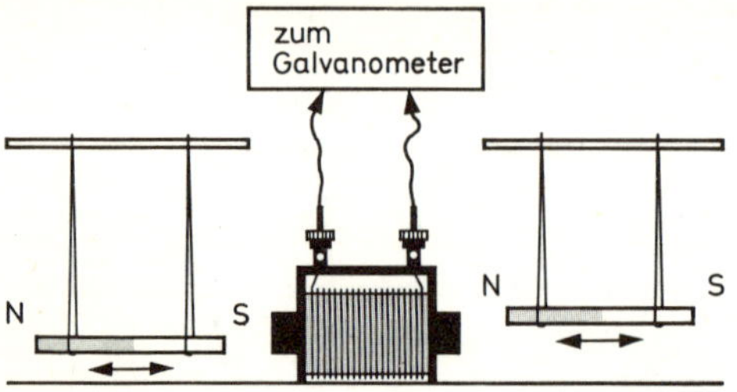

Abb. 5.15./1
Überlagerung von Schwingungen

Wir schließen eine Spule mit 600 Windungen und mit Eisenkern unmittelbar an ein Spiegelgalvanometer an. In Richtung und Höhe des Kerns hängen wir links und rechts davon Stabmagnete in je zwei Fadenschlingen horizontal auf. Die Polrichtungen sollen gleich sein (Abb. 5.15./1). Die Magnete können auf den Kern zu schwingen. Die Fadenlängen eines der Magnete verkürzen wir um einige Zentimeter. Damit werden die Frequenzen der Schwingungen der Magnete ein wenig verschieden. Eventuell stellen wir die Frequenzen durch Abzählen der Schwingungen pro Sekunde fest.
Wir lassen zuerst nur einen der Magnete schwingen. Der Zeiger des Spiegelgalvanometers führt eine Schwingung mit gleichmäßigen Amplituden aus. Nun versetzen wir auch den zweiten Magnet in Schwingungen. Die hierdurch erzeugten Schwingungen des Zeigers des Spiegelgalvanometers überlagern sich den von ihm bereits ausgeführten. Es entstehen Schwingungen mit immer wechselndem An- und Abschwellen der Amplituden, also die typische Erscheinung einer Schwebung.

Bemerkung

Bei der Überlagerung von Schwingungen nahezu gleicher Frequenzen entsteht eine Schwingung mit wechselnden Amplituden, eine Schwebung.

5.16. Die einfache Resonanzschwingung

Versuch 1

Fadenpendel

Wir fassen das freie Ende eines beliebig langen Fadenpendels mit der linken Hand und lassen es schwingen. Einen Finger der rechten Hand bewegen wir im Rhythmus der Schwingung längere Zeit mit, bis sich der Finger an die Frequenz der Schwingung gewöhnt hat. Jetzt lassen wir das Pendel zur Ruhe kommen. Dann tippen wir es in dem ursprünglichen Rhythmus mit sehr kleinen Stößen des Fingers an. Das Pendel gerät wieder in Schwingungen. Dabei werden seine Amplituden größer und größer. Finger und Fadenpendel sind in Resonanz. Es führt eine harmonische Schwingung aus. Aus der zuerst gedämpften Schwingung wird eine ungedämpfte. Geben wir die Anstöße mit dem Finger nicht im Takt des Pendels, wird die harmonische Schwingung gestört. Sie wird nichtharmonisch.

Versuch 2

1. Schraubenfeder
2. Wägestück

Wir halten ein Ende einer Schraubenfeder ruhig mit der linken Hand. Das andere Ende der Feder belasten wir mit einem angehängten Wägestück. Mit der rechten Hand fassen wir das untere Ende, dehnen die Feder etwas aus und lassen los. Die Feder gerät in Schwingungen.
Wenn wir die haltende linke Hand in der Eigenfrequenz der Feder ein wenig heben und senken, kommen Hand und schwingende Feder in Resonanz. Die Amplituden der Schwingungen werden immer größer. Die Schwingungen schaukeln sich auf. Es entsteht eine ungedämpfte harmonische Schwingung.
Wir führen das Heben und Senken der Hand nicht im Rhythmus der Schwingungen aus. Sofort verkleinern sich die Amplituden. Die Schwingungen werden nichtharmonisch. [7]

Bemerkung

Durch Resonanz lassen sich gedämpfte Schwingungen zu ungedämpften aufschaukeln, wenn sie in ihrer Eigenfrequenz laufend angestoßen werden.

5.17. Die Resonanz bei einer Wasserfüllung

große Schüssel mit Wasser

Wir füllen eine Schüssel oder eine große Schale etwa zur Hälfte mit Wasser. Zuerst bewegen wir das Gefäß schnell seitlich hin und her, wechseln auch den Rhythmus. Das Wasser führt ebenfalls Bewegungen aus, die jedoch nur ein unregelmäßiges Rütteln darstellen. Gelegentlich spritzt etwas Wasser über den Rand der Schüssel.
Nun bewegen wir die Schüssel langsamer und in gleichmäßigem Takt. Das Wasser gerät in schwache Schwingungen. Es versucht die Frequenz seiner Eigenschwingung einzustellen. Wenn wir dieser Frequenz mit der Bewegung der Schüssel folgen, gerät das Wasser in immer stärkere Bewegung und schwappt, sobald der Resonanzfall eingetreten ist, rechts und links über den Rand der Schüssel hinaus. [16]

Bemerkung

Eine Wassermenge kann durch Resonanz zu starken Eigenschwingungen angeregt werden.

5.18. Die erzwungene Schwingung eines Oszillators — Resonanz

1. Schraubenfeder
2. Wägestück
3. Metronom
4. Stativmaterial

Wir benutzen als Oszillator eine Schraubenfeder von etwa 40 cm Länge, die wir mit einem Ende an einem hohen Stativ festklemmen. Das untere Ende der Feder belasten wir durch Anhängen eines Wägestücks oder einer Waagschale mit aufgelegtem Wägestück. Die Feder soll jetzt leicht gespannt sein.
Wir ziehen sie mit der Hand etwas in die Länge und lassen sie los. Die Feder führt eine länger andauernde gedämpfte freie Schwingung aus mit der Eigenfrequenz ν_0. Auf diese Frequenz des Oszillators regulieren wir das Ticken eines Metronoms ein.
Wir lösen die Feder vom Stativ und nehmen ihr Ende in die Hand. Heben und senken wir die Hand langsam auf und ab und führen so eine sehr langsame Erregerschwingung aus, folgt die Feder dieser Schwingung mit gleicher Frequenz und großer Amplitude. Auch sind erregende und erregte Schwingung in Phase. Wir steigern die Erregerfrequenz. Ihr bleibt die Frequenz ν der Federschwingung zunächst noch gleich, ihre Amplitude nimmt zu. Dann beginnen die Frequenzen sich zu unterscheiden. Die Amplitude der Federschwingung wächst zu einem Maximum an. Es tritt der Resonanzfall ein. Wir beobachten ihn deutlich, weil jetzt das schwingende Wägestück gerade dann durch die Nullage geht, wenn die Hand den größten Ausschlag hat bzw. wenn das Wägestück am weitesten ausschwingt, wenn die Hand durch ihre Ruhelage geht. Die Frequenzen von erregender Hand und Oszillator haben den Phasenunterschied von $\pi/2$. Der Oszillator wird jetzt Resonator genannt. Beim Vergleich mit dem Ticken des Metronoms stellen wir fest, daß jetzt die Frequenz ν gleich der Eigenfrequenz ν_0 der Federschwingung ist: $\nu = \nu_0$.
Eine Schraubenfeder können wir leicht selbst herstellen. Wir klemmen einen Stativstab zusammen mit dem Ende eines Drahtes in einen Schraubstock fest ein und wickeln den Draht dann in engen Windungen um den Stab.
Es ist verlockend, einen Kraftmesser für den Versuch zu verwenden, zumal dann das Zu- und Abnehmen der Amplituden am Heraustreten der Skala aus der Hülse gut zu beobachten ist. Es ist aber Vorsicht geboten, weil die Feder im Resonanzfall leicht überdehnt werden kann, womit der Kraftmesser als solcher unbrauchbar wird. [65]

Bemerkungen

1. Eine periodisch von außen auf einen Oszillator einwirkende Kraft regt ihn zu Schwingungen mit der Eigenfrequenz an.
2. Stimmen die Frequenzen von Eigen- und Erregerschwingung bei einem Oszillator überein, tritt Resonanz ein.
3. Mit wachsender Frequenz der Erregerschwingung ändert sich die Phase des angeregten Oszillators von Phasengleichheit bis zur Gegenphase.

5.19. Die stehende Welle

Versuch 1

lange Holzleiste

Wir benötigen für den Versuch eine dünne, 2 m lange Holzleiste. Solche Leisten werden als Abschluß von Tapeten unter der Decke benutzt und sind in Tapeziergeschäften erhältlich.

Wir nehmen eine Leiste dicht an einem Ende in die Faust und setzen diese mit dem kleinen Finger auf den Tisch. Durch Hin- und Herschwingen der Faust erregen wir die Leiste zu Schwingungen. Es bildet sich eine stehende Welle aus, wenn wir die Frequenz der Handbewegungen der Eigenfrequenz der Leiste anpassen. Dies gelingt uns durch Ausprobieren. Auf die Länge der Leiste bilden sich $\lambda/4$ und $3\lambda/4$ der Wellenlänge aus.

Versuch 2

1. langer Gummischlauch
2. Stativmaterial
3. Faden

Wir klemmen ein Ende eines recht langen Gummischlauchs (7 m bis 8 m) an einem in einer Tischklemme am Tischrand steckenden Stativ fest. Das andere Ende des Schlauchs halten wir in der Hand und spannen ihn leicht an. Durch dauernde Auf- und Abbewegung der Hand gerät der Schlauch in Schwingungen. Es laufen Wellenberge und Wellentäler zum Stativ hin, werden dort reflektiert und kehren zurück. Durch Probieren gelingt es uns, die Frequenz unserer Handbewegungen mit der Eigenfrequenz des Schlauchs in Übereinstimmung zu bringen. Dann bilden sich stehende Wellen aus. Je nach der Frequenz unserer Hand kommen mehrere halbe Wellenlängen zustande. Am Stativ und an der Hand liegen immer Knoten der stehenden Welle.
Führen wir mit der Hand dazu kleine Kreisbewegungen aus, bilden sich zirkular polarisierte stehende Wellen.
Wir ändern den Versuch ab, indem wir zwischen Stativ und Schlauch einen Faden von 1 m Länge knüpfen. Beim Wiederholen des Versuchs beobachten wir, daß bei dem am Faden hängenden Schlauchende jetzt immer ein Wellenbauch liegt. [7]

Bemerkung
Längs eines elastischen Trägers bilden sich durch Erregen zu Schwingungen stehende transversale Wellen aus.

Versuch 3

1. 2 Experimentierisolatoren in Sockel (Holtzsche Klemmen)
2. Draht (ca. 1,50 m)
3. Hufeisenmagnet
4. Unterlegklötze
5. Stromversorgungsgerät (20 V ~)
6. Schiebewiderstand (11 Ω, 3 A)
7. Experimentierschnüre
8. Schalter

Wir spannen zwischen zwei Isolatoren einen dünnen Draht (z. B. 0,2 mm Durchmesser, am besten Kupferdraht) von etwa 1,20 m Länge gerade aus. Der Draht soll möglichst keine Knickstelle aufweisen. Über einen voll eingeschalteten Schiebewiderstand schließen wir ihn an ein Niederspannungsnetzgerät (20 V~) an. Ungefähr in der Mitte des Aufbaus schieben wir auf Unterlegklötzen einen Hufeisenmagneten so über den Draht, daß er mitten zwischen den Polen verläuft. Nun regeln wir die Stromstärke langsam hoch. Infolge der einsetzenden Erwärmung verlängert sich der Draht. Wir spannen ihn durch Verschieben einer Isolierklemme immer wieder nach.

Der Draht gerät in Schwingungen und bildet stehende Wellen aus. Da die Schwingungsbäuche in starker Bewegung sind, kühlt sich hier der Draht ab. Die Schwingungsknoten bleiben dagegen in Ruhe und erwärmen sich stärker als die Bäuche. Daher beginnen die Knoten zu glühen und werden so deutlich sichtbar.
Durch Verändern der Spannung des Drahtes gelingt es, verschieden viele Schwingungsknoten zu erhalten.
Die Stromstärke darf nur sehr vorsichtig erhöht werden. Wächst sie an, dann wachsen auch die Amplituden der Schwingungen. Durch die stärkere Abkühlung wird der Draht kürzer. Dann reißt er leicht an den Knotenstellen oder eventuellen Knickstellen. Es empfiehlt sich, den Versuch im leicht verdunkelten Raum auszuführen.

Bemerkungen

1. Durch den Wechsel der Stromrichtung wird der Draht im homogenen Magnetfeld zum Schwingen angeregt.
2. Durch Resonanz zwischen den Frequenzen des Erregers und den Eigenschwingungen des Drahtes bilden sich stehende transversale Wellen.
3. Die Anzahl der Wellen auf dem Draht, d. h. die Wellenlängen, hängt von der Kraft ab, mit der der Draht gespannt wird.

Versuch 4

1. Tischklemme
2. Stativstange (50 cm)
3. elektrische Klingel (oder Stimmgabel mit Abstimmklemme und Anschlaghammer)
4. weißer Wollfaden (2,50 m)
5. feste Rolle
6. großer Stativfuß
7. Stativstange (100 cm)
8. Muffe
9. Klemme
10. Anhängegewichte (oder Kraftmesser und Klemme mit Haken)
11. Netzgerät
12. Experimentierschnüre
13. Schalter

Wir schrauben von einer Wechselstromklingel die Glocke ab. (Gleichstromklingeln eignen sich weniger gut.) Die Glocke befestigen wir an einem Stativ am Ende des Experimentiertisches. An den Klöppel binden wir einen etwa 2 m langen weißen Wollfaden an und führen ihn gerade ausgestreckt über eine feste Rolle, die an einem Stativ am anderen Tischende angebracht ist. Alternativ können wir den Faden durch die Rolle nach oben umlenken und mit einem ebenfalls an dem Stativ hängenden, senkrecht nach oben ziehenden Kraftmesser spannen. Sonst wird er durch Anhängegewichte gespannt. Die Klingel schließen wir an ein Netzgerät an. Wir setzen sie in Betrieb. Der zuerst mit geringen angehängten Gewichten nur schwach gespannte Faden gerät in Schwingungen. Wir vergrößern die Spannung nach und nach durch Anhängen von weiteren Gewichten bzw. stärkere Dehnung des Kraftmessers, bis gut ausgebildete stehende Wellen entstehen.
Statt des Wollfadens kann auch ein weiß umsponnener Gummifaden benutzt werden. Es empfiehlt sich nicht, den Kraftmesser ohne Verwendung der festen Rolle in Richtung des Fadens ziehen zu lassen, weil er dann mit in Schwingung gerät. Um die Wellen gut sichtbar zu machen, führen wir den Versuch vor einem dunklen Hintergrund aus oder beleuchten den Faden streifend von einem Ende her mit einer Experimentierleuchte ohne Kondensor.

Den Faden können wir auch statt mit der Klingel mit einer Stimmgabel zum Schwingen anregen. Wir klemmen die Stimmgabel am Stativ fest und binden den Faden am besten an der Schraube der verschiebbaren Abstimmklemme fest. Dann schlagen wir die Stimmgabel mit dem Anschlaghammer an. Die entstehenden Wellenlängen der stehenden Wellen ändern wir wieder durch Ändern der Spannung des Fadens.

Bemerkungen

1. Es entstehen stehende Transversalwellen mit deutlich sichtbaren Wellenbäuchen und -knoten. Die Wellen liegen in einer Ebene.
2. Stehende Wellen bilden sich aus, sobald durch Verändern der Fadenspannung Resonanz eintritt zwischen den Frequenzen des Erregers und den Eigenschwingungen des Fadens.
3. Die Anzahl der Schwingungsbäuche, d. h. die Wellenlängen, hängt ab von der Spannung des Fadens, d. h. von den Kräften, die an ihm angreifen.
4. Wir richten den Versuch so ein, daß auf dem Faden von der Länge l eine halbe Wellenlänge $\lambda_1/2$ entsteht, also $l = \lambda_1/2$. Die Amplitude soll nicht zu groß sein. Dann vergrößern wir nach und nach die am Faden ziehenden Kräfte F so, daß 2, 3, 4 halbe Wellenlängen entstehen. Wir messen $\lambda_1/2, \lambda_2/2, \lambda_3/2, \lambda_4/2$ und die zugehörigen Kräfte und stellen fest:
$$\lambda_1:\lambda_2:\lambda_3:\lambda_4 = \sqrt{F_1}:\sqrt{F_2}:\sqrt{F_3}:\sqrt{F_4}\,.$$
Die Wellenlängen verhalten sich wie die Quadratwurzeln aus den Kräften.
5. Weil die Ausbreitungsgeschwindigkeit $c = f \cdot \lambda$ ist, folgt, daß sich auch die Ausbreitungsgeschwindigkeiten verhalten wie die Quadratwurzeln aus den Kräften: $c_1:c_2:c_3:c_4 = \sqrt{F_1}:\sqrt{F_2}:\sqrt{F_3}:\sqrt{F_4}$.
6. Zusammenfassung: Die Ausbreitungsgeschwindigkeiten und die Wellenlängen transversaler stehender Wellen auf dem Wellenträger sind direkt proportional den Quadratwurzeln aus den angreifenden Kräften am Wellenträger.

Versuch 5

Versuchsaufbau wie bei Versuch 4, nur statt des Wollfadens etwa 10 m weißer Zwirnsfaden

Wir stellen drei jeweils 30 cm lange Teilstücke des schwingenden Fadens her. Für den ersten, unmittelbar am Erreger angebundenen Teil verdrillen wir zwei Fadenstücke, für den zweiten Teil 8, für den dritten Teil 18 Fadenstücke. Diese Teilstücke knüpfen wir aneinander. Ihre Querschnitte q verhalten sich dann wie $q_1:q_2:q_3 = 1:4:9$. Wir setzen den Erreger in Betrieb und belasten den Faden so, daß sich am ersten, dünnsten Teilstück gerade eine halbe Wellenlänge $\lambda_1/2$ ausbildet. Dann entstehen auf den nächsten Teilstücken zwei bzw. drei halbe Wellenlängen als $2\lambda_2/2$ bzw. $3\lambda_3/2$ (Abb. 5.19./1). (Für ein 4. Teilstück wären 32 Fadenstücke zu verdrillen.) [7; 19]

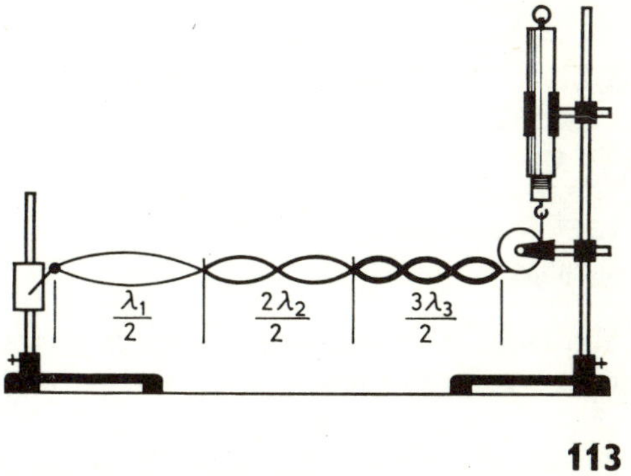

Abb. 5.19./1
Stehende Wellen

Bemerkungen

1. Nach den Ergebnissen von Versuch 4 verhalten sich die Ausbreitungsgeschwindigkeiten entsprechend. Die Zahlenverhältnisse sind aber die reziproken Werte der Quadratwurzeln aus den Querschnitten q der Fadenteile. Also ist:

$$c_1 : c_2 : c_3 = \lambda_1 : \lambda_2 : \lambda_3 = \frac{1}{\sqrt{q_1}} : \frac{1}{\sqrt{q_2}} : \frac{1}{\sqrt{q_3}} .$$

   Die Ausbreitungsgeschwindigkeiten der transversalen Welle auf dem Wellenträger sind umgekehrt proportional zu den Quadratwurzeln aus den Querschnitten der Teile des Wellenträgers.

2. Zusammen mit den Ergebnissen des Versuchs 4 folgt $c \sim \sqrt{\frac{F}{q}}$.

5.20. Die stehende Längswelle auf einer Schraubenfeder

1. lange Schraubenfeder
2. große Schreibstimmgabel
3. Stativmaterial

Wir klemmen an einem hohen Stativ eine große Schreibstimmgabel unten an, und zwar so, daß ihre Zinken in der vertikalen Ebene schwingen können. Nahe am Ende der oben liegenden Zinke hängen wir eine lange Schraubenfeder ein. Ihr anderes Ende klemmen wir oben am Stativ fest.

Die Spannung der Feder sei zunächst lose. Wenn wir jetzt die Stimmgabel anschlagen, so daß sie eine kräftige Schwingung ausführt, bildet sich auf der Schraubenfeder eine stehende Längswelle aus. Falls dies nicht der Fall ist, müssen wir die Spannung der Feder nachregulieren, indem wir die Stimmgabel ein wenig niedriger festklemmen.

Mit weiterer Änderung der Spannung ändert sich die Anzahl der Knoten der stehenden Welle.

Die Verdichtung der Federwindungen in den Knoten und ihre Verdünnung in den Bäuchen kommt in Schattenprojektion besonders gut zur Geltung. Wir stellen dazu die Experimentierleuchte möglichst nahe an die Feder.

Bemerkungen

1. Auf einer Schraubenfeder können stehende Wellen entstehen.
2. Die Anzahl der Knoten und Bäuche der stehenden Welle einer Schraubenfeder hängt von ihrer Spannung ab.

5.21. Die Polarisation von Seilwellen

Versuch 1

1. Stativmaterial
2. lange Schraubenfeder

Mit einer Tischklemme stellen wir einen Stativstab am Tischende auf und befestigen daran eine längere Schraubenfeder. Etwa in der Mitte der Feder stellen

wir rechts und links von ihr je einen Stativstab so auf, daß die Feder umfaßt wird, ohne sie am Schwingen zu hindern. Es entsteht eine schmale Spaltblende. Am besten ist es, den Abstand der Stäbe durch eine Querverbindung zu sichern. Der Spalt dient als Polarisator.
Wir erregen auf der Feder durch einen einmaligen Ruck eine Störung. Sie läuft über die leicht mit der Hand gespannte Feder fort. Schwingt die Störung in der Spaltrichtung, läuft sie hinter dem Spalt ungehindert weiter mit derselben Amplitude wie vor dem Spalt. Erfolgt die Schwingung senkrecht zum Spalt, wird sie an ihm reflektiert und kann nicht hinter dem Spalt weiterlaufen. Auch hier bleibt die Amplitude bei der Reflexion erhalten.
Liegt die Richtung der Störung schräg zum Spalt, wird sie in zwei Komponenten zerlegt. Die eine liegt parallel zum Spalt und läuft hinter ihm weiter, die andere verläuft senkrecht zum Spalt und wird reflektiert. Der Spalt siebt linear polarisierte Komponenten aus. Die Amplituden der Komponenten sind kleiner als die der ankommenden Störung. Die Summe der Amplituden der Komponenten (vektorielle Addition) ist gleich der ursprünglichen Amplitude.
Jetzt versetzen wir die Feder durch dauernde vertikale Bewegungen der Hand in Richtung der Spaltebene in Schwingungen. Es entsteht eine transversale Welle, die ungehindert durch den Spalt zwischen den Stativstäben hindurchgeht. Dann erzeugen wir durch horizontale Bewegungen eine Welle senkrecht zur Spaltrichtung. Die Welle läuft bis zum Spalt und wird dort reflektiert. Hinter dem Spalt bleibt die Feder in Ruhe. Erzeugen wir durch Kreisbewegungen der Hand auf der Feder eine zirkulare Welle, entsteht hinter dem Spalt eine transversale Welle in der vertikalen Ebene. Der Spalt polarisiert die Welle.

Versuch 2

1. Geräte wie bei den Versuchen „Die stehende Welle“
2. Pappe
3. Schere

Wir bauen den Versuch so auf, wie er bei den Versuchen „Die stehende Welle“ beschrieben ist. Sobald sich eine stehende transversale Welle ausgebildet hat, regulieren wir die Spannung am Seil so ein, daß es in seiner ganzen Länge ohne Knoten schwingt.
Aus steifer Pappe schneiden wir einen etwa 0,5 cm breiten Spalt aus. Diese Spaltblende dient als Polarisator. Wir schieben sie ungefähr in der Mitte über das schwingende Seil. Sind die Seilschwingungen vertikal und halten wir die Spaltblende ebenfalls vertikal, so geht die Welle ungehindert hindurch. Drehen wir die Blende um das Seil als Achse in die horizontale Richtung, bleibt das Seil hinter dem Spalt in Ruhe. Eventuell müssen wir durch Antippen mit dem Finger das Eintreten der Ruhe erleichtern.
Halten wir die Spaltblende schräg über das vertikal schwingende Seil, läuft die Welle hinter der Blende in ihrer Richtung mit kleinerer Amplitude weiter.
Gleiches erfolgt, wenn das Seil zirkulare Schwingungen ausführt. Die Blende polarisiert die Welle.
Der Versuch eignet sich für Schattenprojektion.

Bemerkungen

1. Schwingungen einer stehenden Welle laufen nur dann durch eine Spaltblende ungehindert hindurch, wenn Schwingungsebene und Spaltrichtung übereinstimmen.
2. Eine Spaltblende polarisiert ankommende Wellen.
3. Die durch eine Spaltblende hindurchgehende transversale Welle hat eine feststehende Schwingungsebene.

Versuch 3

1. Schlauch (4 m)
2. dünnes Seil
3. Stativmaterial

Wir klemmen einen Stativstab mit einer Tischklemme am Ende eines Tisches an und binden einen recht langen Schlauch daran fest. Das lose Ende des Schlauchs halten wir in der Hand und spannen ihn straff. Ungefähr in der Mitte des Schlauchs knoten wir ein Seil fest so ein, daß zwei Enden des Seils von etwa 50 cm Länge entstehen.
Zwei Helfer spannen das Seil nach rechts und links fest an. Wir erzeugen auf dem Schlauch durch kreisförmige Bewegungen mit der Hand zirkulare Wellen. Sie laufen bis zum Seil und werden dahinter in transversale Wellen verwandelt. Ihre Schwingungsebene liegt senkrecht zu dem Seil. Die Welle ist polarisiert, das Seil dient als Polarisator.
Wir knoten ein zweites Seil um den Schlauch und verschieben die Knotenstellen der beiden Seile so, daß der Schlauch in drei gleiche Abschnitte unterteilt wird. Beide Seile werden straff gespannt. Wieder wird die ankommende zirkulare Welle am ersten Seil polarisiert. Die transversale Welle läuft bis zum zweiten Seil.
Werden beide Seile in derselben Richtung gehalten, läuft die transversale Welle auch hinter dem zweiten Seils ungehindert weiter. Wird dessen Richtung aber senkrecht zu der des ersten Seils gehalten, bleibt der Schlauch hinter dem zweiten Seil in Ruhe. Das erste Seil dient als Polarisator, das zweite als Analysator. [19]

Bemerkungen

1. Ein Polarisator verwandelt eine zirkulare Welle in eine transversale Welle.
2. Ein zweiter Polarisator (Analysator) in gleicher Stellung wie der erste läßt eine transversale Welle weiterlaufen, in gekreuzter Stellung nicht.

5.22. Die Demonstration des Interferenzvorgangs

1. 3 Schraubenfedern
2. Wägestück
3. Stativstab (1 m)

Wir benutzen gleiche Schraubenfedern, deren Windungen etwa 1 cm Abstand voneinander haben sollten, damit ihre Schwingungen deutlich sichtbar werden. Zwei davon hängen wir an einem langem Stativstab ungefähr dreißig Zentimeter voneinander entfernt auf. Die unteren Enden der Federn haken wir zusammen und

hängen die dritte Feder daran. Ihr unteres Ende belasten wir mit einem Wägestück.
Wir fassen den Stab mit beiden Händen und halten gleichzeitig damit die angehängten Federn fest. Als erstes bewegen wir den Stab gleichmäßig lotrecht auf und ab. Die beiden Federn geraten in Längsschwingungen. Die Verdichtungen und Verdünnungen laufen auf beiden gleichzeitig. Auch die dritte Feder schwingt mit.
Nun schaukeln wir mit dem Stab, d. h., wir bewegen in der vertikalen Ebene seine Enden gegenläufig. Die Federn geraten wieder in Schwingungen, aber so, daß an dem Ende der einen Feder gerade dann eine Verdichtung ankommt, wenn am Ende der anderen Feder eine Verdünnung entsteht. Die dritte Feder bleibt in Ruhe. Sie schwingt nicht mit.
Entsprechende Ergebnisse entstehen für Querwellen, wenn wir den Stab um seine lotrechte Achse drehend hin- und herbewegen. [33]

Bemerkung

Mit Schraubenfedern lassen sich interferierende Einzelwellen darstellen.

5.23. Die fortschreitende Querwelle

Versuch 1

langer Schlauch (oder Wäscheleine)

Wir verwenden für den Versuch einen langen Gummischlauch, am besten einen Vakuumschlauch. Er wird geradlinig auf den Experimentiertisch gelegt. Das eine Ende fassen wir mit der Hand, das andere faßt ein Helfer und spannt den Schlauch leicht an. Wir schnellen unser Schlauchende kurz um etwa 10 cm hoch und wieder auf den Tisch zurück. Über den Schlauch läuft ein Wellenberg bis an das andere Ende. Es gelingt auch, 2 Wellenberge kurz nacheinander zu erzeugen.
Wir ändern den Versuch ab. Dazu bewegen wir ein Schlauchende in der Tischebene einige Male schnell hin und her und hören mit der Bewegung plötzlich auf. Der Schlauch zeigt dann in seiner ganzen Länge Wellenform.

Versuch 2

1. sehr langer Schlauch
2. Stoppuhr

Günstig ist es, einen 10 m bis 15 m langen Schlauch (Durchmesser 1 cm) zur Verfügung zu haben. Wir spannen ihn in einem entsprechend langen Flur aus. Dabei hält ein Helfer das eine Schlauchende fest, wir selbst fassen das andere Ende unter leichter Spannung mit einer Hand. Mit der Kante der anderen Hand schlagen wir kräftig nahe an der haltenden Hand von oben auf den Schlauch. Ein Wellental läuft über die gesamte Länge des Schlauchs.
Ein zweiter Helfer setzt in dem Augenblick, in dem wir auf den Schlauch schlagen, eine Stoppuhr in Gang. Er stoppt die Zeit, die vergeht, bis der Impuls am anderen Ende des Schlauchs ankommt. Aus dem zurückgelegten Weg und der Zeit berechnen wir die Geschwindigkeit des Impulses. [7]

Bemerkung
Auf einem elastischen Träger führt ein auf ihn ausgeübter Impuls zu einer mit meßbarer Geschwindigkeit fortlaufenden Welle.

5.24. Das Modell von longitudinalen Wellen

1. 6 Tonnenfüße
2. Kreide
3. Maßstab
4. 6 Helfer

Wir ziehen auf dem Experimentiertisch mit Kreide eine gerade Linie und senkrecht dazu 8 Striche mit den Nummern 1 bis 8 im Abstand von je 30 cm. Auf die Striche 2 bis 7 stellen wir 6 Tonnenfüße (oder andere deutlich sichtbare gleiche Gegenstände) mit den Nummern I bis VI. Sie stellen bewegliche „Teilchen" dar, die eine Bewegungsfreiheit von 30 cm nach links und rechts haben. Die Tonnenfüße werden von 6 hinter ihnen stehenden Helfern angefaßt. Bewegt ein Helfer seinen Tonnenfuß bis zu seinem benachbarten, bedeutet dies einen auf das System ausgeübten Stoß.
Variante 1: Der Helfer hinter I stellt diesen Fuß neben II, der Helfer hinter II diesen Fuß nach III. Das Zusammentreffen zweier Füße stellt eine „Verdichtung" dar, die über den Tisch wandert, wenn die nächsten Helfer ihre Tonnenfüße entsprechend bewegen.
Variante 2: Der Helfer für I stellt den Tonnenfuß I von seiner Stelle 2 auf die Stelle 3 berührend an II und wieder zurück auf 2. Der Helfer II stellt dann sofort seinen Tonnenfuß II auf 4 berührend an den nächsten Fuß und wieder zurück auf 3. Die Stelle 3 bleibt für kurze Zeit unbesetzt. Die nächsten Helfer arbeiten entsprechend weiter. Auf eine „Verdichtung" folgt eine „Verdünnung". Die Verdichtung wandert deutlich sichtbar über den Tisch, gefolgt von einer Verdünnung, also eine Längswelle. [7]

Bemerkung
Mit Tonnenfüßen läßt sich durch die Folge von Verdichtungen und Verdünnungen eine longitudinale Welle demonstrieren.

5.25. Die Reflexion von Wellen

Versuch 1

1. langer Gummischlauch (oder lange Schraubenfeder)
2. Stativmaterial
3. Faden

Wir untersuchen zunächst Querwellen. Das eine Ende eines mehrere Meter langen Gummischlauchs klemmen wir an einem Stativ fest, das mit einer Tischklemme am Experimentiertisch angebracht ist. Das freie Ende des Schlauchs halten und spannen wir mit der Hand. Ein geringes Durchhängen des Schlauchs ist unvermeidbar, stört aber den Versuch nicht.

Wir schnellen das gehaltene Schlauchende um etwa 20 cm nach oben und lassen es in die Ausgangslage zurückkommen. Ein Wellenberg läuft über den Schlauch zum Stativ hin. Dort erfolgt am festen Ende des Schlauchs Reflexion. Es tritt ein Phasensprung um $\lambda/2 = 180$ ° ein. Ein Wellental läuft über den Schlauch zurück. Wenn es an unserer Hand ankommt, verspüren wir einen Ruck nach unten. Lassen wir sich zuerst ein Wellental ausbreiten, kommt ein Wellenberg zurück.
Wir binden an das zuvor fest eingespannte Schlauchende einen ca. 1 m langen Faden, den wir seinerseits am Stativ befestigen. Wir wiederholen die vorherigen Versuche. Jedoch wird jetzt ein Wellenberg am freien Ende des Schlauchs als Wellenberg reflektiert, ein Wellental als Wellental. Es tritt kein Phasensprung auf.
Wir können den Gummischlauch auch auf den Tisch legen und ihn mit einem Ende mit oder ohne Faden am Tischende befestigen. Hier ist ein Vakuumschlauch besonders günstig. Bevor wir mit einem kurzen Ruck einen Wellenberg über den Schlauch laufen lassen, heben wir ihn ein wenig an. Unmittelbar nach der Reflexion lassen wir ihn auf den Tisch zurückfallen. Es bleibt dann ein Wellental darauf liegen. Entsprechendes erfolgt bei der Reflexion eines Wellentals als Wellenberg.
Alle diese Versuche lassen sich auch ausführen mit einer Kette aus mehreren gleichen aneinandergehängten, leicht gedehnten Schraubenfedern.
Sämtliche Versuche brechen wir nach der ersten Reflexion ab, weil nach einer Reflexion an der Hand Störungen auftreten.

Versuch 2

1. mehrere Schraubenfedern
2. Stativmaterial
3. Faden

Wir hängen mehrere gleich Schraubenfedern aneinander, so daß eine viele Meter lange Feder entsteht. Ihr eines Ende klemmen wir an einem Stativ fest. Hängt die Feder zu sehr durch, hängen wir sie mit Fäden an Stativen in Abständen von 1 m auf. Wir spannen die Feder mit der Hand und stauchen sie kurz um einige Zentimeter an diesem Ende, stellen aber sogleich die Ausgangslage wieder her. Die Verdichtung läuft über die Länge der Feder und wird am festen Ende reflektiert. Es erfolgt kein Phasensprung. Eine Verdichtung läuft zurück. Entsprechendes erfolgt, wenn wir die Feder kurzzeitig dehnen. Dann eilt die Verdünnung über die Feder zum Stativ und kehrt als solche zurück.
Nun schalten wir zwischen Stativ und Feder einen etwa 1 m langen Faden ein. Wir wiederholen die Versuche. Diesmal tritt bei der Reflexion ein Phasensprung um $\lambda/2 = 180$ ° ein. Eine Verdichtung läuft als Verdünnung, eine Verdünnung als Verdichtung zurück. [7; 19]

Bemerkungen

1. Transversale Wellen, die über einen elastischen Träger laufen, werden am festen Ende mit einem Phasensprung von $\lambda/2 = 180$ °, am freien Ende ohne Phasensprung reflektiert.
2. Longitudinale Wellen, die über einen elastischen Träger laufen, werden am festen Ende ohne Phasensprung, am freien Ende mit einem Phasensprung von $\lambda/2 = 180$ ° reflektiert.

5.26. Die Zeilenschrift des Fernsehapparates

Versuch 1

1. Fernsehapparat
2. ebener Spiegel (oder Drehspiegel)

Wir verdunkeln das Zimmer und schalten den Fernsehapparat ein. Sobald das Bild klar ist, betrachten wir es in einem Spiegel. Wir drehen ihn schnell hin und her. Dann sehen wir das Fernsehbild mehrfach nebeneinander, weil es 25mal in der Sekunde aufgebaut wird. Wir können auch einen Drehspiegel verwenden.

Versuch 2

1. Fernsehapparat
2. Gummischnur

Wir verdunkeln das Zimmer und schalten den Fernsehapparat ein. Vor das Bild halten wir vertikal eine Gummischnur, spannen sie und zupfen sie an. Sie schwingt hin und her. Wir sehen die Schwingung wie in Zeitlupe, weil eine Kippfrequenz den Elektronenstrahl mit der Zeilenfrequenz 15625 Hz über den Bildschirm führt und so die einzelnen Punkte der Gummischnur nacheinander beleuchtet. Der Versuch gelingt am besten, wenn der Fernsehschirm gleichmäßig hell (ohne eigentliches Bild) erscheint. [58]

Bemerkungen

1. Das Fernsehbild wechselt 25mal in der Sekunde.
2. Der Schwingungsverlauf eines Gummibandes kann mit einem Fernsehapparat sichtbar gemacht werden.

6. Kalorik

6.1. Das Gefühl der Temperatur

1. 3 größere Gefäße
2. kaltes und warmes Wasser
3. Tauchsieder

Wir heizen mit einem Tauchsieder in einem größeren Gefäß Wasser auf eine Temperatur, daß wir mit der Hand gerade noch hineinfassen können. Von dem heißen Wasser gießen wir einen Teil in ein zweites Gefäß, in dem es sich mit kaltem Wasser auf eine lauwarme Temperatur mischt. In ein drittes Gefäß lassen wir kaltes Wasser aus der Leitung einfließen.

Wir tauchen eine Hand in das Gefäß mit dem kalten Wasser, die andere in das heiße Wasser. Nach einer Minute heben wir beide Hände heraus und tauchen sie zusammen in das Gefäß mit dem lauwarmen Wasser. Die Hände dürfen sich dabei nicht berühren. Die Hand, die aus dem heißen Wasser kommt, empfindet das lauwarme Wasser als kalt, die Hand daneben, die aus dem kalten Wasser kommt, jedoch dasselbe Wasser als heiß.

Es empfiehlt sich, anschließend die Temperaturen mit Thermometern zu prüfen.

[10; 17]

Bemerkung

Unser Wärmegefühl läßt sich täuschen. Eine quantitative Beurteilung von Temperaturen ist damit nicht möglich.

6.2. Die Reibungswärme

Versuch 1

1. Amboß (oder Schraubstock)
2. Hammer
3. Blechstreifen

Wir legen ein Stück Blech oder einen Nagel auf eine feste Unterlage, z. B. einen kleinen Amboß, einen Schraubstock oder einen großen Hammer. Dann führen wir 10 bis 20 feste Schläge mit einem Hammer auf das Blech aus. Wenn wir es darauf in die Hand nehmen, stellen wir fest, daß es heiß geworden ist. Auch die Schlagstelle des Hammers ist wärmer geworden.

Versuch 2

1. Holzstück
2. Säge

Wir klemmen oder halten ein Stück Holz fest und sägen mit schnellen Stößen eine tiefe Kerbe ein. Durch Befühlen stellen wir fest, daß die Säge warm geworden ist.

Versuch 3

1. geschlossene Schachtel
2. Bleischrot
3. Thermometer (1/10°)

Wir geben eine Handvoll Bleischrot in eine Schachtel und messen seine Temperatur mit einem Thermometer. Dann schütteln wir die Schachtel einige Minuten lang kräftig. Mit dem Thermometer stellen wir eine Erwärmung des Bleischrots fest. [10]

Bemerkung

Kinetische Energie setzt sich in Wärmeenergie um.

6.3. Die Wärmeausdehnung fester Körper

Versuch 1

1. 2 Isolierklemmen
2. dünner Draht
3. kleines Massestück
4. Experimentierschnüre
5. Stromquelle

Wir spannen einen ca. 1 m langen dünnen Draht, z. B. aus Eisen, zwischen zwei Isolierklemmen aus. Seine Mitte belasten wir mit einem kleinen Massestück. Wir legen an die Enden des Drahtes eine variable Spannung an und steigern langsam die Stromstärke. Infolge der eintretenden Erwärmung dehnt sich der Draht aus. Das angehängte Massestück senkt sich.
Kurz bevor der Draht durchglüht, schalten wir den Strom aus. Der Draht kühlt sich ab, verkürzt sich wieder, und das Massestück hebt sich.

Versuch 2

1. 2 Langlochrasierklingen
2. Münze
3. 2 Zangen
4. Bunsenbrenner
5. Feuerzeug

Wir legen eine Langlochklinge quer über eine zweite Klinge. Wir verschieben diese so über dem Loch der ersten Klinge, daß eine Münze gerade noch durch diese Öffnung hindurchpaßt. In dieser Stellung halten wir die Klingen mit einer Zange fest. Jetzt erhitzen wir die mit einer zweiten Zange gefaßte Münze in der heißen Flamme eines Bunsenbrenners. Sie dehnt sich aus und paßt nicht mehr durch die

Öffnung zwischen den Klingen. Nach einiger Zeit fällt das Geldstück wieder durch das Klingenloch, weil die Ausdehnung zurückgegangen ist. Wenn die erforderliche Abkühlung in der Luft zu lange dauert, kühlen wir die Münze unter der Wasserleitung ab.

Versuch 3

1. Gummischnur
2. Draht
3. Feuerzeug
4. Stativmaterial

Wir spannen eine Gummischnur oder ein Gummibändchen zwischen Stativen fest aus und dehnen sie so lange, bis wir beim Anzupfen einen Ton hören. Nun erwärmen wir die Gummischnur sehr vorsichtig durch Fächeln mit einem Streichholz oder einem Feuerzeug und zupfen laufend weiter an der Schnur. Der Ton wird höher, ein Zeichen, daß sich die Schnur nicht verlängert, sondern verkürzt.
Wir wiederholen den Versuch mit einem dünnen Draht. Wenn wir ihn erwärmen, sinkt die Tonhöhe, weil der Draht länger wird.

Versuch 4

1. 2 dünne Glasröhren
2. Brett mit Löchern
3. Streichholz

Wir stecken zwei je 1 m lange kleinkalibrige Glasröhren parallel nebeneinander in 1 cm Abstand in passend enge Bohrungen eines Bretts. Wir halten es so fest, daß die Röhren senkrecht nach oben weisen. Nun halten wir ein brennendes Streichholz an den unteren Enden zwischen die Röhren. Ihre oberen Enden weichen auseinander, weil die Innenseiten der Röhren sich stärker erwärmen und damit ausdehnen als die Außenseiten. Dadurch krümmen sie sich. [10]

Bemerkungen

1. Drähte dehnen sich beim Erwärmen aus, beim Abkühlen verkürzen sie sich.
2. Gummi verkürzt sich beim Erwärmen und dehnt sich beim Abkühlen aus.
3. Ungleichmäßige Erwärmung von Körpern führt zu Verbiegungen.

6.4. Die Ausdehnung erwärmter Luft

Versuch 1

1. Glasflasche
2. Bunsenbrenner
3. Feuerzeug
4. Dreifuß mit Drahtnetz
5. Kinderluftballon
6. Faden
7. Gummiband

Wir binden die Öffnung eines Kinderluftballons fest über den Hals einer großen Kochflasche oder eines Erlenmeyerkolbens. Mit einem Gummifaden dichten wir

die Bindung notfalls nochmals ab. Die Flasche stellen wir auf einen Dreifuß und erwärmen sie vorsichtig mit der kleinen Flamme eines Bunsenbrenners. Der zunächst schlaff herunterhängende Ballon bläht sich mehr und mehr auf, weil sich die Luft in der Flasche beim Erwärmen ausdehnt und in den Ballon strömt.
Der Versuch gelingt schon, wenn wir statt der großen Flasche ein Reagenzglas verwenden. Der Ballon bläht sich dann freilich nicht so stark auf.
Der Versuch erläutert auch, warum ein Heißluftballon aufsteigt.

Versuch 2

1. Kinderluftballon
2. Schnur

Wir drücken einen Luftballon fest zusammen, so daß er nur noch wenig Luft enthält. Seine Öffnung binden wir luftdicht zu. Diese Vorarbeit führen wir in einem kalten Raum aus. Dann bringen wir den Ballon in ein warmes Zimmer möglichst in die Nähe der Heizung. Die eingeschlossene Luft dehnt sich durch das Erwärmen aus, und der Ballon bläht sich auf. [10; 41]

Versuch 3

1. Kochflasche (1 l)
2. durchbohrter Gummistopfen
3. Glasrohr
4. Becherglas mit Wasser

Wir setzen auf eine Kochflasche (Stehkolben) einen Gummistopfen, durch den wir ein Glasrohr stecken. Die Flasche lassen wir einige Zeit stehen, am besten in einem kühlen Raum, bis die eingeschlossene Luft Zimmertemperatur angenommen hat. In ein Becherglas füllen wir Wasser.
Nun nehmen wir die Flasche schnell auf, drehen das Rohr nach unten und halten seine Öffnung etwa 2 cm tief in das Wasser des Becherglases. Wenn wir die Flasche zwischen unsere Hände nehmen und damit erwärmen, dehnt sich die Luft in ihr aus und perlt aus dem Rohr heraus.
Lassen wir die Flasche wieder abkühlen, wird Wasser in das Rohr gesaugt.
Wir können die Ausdehnung der Luft noch deutlicher zeigen, wenn wir die Flasche mit der Flamme eines Bunsenbrenners fächeln.

Versuch 4

1. leere Flasche (Kochflasche, Rundkolben, Erlenmeyerkolben)
2. Geldstück

Für den Versuch eignen sich Flaschen aller Art, z. B. Bier-, Wein-, Limonade-, Colaflaschen. Wir feuchten den Rand des Flaschenhalses mit etwas Wasser oder Speichel gut an und legen eine Münze darauf. Sie muß so groß sein, daß sie die Öffnung rundum gut abdeckt, ohne weit überzustehen. Oft eignet sich ein Zehnpfennigstück.
Wir umfassen die Flasche mit beiden Händen. Ihre Wärme überträgt sich durch das Glas der Flasche in ihr Inneres und erwärmt die dort eingeschlossene Luft.

Sie versucht sich auszudehnen. Es dauert einige Minuten, dann ist der entstehende Überdruck groß genug, um die Münze anzuheben. Sie fällt sofort wieder zurück. Nach kurzer Zeit wiederholt sich das Spiel.
Das Gelingen des Versuchs ist um so erstaunlicher, als die Zunahme der Temperatur der Luft nur sehr gering ist; bei einer Flasche mit 0,75 l Inhalt etwa 0,2 K. Um ein Zehnpfennigstück anzuheben, ist auch der zu erzielende Druck nur gering; er liegt bei 70 Pa.

Versuch 5

1. Trinkglas
2. Glasscheibe
3. heiße Seifenlösung

Wir stellen zunächst eine steife heiße Seifenlösung her. Davon gießen wir etwas auf eine Glasscheibe. Ein Trinkglas, das einen glatten Rand haben muß, tauchen wir ganz in die Seifenlösung ein und lassen es darin, bis es selbst heiß geworden ist. Dann heben wir es heraus, schwenken es einige Male in der Luft und stülpen es auf die Glasscheibe.
Nach kurzer Zeit sehen wir kleine Gasblasen unter dem Rand des Glases nach außen kriechen. Sie bleiben dort, ohne zu platzen. Vielmehr wandern sie nach einiger Zeit unter dem Rand in das Glas zurück.
Die nach außen kommenden Gasblasen können nur Luft enthalten. Sie wurde kalt beim Schwenken in das heiße Glas eingeschlossen, erwärmt sich dort und dehnt sich aus. Es dringt Luft aus dem Glas nach außen. Die Seifenlösung hat eine so große Oberflächenspannung, daß die Luftblasen nicht platzen, sondern erhalten bleiben. Später kühlt sich das Glas samt dem darin enthaltenen Luftrest ab. Dabei nimmt der Druck im Glas ab. Der äußere größere Luftdruck treibt die Luftblasen wieder unter das Glas zurück. [37; 49]

Bemerkungen

1. Luft dehnt sich beim Erwärmen aus, zieht sich beim Abkühlen zusammen.
2. Der Luftdruck nimmt in einem geschlossenen Raum ab, wenn Luft aus ihm entweicht.
3. Eingeschlossene Luft erzeugt beim Erwärmen einen Überdruck.

6.5. Die Wärmeleitung fester Körper

Versuch 1

1. Münze
2. Streichholz

Wir fassen eine Münze am Rand mit zwei Fingern. Unter die gegenüberliegende Stelle halten wir ein brennendes Streichholz. Die Erwärmung pflanzt sich so schnell fort, daß wir die Münze fallen lassen müssen, bevor das Streichholz abgebrannt ist.

Versuch 2

1. Stativstab
2. Becherglas mit Wasser
3. Thermometer
4. Bunsenflamme

Wir stellen einen kurzen Stativstab in ein Becherglas mit kaltem Wasser. Der Stab soll höchstens 20 cm über die Wasserfläche hinausragen. Dieses Ende erhitzen wir mit der Flamme eines Bunsenbrenners. Der Stab leitet die Wärme gut weiter. Nach wenigen Minuten zeigt ein in das Wasser gehaltenes Thermometer den Anstieg der Wassertemperatur an.

Versuch 3

1. verschiedene Materialien
2. Streichholz

Wir suchen einen etwa 15 cm langen Nagel oder ein entsprechend langes Drahtstück und schneiden einen Holzstab und einen Glasstab auf gleiche Länge. Die drei Stoffe fassen wir mit den Fingern und halten unter die anderen Enden ein brennendes Streichholz oder eine kleine Bunsenflamme. Wir spüren, daß das Metall schnell heiß wird, Holz und Glas die Wärme schlechter leiten und erst später warm werden.

Versuch 4

1. Drahtnetz
2. Zange
3. Bunsenbrenner
4. Feuerzeug

Wir zünden einen Bunsenbrenner an. Mit einer Zange fassen wir ein Drahtnetz und halten es in die Flamme. Sie brennt, weil das Drahtnetz die Wärme schnell ableitet, unter ihm weiter, jedoch nicht über ihm.
Wir ändern den Versuch ab. Wir lassen aus dem Brenner Gas ausströmen, ohne es sogleich anzuzünden. Das Drahtnetz halten wir in den Gasstrom. Dann können wir das Gas über dem Netz anzünden, ohne daß die Flamme nach unten durchschlägt.
Der Versuch erklärt die Wirkungsweise der 1815 von Humphry Davy (1728 bis 1829) erfundenen Sicherheitslampe für Bergleute.

Versuch 5

1. Stativstab
2. Holzstab
3. Zwirnsfaden
4. Bunsenbrenner
5. Feuerzeug

Wir wickeln einen Zwirnsfaden um einen Stativstab, den wir in die Flamme eines Bunsenbrenners halten. Der Faden beginnt erst nach längerer Zeit zu brennen, weil das Metall die Wärme schnell fortleitet.

Wir wiederholen den Versuch mit einem Holzstab. Jetzt brennt der Faden sogleich, wenn wir das Holz in die Flamme halten. Holz leitet die Wärme schlecht. [10]

Bemerkungen

1. Wärme wird von Wärmeleitern von Stellen höherer Temperatur nach Stellen niederer Temperatur abgeleitet.
2. Es gibt gute Wärmeleiter, z. B. Metalle, und schlechte Wärmeleiter, z. B. Holz, Glas.

6.6. Die Wärmeleitung von Wasser

1. Reagenzglas
2. Eiswürfel
3. Wasser
4. Draht
5. Bunsenbrenner
6. Feuerzeug

Wir binden Draht um ein Stückchen Eis. So belastet werfen wir es in ein fast ganz mit kaltem Wasser gefülltes Reagenzglas. Das Eis sinkt auf den Boden des Reagenzglases. Sein oberes Ende erhitzen wir mit einer Bunsenflamme, bis das Wasser siedet. Das Eis schmilzt nicht, weil Wasser die Wärme schlecht leitet. Wir können das Reagenzglas am unteren Ende noch mit den Fingern halten, ohne daß wir unangenehm Wärme verspüren. [10]

Bemerkung

Wasser ist ein schlechter Wärmeleiter.

6.7. Die Wärmeströmung

Versuch 1

1. Packpapier
2. Schere
3. Nadeln
4. Wasser
5. Heizplatte

Wir falten aus weichem Packpapier einen großen, oben offenen Würfel (Kantenlänge etwa 10 cm) und füllen zur Hälfte Wasser hinein. So stellen wir ihn auf eine Heizplatte und lassen sie aufheizen. Das Wasser kommt zum Sieden, ohne daß die Papierhülle abbrennt. Das Wasser leitet infolge der einsetzenden Wärmeströmung die zugeführte Wärme zu schnell ab.

Versuch 2

1. Tüte
2. Wasser
3. Bunsenbrenner
4. Feuerzeug
5. Stativmaterial

Wir hängen eine Tüte aus festem Papier in einen Ring an einem Stativ auf und füllen Wasser in sie ein. Es kann nötig werden, das Abrutschen der Tüte durch zwei feste Drahtstücke zu sichern, die wir unter ihrem Rand durchstecken. Wir erhitzen die Tüte von unten mit kleiner Bunsenflamme, bis das Wasser siedet. Die Tüte bleibt unbeschädigt.

Versuch 3

1. Watte
2. Heizplatte

Wir schalten eine Heizplatte ein und warten, bis sie heiß geworden ist. Nun zupfen wir ein Watteflöckchen und halten es über die Platte. Es steigt in der aufsteigenden Warmluft nach oben.

Versuch 4

1. Kerze
2. Feuerzeug

Wir zünden eine Kerze an. Dann öffnen wir die Tür einen Spalt breit, die von einem warmen Zimmer in ein kälteres Zimmer führt. Wir halten die Kerze unten in den Spalt. Die Flamme wird zum warmen Zimmer hin abgelenkt. Dann bringen wir sie oben über Kopfhöhe in den Spalt. Jetzt zeigt die Flamme nach dem kalten Zimmer hin. Sie gibt die Strömung der kalten Luft in das warme Zimmer, die der warmen Luft in das kalte Zimmer an.
Wir können den Versuch auch an einem Fenster ausführen, das wir einige Zentimeter weit öffnen.

Versuch 5

1. dünne Papierserviette
2. Feuerzeug
3. Teller

Wir knüllen eine aus sehr feinem Papier (Japan- bzw. Chinaserviette) bestehende Serviette so zusammen, daß ein großer, sehr lockerer Ball gebildet wird. Ihn legen wir auf einen Teller. Dann zünden wir ihn an einer Stelle an. Er schwebt in der aufsteigenden Warmluftströmung nach oben. Das Papier verbrennt schnell. Die verkohlten Teile fallen zurück.
Wir können auch aus einer Serviette einen Zylinder formen von 10 cm Durchmesser und 15 cm Höhe. Mit etwas Feuchtigkeit kleben wir den Ring zusammen. Zünden wir ihn am oberen Rand an, steigt er empor.
Vorsicht! Wegen der Brandgefahr darf der Versuch nur in genügendem Abstand von brennbaren Stoffen vorgeführt werden.

Bemerkungen

1. Wärme kann durch Strömung weitergeleitet werden.
2. In Luft tritt durch Erwärmung eine aufwärtsgerichtete Strömung ein.

6.8. Die Siedetemperatur

1. Rundkolben
2. Gummistopfen
3. Bunsenbrenner
4. Feuerzeug
5. Wasser
6. großes Tuch
7. Stativmaterial

Wir füllen einen Rundkolben zu einem Drittel mit Wasser und klemmen ihn am Hals an einem Stativ fest. Das Wasser erhitzen wir durch Fächeln mit der offenen Flamme eines Bunsenbrenners. Wenn das Wasser siedet und der Wasserdampf alle Luft verdrängt hat, verschließen wir den Kolben mit einem Gummistopfen und nehmen gleichzeitig den Brenner weg. Wegen der Verminderung des Dampfdrucks bei der eintretenden Kondensation des Wasserdampfs siedet das Wasser zunächst für einige Zeit weiter. Wenn das Sieden fast aufgehört hat, gießen wir kaltes Wasser über den Kolben. Das Sieden verstärkt sich wieder und hält noch längere Zeit an.
Vorsicht! Der Versuch sollte stets hinter einer Glasschutzscheibe vorgeführt werden wegen der Gefahr einer Implosion. Günstig ist es, zuerst kurzfristig den Kolben kalt zu berieseln. Auf keinen Fall darf ein Stehkolben mit flachem Boden für den Versuch benutzt werden. Es empfiehlt sich, das kalte Wasser nicht direkt in einem Strahl auf den heißen Kolben zu gießen. Wenn wir ein mit viel kaltem Wasser getränktes Tuch dicht anschließend um den Kolben legen und es weiter kalt berieseln, zeigt sich das Sieden nach dem Abnehmen des Tuchs ebenfalls. Das Tuch verhindert im Fall einer Implosion das Herumfliegen von Glassplittern. [10; 17]

Bemerkung
Die Siedetemperatur hängt von dem Druck über der Flüssigkeit ab.

6.9. Das Verdampfen

1. Stehkolben (1 l)
2. doppelt durchbohrter Gummistopfen
3. Trichterrohr mit Hahn
4. rechtwinklig gebogenes Glasrohr
5. U-Rohr mit Wasser
6. Schlauchstück
7. Aceton
8. Stativmaterial

Wir stecken ein Trichterrohr mit Hahn und ein gebogenes Glasrohr durch einen Gummistopfen und setzen diesen auf einen Stehkolben. An das Glasrohr schließen wir ein mit Wasser halbhoch gefülltes U-Rohr als Manometer an, das wir an ein Stativ anklemmen. Ein fertiges Manometer ist noch besser.
In den Trichter geben wir bei geschlossenem Hahn eine kleine Menge Aceton. Mit einer Umdrehung des Hahns lassen wir einen Tropfen Aceton in die Flasche fallen. Das Aceton verdampft sofort. Der entstehende Dampfdruck wird von dem Manometer angezeigt. Er ist so groß, daß bei den meisten Versuchen das Wasser aus dem U-Rohr herausgespritzt wird.
Der Versuch gelingt noch eindrucksvoller mit Äther. Dabei sind die üblichen Vorsichtsmaßnahmen zu beachten. [10]

Bemerkung
Verdampft eine Flüssigkeit in einem lufterfüllten Raum, entsteht ein Dampfdruck.

6.10. Das Leidenfrostsche Phänomen

1. Heizplatte
2. Wassertropfen

Wir schalten eine Heizplatte ein und lassen sie sehr heiß werden. Nun tropfen wir (am besten aus einer Pipette) einige Tropfen Wasser auf die Platte. Ist sie noch nicht sehr heiß, verdampft das Wasser sofort unter Zischen. Bei steigender Temperatur der Platte tritt bei etwa 170 °C der Fall ein, daß die Tropfen Kugelformen annehmen und in Bewegung geraten. Sie laufen unter Zischen und Spritzen umher. Unter ihnen bildet sich eine dünne, nur Bruchteile von 1 mm dicke Schicht von Wasserdampf. Sie leitet die Wärme sehr schlecht und schützt die restlichen Tropfen vor dem Verdampfen. Je höher die Temperatur der Platte wird, desto ruhiger bleiben die Tropfen. Bei über 270 °C ist die Spannkraft der Dampfschicht größer als die Gewichtskraft der Tropfen und der atmosphärische Druck.
Bei dem Versuch mit Wassertropfen sind verhältnismäßig hohe Temperaturen der Heizplatte erforderlich. Wir können mit wesentlich niedrigeren Temperaturen auskommen, wenn wir statt Wasser andere Flüssigkeiten verwenden. Zu empfehlen sind Methylalkohol, dann auch Tetrachlorkohlenstoff, Chloroform.
Der Versuch wurde 1756 von Johann Gottlob Leidenfrost (1715 bis 1794) in seiner Dissertation angegeben und untersucht. [10]

Bemerkung

Wasserdampf ist ein schlechter Wärmeleiter.

6.11. Das Verdunsten

Versuch 1

1. Hornschalenwaage
2. 2 gleiche Uhrgläser
3. Wasser
4. Aceton (oder Äther)

Wir tarieren auf einer Hornschalenwaage zwei Uhrgläser aus. In das eine geben wir als erstes ein wenig Wasser, in das andere Äther. Die Seite mit dem Äther kann ruhig etwas schwerer sein, was leicht zu erreichen ist und den Versuch eindrucksvoller macht. Denn diese Waagschale steigt nach wenigen Minuten hoch, weil der Äther viel schneller verdunstet als das Wasser.

Versuch 2

1. Uhrglas
2. Äther

Wir geben Äther in ein Uhrglas. Damit die Verdunstung beschleunigt wird, blasen wir vorsichtig über den Äther. Nach seinem restlosen Verdunsten bleibt der geringe Wassergehalt des Äthers als Eis zurück. Beim Verdunsten entsteht Verdunstungskälte. Der Versuch wird am besten unter einem Abzug ausgeführt.

Versuch 3

1. 2 Uhrgläser
2. Wasser
3. Äther

Wir geben einen dicken Tropfen Wasser auf ein Uhrglas und legen ein zweites gleichgroßes darauf. In das obere Uhrglas geben wir ein wenig Äther, den wir durch Blasen zu schnellem Verdunsten bringen. Infolge der Verdunstungskälte frieren die beiden Uhrgläser zusammen.

Versuch 4

Äther (oder Aceton)

Wir tropfen Äther oder eine andere gut verdunstende Flüssigkeit auf den Handrücken. Bei dem Verdunsten der Flüssigkeit empfinden wir die auftretende Verdunstungskälte.

Versuch 5

1. 1 weites Reagenzglas
2. 1 engeres Reagenzglas
3. zweimal durchbohrter Stopfen
4. 1 gerades Glasrohr
5. 1 gebogenes Glasrohr
6. Äther
7. Wasser
8. Schlauchanschluß zum Gashahn
9. Feuerzeug

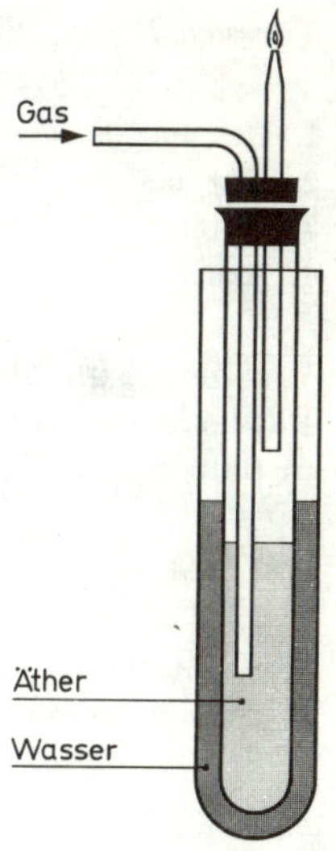

Abb. 6.11./1
Versuch zum schnellen Verdunsten

Wir füllen etwas Wasser in ein weites Reagenzglas und stecken ein engeres hinein, so daß der Zwischenraum zwischen den beiden Gläsern mit Wasser zur Hälfte gefüllt ist (Abb. 6.11./1). In das innere Reagenzglas füllen wir zur Hälfte Äther ein und verschließen es mit einem Stopfen, durch den wir ein gerades und ein gebogenes Glasrohr stecken. Das eine, das in den Äther eintaucht, schließen wir an die Leuchtgasleitung an. Das andere dient zur Ableitung des entstehenden Äther-Luft-Gemischs.
Nach dem vorsichtigen Öffnen des Gashahns machen wir an dem geraden Glasrohr die Knallgasprobe und zünden dann das entweichende Gas an. Die Verdunstungskälte des verdunstenden Äthers läßt den Wassermantel gefrieren.

Wir können statt Leuchtgas auch mit einem Gebläse Luft durch das Reagenzglas blasen. Jedoch ist der Überraschungseffekt erheblich größer, wenn unten Eis entsteht, während oben eine heiße Flamme brennt.
Der Versuch gelingt um so besser, je reiner der Äther ist. Wir können den Versuch auch in der Form ausführen, daß wir in ein Reagenzglas unten 1/6 Wasser geben und darüber ganz reinen(!) Äther füllen. Den Äther kühlen wir durch durchgeblasene Luft schnell ab. Das Wasser-Äthergemisch erstarrt zu einem Eisbrei.

Versuch 6

1. 2 Papierfilter
2. Wasser

Wir tränken zwei gleichgroße Papierfilter gleichmäßig mit Wasser. Das eine Filter falten wir mehrmals zu einem kleinen Briefchen zusammen, während wir das andere ungefaltet lassen. Beide hängen wir auf. Infolge der größeren freien Oberfläche verdunstet das Wasser auf dem ungefalteten Filter schneller als bei dem anderen. Letzteres bleibt länger feucht.

Versuch 7

1. Reagenzglas
2. Uhrglas
3. Filter
4. Äther

Wir geben gleiche Mengen (1 ml) Äther in ein Reagenzglas und auf ein mit einem Papierfilter bedecktes Uhrglas. Auf diesem ist der Äther schneller verdunstet als in dem engen Reagenzglas, das ihm eine viel kleinere freie Oberfläche bietet.

Versuch 8

1. 2 Uhrgläser
2. 2 Bechergläser
3. Wasser
4. Filter (oder Glasplatte, Zündholzschachtel, Tropfenpipette)

Wir stellen zwei Uhrgläser nebeneinander an einer warmen Stelle auf. Auf jedes decken wir ein Filterpapier und geben die gleiche Menge Wasser darauf. Dann stülpen wir über das eine Uhrglas ein trockenes Becherglas, über das andere Uhrglas ein Becherglas, das wir zuvor mit Wasser ausgespült haben. Das Wasser unter dem trockenen Glas verdunstet zuerst.
Wir tropfen nebeneinander auf eine Glasplatte 2 Wassertropfen. Über den einen Tropfen decken wir eine Zündholzschachtel, der andere bleibt frei in der Luft liegen. Er verdunstet. Sobald er ganz verschwunden ist, heben wir die Zündholzschachtel auf. Der Tropfen darunter ist noch nicht voll verdunstet, ja fast unverändert.

Versuch 9

1. 2 Papierfilter
2. Wasser
3. Becherglas mit Abdeckung

Wir feuchten zwei gleiche Papierfilter gleichmäßig mit Wasser an. Das eine hängen wir frei auf, das andere legen wir in ein Becherglas, das wir zudecken. Das freie Filter trocknet bald aus. Das Filter im Glas bleibt feucht.
Vorsicht! Die meisten der angeführten Versuche gelingen am besten mit Äther. Die Vorratsflasche mit dem Äther ist stets vom Experimentiertisch zu entfernen. Personen, die durch das Einatmen von Ätherdampf Beschwerden (Übelkeit) bekommen, sollten den Raum vor dem Versuch verlassen. Durch kräftiges Lüften muß Ätherdampf sofort aus dem Raum entfernt werden. Es sollte auch immer versucht werden, den Äther bei den Versuchen durch Aceton zu ersetzen. [10; 17]

Bemerkungen

1. Flüssigkeiten gehen durch Verdunsten in Dampfform über.
2. Die Geschwindigkeit des Verdunstens hängt von der freien Oberfläche der Flüssigkeit ab und nimmt mit steigender Temperatur zu.
3. Die Geschwindigkeit des Verdunstens ist um so kleiner, je mehr der umgebende Raum schon mit Dampf erfüllt ist.

6.12. Die Verdunstungskälte

1. Thermometer
2. Watte
3. Bindfaden
4. Kölnisch Wasser (Aceton, Äther)

Wir binden einen Wattebausch mit einem dünnen Faden oder Gummiring um die Kugel eines Thermometers. Wir lesen die angezeigte Temperatur ab. Die Watte befeuchten wir gut mit Kölnisch Wasser. Nach einiger Zeit sinkt die Quecksilbersäule. Durch Anblasen und Schwenken des Thermometers beschleunigen wir das Verdunsten. Jetzt sinkt die Quecksilbersäule erheblich, weil das Kölnisch Wasser zum Verdunsten Wärme verbraucht, die es der Umgebung, d. h. hauptsächlich dem Thermometer, entnimmt.
Kölnisch Wasser empfiehlt sich für den Versuch mehr als der oft übliche Äther oder Aceton, dessen unangenehmer Geruch bei vielen Personen Übelkeit hervorruft.

Bemerkung

Zum Verdunsten wird Wärme verbraucht.

6.13. Der Taupunkt

1. Blechdose mit Wasser
2. Zeitungspapier
3. Eiswürfel
4. Thermometer

Wir verwenden eine Blechdose, die außen trocken und metallisch hell glänzend ist. Auf bedrucktes Papier gestellt, können wir die gespiegelten Druckbuchstaben gut erkennen. Wir füllen die Dose zu drei Vierteln mit Wasser und rühren mit einem Thermometer um. Nach und nach werfen wir Eisstücke in das Wasser. Während des Schmelzens rühren wir dauernd um.
Nach einiger Zeit beschlägt die Außenwand der Dose. Es bildet sich Tau, was wir am Verschwinden des gespiegelten Drucks bemerken. In diesem Augenblick lesen wir die Temperatur am Thermometer ab. Sie gibt den Taupunkt an.
Die die Dose umgebende Luft ist dann hinreichend abgekühlt. Die in der Luft enthaltene Feuchtigkeit erreicht 100% und schlägt sich als Tau auf dem Blech nieder. [41]

Bemerkung

Der Taupunkt ist die tiefste Temperatur, bei der der in der Luft enthaltene Wasserdampf gerade noch die Gasform behält.

6.14. Die Wichte von Wasser beim Erwärmen

Versuch 1

1. Aräometer
2. Becherglas mit Wasser
3. Dreifuß mit Drahtnetz
4. Bunsenbrenner
5. Feuerzeug

Wir stellen ein mit Wasser von Zimmertemperatur gefülltes Becherglas auf einen Dreifuß mit Drahtnetz. In das Wasser senken wir ein Aräometer ein und lesen die Eintauchtiefe an der Skala ab. Nun zünden wir unter dem Dreifuß einen Bunsenbrenner an. Das Wasser erwärmt sich, und wir beobachten, wie das Aräometer mit wachsender Temperatur des Wassers tiefer einsinkt. Der offenbar geringer werdende Auftrieb ist eine Folge der mit der steigenden Temperatur absinkenden Wichte des Wassers.

Versuch 2

Christbaumkugel statt Aräometer von Versuch 1

Wir können den Versuch 1 auch mit kleinen Glaskugeln (Christbaumkugeln) ausführen, die im wärmer werdenden Wasser immer tiefer einsinken.

Versuch 3

1. Reagenzglas
2. Bleischrot statt Aräometer von Versuch 1

Wir können den Versuch 1 entsprechend ausführen mit einem Reagenzglas, das wir mit Bleischrot so weit belasten, daß es zu 2/3 seiner Länge in Wasser schwimmt. Die Eintauchtiefe markieren wir mit einem umgelegten Gummiring. [30]

Bemerkung

Die Wichte des Wassers hängt von seiner Temperatur ab.

6.15. Die Reflexion von Wärmestrahlen

1. Heizsonne
2. großer Schirm
3. Aluminiumfolie
4. Thermometer

Wir bekleben einen großen Pappschirm mit glatter Aluminiumfolie. Dann schalten wir eine Heizsonne ein und stellen ein Thermometer an einem Stativ so auf, daß es nicht von den von der Heizsonne abgestrahlten Wärmestrahlen getroffen werden kann. Es zeigt dann die Zimmertemperatur an. Nun halten wir den Schirm schräg vor die Heizsonne. Bei einer bestimmten Stellung beginnt die Temperatur zu steigen. Die blanke Metallfolie reflektiert die Wärmestrahlen zum Thermometer hin. Dies spüren wir auch deutlich, wenn wir unsere Hand an die Stelle des Thermometers halten. [50]

Bemerkung

Wärmestrahlen können (wie Lichtstrahlen) reflektiert werden.

7. Akustik

7.1. Schwingungen einer Stimmgabel

Versuch 1

1. Schreibstimmgabel
2. berußte Glasscheibe (etwa 30 cm lang)
3. Arbeitsprojektor

Wir berußen eine Glasscheibe gleichmäßig und legen sie auf den Arbeitsprojektor. Dann berühren wir die Scheibe mit der Feder einer Schreibstimmgabel und ziehen diese mit möglichst konstanter Geschwindigkeit über den Ruß hinweg. Auf der Projektionswand erscheint, wenn die Stimmgabel tönt, das Bild einer schwach gedämpften Schwingung.
Der Versuch kann noch verbessert werden. Dazu spannen wir die Stimmgabel in einem Stativ fest ein. Die Glasscheibe ziehen wir längs einer angelegten Leiste unter der Stimmgabel durch. Bleibt sie in Ruhe, ritzt die aufgesetzte Feder eine gerade Linie in den Ruß, die an der Wand erscheint. Schlagen wir die Stimmgabel an und ziehen die Scheibe unter ihr weg, zeichnet die Feder die gedämpften Schwingungen des entstandenen Tons so auf, daß sie die Gerade in gleichen Abständen schneidet. Die Feinheiten der Schwingungen werden so deutlicher.
Das Berußen des Glases kann vorsichtig mit einer rußenden untergehaltenen Kerzenflamme erfolgen. Schneller geht es, wenn wir (im Freien) einen mit Terpentin getränkten und mit einer Zange gehaltenen Wattebausch entzünden und unter das Glas halten. Es ist auch möglich, das Glas leicht einzufetten und dann mit Mehl zu bestäuben.

Versuch 2

1. Stimmgabel (440 Hz) mit Hammer
2. Becherglas mit Wasser

Wir füllen ein Becherglas mit Wasser. Dann schlagen wir mit dem Hammer eine Stimmgabel kräftig an und tauchen die Spitzen ihrer Zinken schnell in das Wasser, so daß sie gerade in die Oberfläche des Wassers eintauchen. Es spritzt unter den schnellen Schwingungen der Zinken auf. [50]

Bemerkungen

1. Die Zinken einer tönenden Stimmgabel sind in Bewegung.
2. Der Zinken einer Stimmgabel führt gedämpfte Schwingungen aus.

7.2. Die Interferenz der Stimmgabelschallwellen

Stimmgabel (2000 Hz)

Wir schlagen eine Stimmgabel kräftig (z. B. an einer Tischkante) an und halten sie senkrecht hoch. Die tönende Stimmgabel drehen wir langsam um ihre Achse. Der Ton wird bei einer vollen Umdrehung viermal leiser und wieder lauter.

Bemerkungen

1. Weil die Zinken der Stimmgabel abwechselnd aufeinander zu und voneinander wegschwingen, breiten sich zwischen den Zinken Schallwellen aus, die gegen die, welche außen vor den Zinken entstehen, eine Differenz der Wellenlängen um $\lambda/2$ haben. Durch die Interferenz dieser phasenverschiedenen Wellen entstehen die Schwankungen der Lautstärke. [19]
2. Eine tönende Stimmgabel sendet interferierende Schallwellen aus.

7.3. Die tönenden Blattfedern

Versuch 1

1. Blattfeder
2. Klemmvorrichtung

Wir verwenden für den Versuch z. B. ein Sägeblatt, ein gerade gebogenes Stück einer Weckerfeder, eventuell auch ein Lineal, eine Holzleiste. Eine solche Feder klemmen wir senkrecht am Tischrand fest, etwa in einer Tischklemme, am besten in einem Schraubstock. Notfalls pressen wir die Feder, waagerecht über den Tischrand überstehend, mit dem Daumen fest.
Zuerst lassen wir ein recht langes Stück der Feder frei stehen. An dem freien Ende zupfen wir sie an. Die Feder von der Länge l schwingt hin und her. Dabei ist $l = \lambda/4$. Unser Auge sieht die sich bewegende Feder, unser Ohr vernimmt noch keinen Ton. Nun verkürzen wir die Feder mehr und mehr. Die Schwingungen werden schneller. Von einer bestimmten Frequenz der Schwingungen an vernehmen wir einen tiefen Ton. Er wird um so höher, je kürzer die schwingende Feder wird.
Haben wir Federn aus verschiedenen Materialien, so stellen wir fest, daß die Tonhöhe außer von der Länge des frei schwingende Teils auch noch von ihrem Material und ihrem Querschnitt abhängt.
Wir zupfen eine Feder, die tönen kann, zunächst nur wenig an. Der entstehende Ton ist leise. Je kräftiger wir zupfen und so immer größere Amplituden der Schwingungen erzeugen, um so mehr wächst die Lautstärke des Tons an.

Versuch 2

1. mehrere Blattfedern
2. Schraubstock
3. Blechschere

Wir klemmen nebeneinander mehrere Blattfedern, z. B. Stücke einer gerade gebogenen Weckerfeder, in einem Schraubstock fest. Wir zupfen sie an und hören mehrere Töne. Mit einer Blechschere schneiden wir kleine Stücke von den Federn ab, bis wir eine harmonische Tonfolge hören. Derartige Federn werden in Spieldosen zum Spielen von Melodien benutzt. [7]

Bemerkungen

1. Unser Ohr kann Töne erst von einer bestimmten Frequenz an hören.
2. Die Frequenz einer schwingenden Blattfeder hängt ab von ihrer Länge, ihrem Material und ihrem Querschnitt.
3. Die Lautstärke des Tons einer Blattfeder hängt von der Amplitude ihrer Schwingungen ab.

7.4. Die tönenden Stäbe

Versuch 1

1. Stativ
2. Hammer

Wir halten ein aus einem Stativfuß und einem langen Stativstab zusammengesetztes Stativ am Fuß in der linken Hand. Auf das obere freie Ende des Stabs schlagen wir mit einem Hammer in Stabrichtung. Wir hören einen schrillen, quietschenden, hohen Ton nahe an der oberen Hörbarkeitsgrenze. Der Stab gerät in Längsschwingungen. Sie sind stark gedämpft, so daß die Lautstärke schnell abnimmt.

Versuch 2

1. Glasstab
2. feuchtes Fensterleder (oder 2 Korken)
3. Spiritus

Wir halten in der linken Hand einen längeren Glasstab und ziehen mit der rechten Hand ein leicht mit Wasser oder Spiritus angefeuchtetes Leder reibend über die Länge des Stabes. Dabei pressen wir das Leder fest an (Vorsicht! Der Stab kann brechen.) Es entsteht ein quietschender, unangenehm hoher Ton infolge der Längsschwingungen des Stabs. Dieser Ton wird z. B. zum Erzeugen der Kundtschen Staubfiguren benutzt.
Statt des Leders können wir auch zwei mit passenden Längsrillen versehene Korken zum Reiben benutzen.

Versuch 3

1. Holzstück (etwa 6 cm × 3 cm × 30 cm)
2. Hammer

Wir fassen das Holzstück an irgendeiner Stelle an, halten es frei in der Luft und schlagen mit einem Hammer auf eine Seitenfläche. Wir hören einen weichen Ton, dessen Lautstärke rasch abnimmt. Dabei ist es gleichgültig, an welcher Stelle wir

das Holz mit dem Hammer treffen. Die Tonhöhe bleibt, nur die Lautstärke ist bei gleicher Schlagkraft verschieden. Das Holzstück gerät in Querschwingungen.
Nun halten wir das Holzstück an einem Ende mit den Fingerspitzen und lassen es senkrecht herunterhängen. Wir können es auch an einem Faden aufhängen. Weil das Holzstück jetzt freier schwingen kann, wird der Ton beim Anschlagen klarer.
Wir schlagen systematisch und mit immer gleicher Stärke mit dem Hammer vom oberen Ende aus abwärts auf das Holzstück. Dann hören wir, daß jeweils 1/4 von den Enden entfernt der Ton besonders schwach ist. An diesen Stellen liegen offenbar Knoten der Schwingungen.

Versuch 4

1. mehrere Holzstäbe
2. Fäden
3. Hammer
4. Säge
5. Stative

Wir hängen mehrere Holzstäbe gleichen Querschnitts, aber mit verschiedenen Längen, an Fäden nebeneinander auf. Schlagen wir sie nacheinander mit einem Hammer an, hören wir Töne verschiedener Tonhöhen. Durch Absägen und Abraspeln ist es uns möglich, die Längen so abzugleichen, daß beim Anschlagen die Töne einer Tonleiter erklingen. Wir haben ein Xylophon hergestellt, auf dem wir eine kleine Melodie spielen können. [7]

Bemerkungen

1. Stäbe aus Metall und Holz können in Längs- oder Querschwingungen mit solchen Frequenzen versetzt werden, daß Töne hörbar werden.
2. Die Töne längsschwingender Stäbe sind höher als die querschwingender Stäbe.

7.5. Die Pokalschwingungen

1. Pokal (oder großer Glastrichter)
2. Schlauch mit Quetschhahn
3. Geigenbogen
4. Pendelchen
5. Stativ
6. Spiritus

Eigentlich benötigen wir für den Versuch einen Pokal mit recht großer Öffnung. Es ist auch möglich, einen großen Glastrichter zu nehmen. Wir klemmen ihn an seinem Auslaufrohr an einem Stativ fest. An das Rohr stecken wir einen Schlauch, den wir mit einem Quetschhahn verschließen.
Wir streichen mit einem Geigenbogen über den Rand des Trichters, bis ein kräftiger Ton zu hören ist. Dann führen wir mit der Hand ein an einem Zwirnsfaden hängendes kleines Kügelchen rund um den Umfang des Trichterrands. An einigen Stellen wird es vom Trichter abgestoßen, an anderen Stellen bleibt es in Ruhe. Der Trichter ist in Schwingungen geraten. Das Pendelchen zeigt die Knoten und Bäuche der Schwingungen an. Die Kreisform des Randes verformt sich und geht an den Bäuchen in ein Oval über.
Wir streichen mit dem Geigenbogen über den Trichterrand, legen aber im Abstand von 45° von dieser Stelle einen Finger auf dem Rand. Dann hören wir den Grundton, der zu betreffenden Schwingungen gehört, die der Trichter ausführen kann.

Der Finger hält eine Knotenstelle fest. Bei einem Abstand von 33° erklingt der Ton der ersten Oberschwingung, bei 22,5° der Ton der zweiten Oberschwingung. Wir füllen den Trichter zum größten Teil mit Spiritus und wiederholen den Versuch. Sobald wir einen Ton hören, sehen wir auf der Oberfläche der Flüssigkeit Kräuselwellen. Sie bilden sich nur an der Oberfläche aus, d. h., es schwingt im wesentlichen nur der Teil des Trichters, der über die Flüssigkeit hinausragt. Um die Wellen deutlicher beobachten zu können, stäuben wir auf die Oberfläche leicht etwas Mehl auf.
Es ist möglich, statt des Spiritus Wasser zu verwenden. Bei gleicher Höhe der eingefüllten Flüssigkeiten entsteht die gleiche Tonhöhe. Die Art der Flüssigkeit hat also keinen Einfluß auf die Schwingungen des Trichters selbst. Allerdings ist bei Wasser das Kräuseln der Oberfläche weniger deutlich. [7]

Bemerkungen

1. Der obere Rand eines Pokals schwingt aus der Kreisform zu ovalen Formen.
2. Außer in der Grundschwingung schwingt ein Pokal auch mit Oberschwingungen.
3. Ein schwingender Pokal erzeugt auf einer eingefüllten Flüssigkeit Oberflächenwellen.

7.6. Die offenen und gedackten Pfeifen

Papp- und Glasröhren verschiedener Längen

Wir fassen ein beiderseits offenes Rohr von etwa einem halben Meter Länge und nicht zu enger Weite mit der linken Hand, halten es lotrecht und schlagen mit der flachen rechten Hand auf die obere Öffnung des Rohrs. Dabei soll der Handteller die Öffnung bedecken. Der Schlag muß aber federnd ausgeführt werden, d. h., nach dem Aufprall der Hand auf das Rohr wird die Hand sofort wieder hochgenommen und die Öffnung frei gegeben. Wir hören einen Ton. Es handelt sich um den Grundton, den das Rohr als offene Pfeife erzeugt. Die Luftsäule darin schwingt als halbe Wellenlänge des betreffenden Tons.
Wir wiederholen den Versuch mit dem beiderseits offenen Rohr, lassen aber die auftreffende Hand nach dem Aufschlag auf die Öffnung des Rohrs liegen. Es wird abgedeckt. Mit dieser Abdeckung stellt es jetzt eine gedackte Pfeife dar. Die Luftsäule schwingt als Viertelwellenlänge des betreffenden Tons. Er ist um eine Oktave niedriger als der bei dem Versuch mit der offenen Pfeife. Das Absinken der Tonhöhe ist besonders deutlich festzustellen, wenn wir mehrmals abwechselnd einmal „federnd“ und einmal „abdeckend“ schlagen.
Wir verwenden Röhren verschiedener Längen. Damit erhalten wir Grundtöne mit verschiedenen Tonhöhen. [37]

Bemerkungen

1. Die schwingende Luftsäule in einer Pfeife ist als Ton hörbar.
2. Die Tonhöhen der Grundtöne einer offenen und einer gedackten Pfeife gleicher Längen unterscheiden sich um eine Oktave.
3. Die Höhe des Grundtons einer Pfeife hängt von ihrer Länge ab.

7.7. Die Tonhöhe offener Pfeifen

1. 8 Reagenzgläser
2. Reagenzglasständer
3. Glasrohr
4. Wasser

Wir stellen 8 Reagenzgläser in ein passendes Gestell. Das erste Glas lassen wir leer, das achte füllen wir zur Hälfte mit Wasser. In die Gläser 2 bis 7 geben wir so viel Wasser, daß die Obergrenzen der Wassersäulen (von 1 bis 8 ansteigend) in einer geraden Linie liegen.
Nun blasen wir mit einem Rohr über die Öffnung der Gläser hinweg. Es entstehen Töne, deren Tonhöhen vom ersten zum achten Glas hin ansteigen. Die Töne des ersten und des achten Glases stehen im Verhältnis einer Oktave. Wir können die Höhen der Wasserfüllungen so einstellen, daß beim Blasen insgesamt eine Tonleiter zu hören ist. [19]

Bemerkung

Die Tonhöhe einer Pfeife hängt von der Länge der schwingenden Luftsäule ab.

7.8. Die Ausbreitung des Schalls durch die Luft

Versuch 1

1. 2 Tamburine
2. Klöppel
3. großer Stativfuß
4. Stativstange (100 cm)
5. Muffe
6. Klemme mit Haken
7. leichtes Pendel

Wir befestigen das eine Tamburin am Stativ, so daß seine Membran senkrecht steht. Ein leichtes Pendel, z. B. eine kleine Glasperle oder ein Holz- oder Korkkügelchen an einem Faden, hängen wir über dem Tamburin am Stativ auf. Der Pendelkörper soll die Membran des Tamburins gerade leicht von vorn berühren.
Das zweite Tamburin, das als Schallquelle dient, halten wir mit der Hand in gleicher Höhe in etwa 50 cm Abstand hinter das erste und schlagen kräftig mit dem Klöppel darauf. Das Pendel am anderen Tamburin springt von ihm ab.

Versuch 2

1. lange Pappröhre
2. Zellophan oder Pergamentpapier
3. Klöppel
4. leichtes Pendel
5. Stativfuß
6. Stativstange (50 cm)
7. Muffe
8. Röhrenhalter

Die beiden Öffnungen einer Pappröhre, wie sie z. B. zum Aufbewahren oder Versand von Zeichnungen oder Bildern benutzt wird, überkleben wir mit feuchtem Zellophan und lassen es antrocknen. An die eine Membran hängen wir eine leichte Pendelkugel berührend an. Wenn wir auf die andere Membran mit einem Klöppel anschlagen, fliegt das Pendel weg.

Versuch 3

1. großer Stativfuß
2. Stativstange (500 cm)
3. Muffe
4. Klemme
5. weites, langes Glasrohr
6. Zellophan
7. Gummiring
8. Stimmgabel (440 Hz) auf Resonanzkasten
9. Klöppel
10. Korkstückchen

Wir spannen feuchtes Zellophan über die beiden Öffnungen eines weiten, langen Glasrohrs. Das Zellophan halten wir mit übergestreiften Gummiringen fest und lassen es antrocknen. Danach befestigen wir das Rohr senkrecht an einem Stativ. Auf die obere Membran legen wir kleine Korkstückchen. Dicht unter die untere Membran halten wir die Stimmgabel und schlagen sie kräftig an. Die Membran gerät in Schwingungen, und die obere Membran zeigt durch das Hüpfen der Korkteilchen an, daß auch sie in Schwingungen gerät.

Versuch 4

1. 2 Stimmgabeln (440 Hz) auf Resonanzkästen
2. Klöppel

Wir stellen die beiden Stimmgabeln einander gegenüber in großem Abstand auf, z. B. an den Enden eines längeren Experimentiertisches. Die Öffnungen der Resonanzkästen sind sich zugewandt. Wir schlagen eine der beiden Stimmgabeln mit dem Klöppel kräftig an. Die andere beginnt mitzuschwingen und zu tönen. Dies wird besonders deutlich, wenn wir die erste angeschlagene Stimmgabel mit der Hand anfassen und so dämpfen, daß sie nicht mehr tönt. Dann ist der Ton der zweiten Stimmgabel gut zu hören. Wir geben die erste Stimmgabel wieder frei. Sie nimmt den Ton der zweiten Stimmgabel nochmals auf. So können wir den Ton hin- und herwandern lassen. Die Lautstärke nimmt naturgemäß dabei ab. Der Versuch gelingt nur gut, wenn beide Stimmgabeln in Resonanz schwingen. Geringfügiges Verstimmen einer Stimmgabel durch Anbringen einer kleinen Zusatzmasse an einem Zinken verhindert die Übertragung des Tons. [7; 26]

Bemerkungen

1. Die Luft leitet den Druckstoß des Schalls weiter.
2. Ein Ton wandert durch die Verdichtungen und Verdünnungen der Luft weiter.
3. Bei der kurzen Entfernung der Experimente ist für die Ausbreitung des Schalls keine merkbare Zeit festzustellen. Der Druckstoß pflanzt sich schnell fort.

7.9. Die Ausbreitungsgeschwindigkeit des Schalls

Versuch 1

1. Gong (oder Hammer und Brett bzw. Blech)
2. 20 m bis 30 m entfernte Wand oder langer Flur

Wir stellen uns in 20 m bis 30 m Abstand vor einer Hauswand auf und schlagen auf einen Gong oder mit einem Hammer auf ein Brett oder ein Blech. Es entsteht ein Knall. Der von diesem Signal ausgehende Schall wird von der Wand zurückgeworfen. Wir hören das reflektierte Schallsignal deutlich später als den selbsterzeugten Knall. Der Versuch kann auch in einem langen Flur ausgeführt werden. Eine Messung der Ausbreitungsgeschwindigkeit des Schalls ist mit diesem Versuch nicht möglich.

Versuch 2

1. Hammer und Brett oder Blech
2. Stoppuhr
3. 200 m gerade Straße

Wir lassen das Schallsignal von einer zweiten Person erzeugen, die mindesten 200 m von uns entfernt steht. Wir messen mit der Stoppuhr die Zeit t, die vergeht von der visuell beobachteten Bewegung des Hammerschlags bis zum Eintreffen des Schalls an unser Ohr. Der Versuch läßt sich leicht bei einer Wanderung auf einer geraden Straße ausführen. Die Strecke s ist mit Hilfe der am Straßenrand in 50 m Abstand aufgestellten Baken zu ermitteln. Die Ausbreitungsgeschwindigkeit c des Schalls ist aus der Gleichung $c = s/t$ zu berechnen. Der erhaltene Wert für c befriedigt allerdings wenig, weil sowohl die Strecke s als auch die Zeit t nur ungenau gemessen werden können.

Versuch 3

1. Hammer und Brett bzw. Blech (oder Gong)
2. 20 m bis 30 m entfernte Wand
3. Metronom
4. Stoppuhr
5. Maßband

Einen gut brauchbaren Wert für die Ausbreitungsgeschwindigkeit des Schalls erhalten wir, wenn wir den Versuch vor einer etwa 20 m bis 30 m entfernten Wand ausführen, die den Schall reflektiert, den wir mit dem Schlag auf ein Brett oder ein Blech oder mit dem Gong erzeugen. Neben uns stellen wir ein Metronom auf, das in Abständen von einer Sekunde tickt. Dann erzeugen wir das Schallsignal gerade mit einem Sekundenschlag des Metronoms. Wir gehen langsam von der Wand zurück, bis wir das Echo des Signals mit dem nächsten erzeugten Signal zusammenfallen hören. Die Zeit, die der Schall dann auf dem Weg zur Wand und zurück braucht, ist dann $t = 1$ s. Der Abstand s zur Wand läßt sich mit dem Maßband messen. $c = s/t$.

Versuch 4

1. offene Pfeife
2. Schlauch
3. Leuchtgas

Wir legen eine offene Pfeife auf den Tisch oder halten sie horizontal. Zuerst blasen wir sie mit Luft, dann mit Leuchtgas an. Je mehr das Gas die Luft verdrängt, um so mehr steigt die Tonhöhe. Die Wellenlänge λ in der Pfeife bleibt konstant. Also müssen sich die Frequenz ν der Schwingungen und nach der Gleichung $c = \lambda \cdot \nu$ auch die Ausbreitungsgeschwindigkeit des Schalls erhöht haben.

Versuch 5

1. gedackte Pfeife
2. Schlauch
3. Kohlendioxidgas

Wir halten die Pfeife mit dem Deckel nach unten, blasen sie mit Luft an und merken uns die Tonhöhe. Dann leiten wir von unten her langsam Kohlendioxidgas in die Pfeife ein. Gleichzeitig blasen wir sie von oben her mit schwachem Luftstrom an. Der Ton wird immer tiefer, d. h., die Frequenz ν der Schwingungen kleiner und bei gleichbleibender Wellenlänge λ die Ausbreitungsgeschwindigkeit des Schalls ebenfalls kleiner.
Füllen wir die Pfeife mit Leuchtgas steigt die Tonhöhe, Frequenz und Ausbreitungsgeschwindigkeit werden größer. [7; 19; 26]

Bemerkungen

1. Der Schall braucht für seine Ausbreitung Zeit.
2. Mit Hilfe der Reflexion des Schalls kann seine Ausbreitungsgeschwindigkeit gemessen werden.
3. Die Ausbreitungsgeschwindigkeit des Schalls ist in Leuchtgas größer, in Kohlendioxidgas kleiner als in Luft.

7.10. Das Schallfeld

einige beobachtende Personen

Wir stellen einige Helfer in verschiedenen Entfernungen von uns auf. Dann sprechen wir dauernd monoton mit gleichbleibender Lautstärke. Wir fordern die Zuhörer auf, dieselben Bewegungen an den Ohren auszuführen, die wir vormachen. Wir drücken mit ausgestreckten Zeigefingern rechts und links senkrecht auf unsere Ohrmuscheln und pressen sie damit an den Kopf. Unsere Helfer hören die Lautstärke schwächer. Wir drehen mit den Zeigefingern die Ohrmuscheln nach außen, so daß sie vom Kopf abstehen. Die gehörte Lautstärke nimmt zu. Wir halten die Hände in Muschelform hinter die Ohren. Die Zuhörer, die diese Haltung der Hände nachmachen, vernehmen erhöhte Lautstärke.
Schließlich halten wir (aber nicht die Zuhörer) die hohlen Hände wie einen Trichter vor den Mund. Auch so wächst die von den Hörern festgestellte Lautstärke.
Das Ergebnis dieser Versuche beruht nicht auf der Reflexion des Schalls allein, denn für eine Reflexion muß die Breite der reflektierenden Wand ein Vielfaches der Wellenlänge des Schalls sein. Dies ist bei unseren Versuchen nicht der Fall. Hierbei wird die Schalldichte durch Begrenzung bzw. Verengung des Schallfelds erreicht. [7]

Bemerkung

Die Schalldichte kann durch passende Veränderung des Schallfelds erhöht werden.

7.11. Die Schalleitung

Versuch 1

1. verschiedene Materialien
2. Stimmgabel auf Resonanzkasten

Wir untersuchen zunächst feste Körper auf ihre Fähigkeit, den Schall zu leiten. Es genügen kleine Stücke etwa in der Größe eines Würfelzuckers. Wir legen Metall, Glas, Porzellan, Stein, Holz auf den Resonanzkasten einer Stimmgabel und stellen diese nach dem Anschlagen auf die Probestücke. Je stärker die abgestrahlte Lautstärke ist, um so besser ist die Leitung des Schalls.
Nun verwenden wir Kork, Filz, Radiergummi, Schaumgummi, mehrere Lagen Wollstoff und wiederholen den Versuch. Pulverförmige Stoffe, wie Sand, Asche, Sägemehl, packen wir fest in Kunststoffsäckchen, die wir zukleben. Diese Stoffe sind schlechte Schalleiter. Sie werden als Schallisolatoren verwendet.
Als Beispiel für Flüssigkeiten nehmen wir Wasser in einem Becherglas. Wir tauchen den Stiel der angeschlagenen Stimmgabel hinein. Das Wasser leitet den Schall gut.
Auch unsere Knochen leiten den Schall gut. Um dies zu zeigen, schlagen wir eine Stimmgabel an, warten, bis wir den Ton kaum noch hören, und halten dann den Stiel der Gabel an oder zwischen unsere Zähne. Wir hören sofort den Ton laut.

Versuch 2

1. Holzleiste (2 m bis 3 m lang)
2. Kork
3. Messer

Wir schneiden einen Kork so zu, daß er in eine unserer Ohrmuscheln paßt. Den Kork stecken wir auf das Ende einer langen Leiste, am besten aus Tannenholz, und pressen den Kork an unser Ohr. Das freie Ende der Leiste halten wir auf eine Taschenuhr oder auf eine Tischplatte, auf der wir eine Blattfeder durch Anzupfen zu leisen Tönen anregen, oder auf irgendeine andere leise Schallquelle. Die Leiste leitet den Schall sehr gut.

Versuch 3

1. mehrere Metallgegenstände
2. Schnur

Wir suchen einige Gegenstände aus Metall, z. B. Stativstange, Löffel, Schürhaken, großen Schlüssel, Blechstreifen. Diese binden wir in eine doppelte Schnur. Ihre beiden Enden drücken wir fest an die Öffnungen unserer beiden Ohren. Nun beugen wir uns nach vorn, neigen auch den Kopf so, daß die Gegenstände frei schwingen können. Wir lassen sie leicht gegen einen Stuhl oder ein Tischbein anschlagen. Wir hören laute, aber weich klingende Töne, ähnlich einem Glockengeläut. Der Faden leitet den Schall gut.

Versuch 4

1. Holzstab (2 m bis 3 m lang)
2. Stimmgabel auf Resonanzkasten
3. Gummischnüre
4. Stative

Wir hängen eine lange Leiste mit Gummischnüren an einigen Stativen frei auf. Auf das eine Ende der Leiste stecken wir einen Resonanzkasten ohne Stimmgabel auf. Die zugehörige Stimmgabel schlagen wir an und halten sie auf das andere Ende der Leiste. Sie leitet den Schall gut weiter. Der Resonanzkasten beginnt sofort zu tönen. Dabei ist die Lautstärke so, als stecke die Stimmgabel auf dem Kasten.

Versuch 5

2 Stimmgabeln (1700 Hz)

Wir schlagen eine Stimmgabel an und setzen sie auf das eine Ende des Experimentiertischs. Eine zweite Stimmgabel mit derselben Frequenz, die wir nicht angeschlagen haben, setzen wir auf das andere Ende des Tischs. Sie beginnt ebenfalls zu tönen, was wir dadurch feststellen, daß wir den Ton der ersten Stimmgabel durch Anfassen und Abheben vom Tisch wegnehmen. [7]

Bemerkungen

1. Feste Stoffe sind gute Leiter für den Schall.
2. Leicht verformte Stoffe sind schlechte Leiter für den Schall.
3. Wasser ist ein guter Leiter für den Schall.

7.12. Das Fadentelefon

1. 2 Konservendosen (oder Stücke von Pappröhren)
2. Folie aus Kunststoff
3. etwa 20 m Zwirn
4. dünnes Seil
5. Klebstoff
6. Stopfnadel

Wir schneiden aus zwei mittelgroßen Blechdosen Deckel und Boden heraus. Über die eine Öffnung jeder Dose spannen und kleben wir ein Stück einer dünnen Folie als Membran und befestigen sie noch zusätzlich durch einige Windungen Seil auf der Dosenwand. Pappröhren können wir zwar auch verwenden, sie sind aber weniger stabil. Die Folie kann durch Pergamentpapier ersetzt werden. Durch die Mitte der Membran ziehen wir mit einer Stopfnadel das eine Ende eines sehr langen Fadens (Zwirn). Auf der Innenseite der Membran müssen wir den Faden zu einem dicken Knoten schürzen, damit er nicht durch das kleine Loch nach außen rutschen kann. Er wird auch noch mit einem kräftigen Tropfen Klebstoff über dem Loch angeklebt.
Nachdem wir beide Dosen so hergerichtet haben, nehmen zwei Helfer je eine Dose und spannen den Faden im Freien oder in einem langen Flur leicht an. Der eine Helfer

spricht in seine Dose hinein. Der andere Helfer hält die Öffnung seiner Dose an ein Ohr und hört die gesprochenen Worte über verhältnismäßig große Entfernung sehr deutlich. Wir haben ein Fadentelefon gebaut.

Bemerkung

Schall läßt sich über einen Faden fortpflanzen.

7.13. Die Schallresonanz

Versuch 1

2 Stimmgabeln gleicher Frequenz auf Resonanzkästen

Wir stellen zwei Resonanzkästen mit aufgesteckten Stimmgabeln so auf den Experimentiertisch, daß ihre Öffnungen aufeinanderzuzeigen. Wir schlagen eine der Stimmgabeln kräftig an, halten aber die schwingenden Zinken nach einigen Sekunden mit der Hand fest, so daß die Stimmgabel nicht mehr tönen kann. Trotzdem hören wir den Ton weiter, wenn auch schwächer. Er kommt von der nicht angeschlagenen zweiten Stimmgabel. Weil ihre Eigenfrequenzen gleich sind, tritt Resonanz auf.
Daß Anregungsfrequenz der ersten und Eigenfrequenz der zweiten Stimmgabel übereinstimmen müssen, zeigen wir, indem wir an einer der beiden Stimmgabeln einen Reiter anklemmen oder Klebwachs ankleben. Es tritt dann keine Resonanz auf.
Halten wir im Resonanzfall die Zinken der zweiten in Schwingung geratenen Stimmgabel an, kommt die erste Stimmgabel wieder zum Tönen, wenn ihr Abstand von der zweiten nicht zu groß, d. h., die Kopplung eng genug ist. Es gelingt sogar, die Übertragung der Energie mehrmals zu erhalten. Dazu muß man nach jedem Wechsel des Tons die betreffende Stimmgabel schnell wieder anhalten.
Der Versuch gelingt auch, wenn die zweite Stimmgabel mehrere Meter weit von der ersten entfernt aufgestellt wird, allerdings mit schwächerer Lautstärke. Wir können auch die Resonanzkästen an gegenüber liegenden Zimmerwänden aufstellen, die Öffnungen etwa 8 cm vor den Wänden. Daß die in den Resonanzkästen schwingenden Luftsäulen für die Übertragung des Tons erforderlich sind, zeigen wir, indem wir ein Taschentuch oder Papier in den Kasten stecken. Die zweite Stimmgabel kommt dann nach dem Anschlagen der ersten nicht zum Tönen.

Versuch 2

Stimmgabel (440 Hz)

Wir öffnen den Mund so zu einem runden Loch, als ob wir den Vokal O sagen wollten. Dann schlagen wir eine Stimmgabel an und halten sie vor den Mund. Durch stärkeres und geringeres Wölben und Öffnen der Lippen verändern wir den Raum in der Mundhöhle, bis er wie ein Resonanzkasten wirkt. Die Luft im Mund schwingt dann in Resonanz mit und erhöht die Lautstärke des Tons.

Versuch 3

Klavier

Wir öffnen den Deckel eines Klaviers (Flügels). Dann drücken wir eine einzelne Taste, z. B. für C_1 sehr langsam. Der zugehörige Hammer darf die Saite nicht anschlagen. Die anderen Saiten bleiben gedämpft. Wir dürfen also das rechte Pedal, das Abdämpfungspedal, nicht niederdrücken. Jetzt singen wir den Ton C_1 in das Klavier hinein. Die Klaviersaite gerät in Resonanzschwingungen und tönt weiter.

Versuch 4

2 gleiche Flaschen

Wir halten die Öffnung einer leeren Flasche dicht an unser Ohr. In einiger Entfernung bläst ein Helfer über die Öffnung einer gleichen Flasche, bis dort deutlich ein Ton zu hören ist. Dann hören wir ebenfalls diesen Ton aus unserer Flasche. In ihr entstehen Schallschwingungen der gleichen Frequenz wie in der anderen Flasche. Es tritt Resonanz auf.

Versuch 5

Stimmgabel

Wir schlagen eine Stimmgabel kräftig an. Der Ton klingt langsam ab. Sobald er nicht mehr zu hören ist, halten wir den Stiel der Stimmgabel auf den Knochen hinter einem Ohr. Dann hören wir den Ton wieder. Der Knochen kommt in Resonanzschwingungen mit denen der immer noch mit minimalen Amplituden schwingenden Stimmgabel.

Versuch 6

1. großer Standzylinder
2. Stimmgabel (440 Hz)
3. Glasrohr
4. Wasser

Wir füllen einen großen, weiten Standzylinder halb mit Wasser und tauchen ein ebenfalls weites, beiderseits offenes Glasrohr hinein. Dann schlagen wir eine Stimmgabel an und halten sie über das offene Rohrende. Durch Heben und Senken des Rohrs gelingt es uns, eine deutliche Verstärkung des Tons der Stimmgabel zu erhalten. Es tritt Resonanz ein zwischen ihr und der mitschwingenden Luftsäule im Rohr.
Aus der Gleichung $f = c/\lambda$, der Ausbreitungsgeschwindigkeit $c = 340$ m/s und der Frequenz des Grundtons der Stimmgabel $f = 440\,\frac{1}{\text{s}}$ berechnen wir die Wellenlänge

$$\lambda = \frac{c}{f} = \frac{340\ \text{m} \cdot \text{s}}{440\ \text{s}} = 0{,}77\ \text{m}\,.$$

Dann ist $\lambda/4 = 0{,}193$ m. Die Resonanz tritt für eine Stimmgabel mit der Frequenz $f = 440$ Hz mit einer einseitig geschlossenen Luftsäule der Länge l ein, wenn $l = \lambda/4$. Daher hören wir den verstärkten Ton, wenn die Luftsäule 19,3 cm lang ist.

Versuch 7

1. 2 weite ineinanderpassende Glasrohre
2. Stimmgabel (440 Hz)
3. Stativmaterial

Wir suchen zwei weite Glasrohre, von denen das eine in das andere möglichst dicht hineinpaßt. Das äußere Rohr spannen wir an einem Stativ fest, das engere schieben wir mit der Hand etwa zur Hälfte in das weitere hinein. Dann schlagen wir eine Stimmgabel an und halten sie über das herausragende Rohr. Durch Heben und Senken dieses Rohrs erreichen wir, daß ein verstärkter Ton hörbar wird. Die Schwingungen der Luftsäule im Rohr geraten in Resonanz mit denen der Stimmgabel.
Bei einem beiderseits offenen Rohr tritt Resonanz für den Grundton der Stimmgabel dann ein, wenn die Länge l der Luftsäule gleich der halben Wellenlänge des Tons ist, also $l = \lambda/2$. Dann ist $l = 38{,}6$ cm. [7; 19; 41]

Bemerkungen

1. Eine Luftsäule kann zu Schwingungen angeregt werden, wenn ihre Eigenfrequenz mit der Anregungsfrequenz übereinstimmt, sogenannter Resonanzfall.
2. Ein tönender Körper kann im Resonanzfall einen anderen zum Mittönen anregen.

7.14. Die Bündelung des Schalls durch Hohlspiegel

Versuch 1

1. Hohlspiegel (für Wärmestrahlen) mit Halter
2. große Stativfüße
3. Stativstange (100 cm)
4. 2 Muffen
5. Drehschemel
6. Uhr

Wir stellen den Hohlspiegel auf einem Drehschemel auf. In seinen Brennpunkt hängen wir an einem Stativ eine Uhr. (Die Brennweite des Spiegels beträgt etwa 16 cm.) Wenn wir den Schemel langsam drehen, wird der am Spiegel reflektierte und gebündelte Schall von entfernt verteilt sitzenden Zuhörern laut wahrgenommen.

Versuch 2

1. 1 Paar Hohlspiegel (für Wärmestrahlen) mit Halter
2. 2 große Stativfüße
3. 2 Stativstangen (100 cm)
4. 2 Muffen
5. 2 Stimmgabeln (1700 Hz)

Wir stellen zwei Hohlspiegel mehrere Meter entfernt möglichst genau koaxial auf. Nun halten wir eine angeschlagene Stimmgabel, $\nu = 1700$ Hz, in den Brennpunkt des einen Spiegels, die zweite, nicht angeschlagene Stimmgabel der gleichen Frequenz in den Brennpunkt des zweiten Spiegels. Letztere Stimmgabel nimmt die Schwingungen der ersten auf und beginnt selbst zu tönen. Stimmgabeln mit den Frequenzen 440 Hertz eignen sich für diesen Versuch nicht.

Versuch 3

1. 2 Regenschirme
2. Weckeruhr (oder Stimmgabel 440 Hz)
3. 2 große Stativfüße
4. 2 Stativstangen (100 cm)
5. 2 Muffen

Wir spannen zwei Regenschirme auf und stellen sie in mehreren Metern Abstand, z. B. auf einem langen Flur, mit Hilfe von zwei großen Stativen koaxial auf. Ihre Stöcke zeigen in gleicher Höhe aufeinander zu. Die Schirme dienen als Hohlspiegel. Ihre Brennpunkte finden wir nach der Regel $f = r/2$. Wir versuchen mit einem Maßband den Radius r zu schätzen. Die genaue Stelle des Brennpunkts müssen wir beim Versuch durch Ausprobieren finden.
Halten wir in den Brennpunkt des einen Schirms eine laut tickende Uhr, in den Brennpunkt des anderen Schirms unser Ohr, hören wir das Ticken deutlich. Statt der Uhr können wir auch eine angeschlagene Stimmgabel verwenden. Der Versuch gelingt bis auf 10 m Entfernung. Auch geflüsterte Worte werden so übertragen. Den Empfang können wir eventuell mittels Mikrofon, Verstärker und Lautsprecher einem großen Zuhörerkreis vorführen. [12; 19; 25]

Bemerkungen

1. Schall kann reflektiert werden.
2. Schall läßt sich mit einem Hohlspiegel bündeln (Ähnlichkeit mit dem Licht).

7.15. Die akustische Schwebung

Versuch 1

2 Stimmgabeln (440 Hz) auf Resonanzkästen, eine davon mit Abstimmasse zum Anklemmen

Wir entfernen die Abstimmasse und schlagen beide Stimmgabeln mit dem Hammer kräftig an. Beide erzeugen denselben Ton mit der Frequenz ν_1. Dann klemmen wir an einem Zinken der einen Stimmgabel die kleine Masse an. Ihr Ton ist jetzt etwas tiefer und hat die kleinere Frequenz ν_2. Schlagen wir die beiden so gegeneinander verstimmten Stimmgabeln an, hören wir auch einen Ton, jedoch mit einer periodisch an- und abschwellenden Lautstärke, eine Schwebung.
Die Frequenz dieser Schwebung hängt von der Größe der angeklemmten Masse und von der Stelle ab, an der sie sich an der Stimmgabel befindet. Die Frequenz der Schwebung ist hoch, wenn wir das Massestück nahe am Ende des Zinkens anbringen. Dann ist der Unterschied der Frequenzen ν_1 und ν_2 groß. Die Schwebung verschwindet, wenn sich die Masse an der Knotenstelle der Stimmgabel befindet, also nahe an der unteren U-förmigen Biegung. Dann ist $\nu_1 = \nu_2$.

Es empfiehlt sich, die Resonanzkästen unter einem Winkel von etwa 90° mit den Öffnungen zu den Zuhörern hin aufzustellen.

Versuch 2

1. 2 Stimmgabeln (1700 Hz)
2. Bunsenbrenner
3. Klebwachs

Wir wiederholen den Versuch 1 mit Stimmgabeln der hohen Frequenz $\nu = 1700\,\text{Hz}$. Eine davon erwärmen wir ganz kurz in der Gasflamme eines Bunsenbrenners. Die Stimmgabel soll dabei nicht heiß werden. Schlagen wir beide an, hören wir die Schwebung. Es ist interessant zu beobachten, wie sich die Schwebungsfrequenz ändert, wenn sich die wärmere Stimmgabel langsam auf Zimmertemperatur abkühlt.
Es genügt bereits, die eine Stimmgabel in der Tasche auf Körpertemperatur zu erwärmen, um deutliche Schwebungen zu erreichen. Das Verstimmen der einen Stimmgabel ist auch durch Ankleben von etwas Klebwachs zu erreichen.
Hören wir 5 Schwebungen in der Sekunde (5 Hz), und bewegen wir die eine Stimmgabel mit der Geschwindigkeit $v = 1$ m/s auf den Beobachter zu, bei ruhender anderer Stimmgabel, steigt die Frequenz der Schwebungen auf 10 Hz. Bewegen sich beide Stimmgabeln vom Beobachter weg, verschwinden die Schwebungen (Doppler-Effekt.)
Läuft eine Person mit einer der nicht verstimmten tönenden Stimmgabeln auf den Beobachter zu, eine zweite Person mit der anderen Stimmgabel von ihm weg, so werden Schwebungen gehört, denn die Frequenz der einen Stimmgabel wird erhöht, die der anderen erniedrigt.

Versuch 4

1. Monochord mit zwei gleichen Saiten
2. Geigenbogen
3. Klebwachs

Wir spannen auf einem Monochord zwei gleiche Saiten so, daß sie beim Anzupfen oder Anstreichen mit dem Geigenbogen gleiche Töne erzeugen. Die Frequenzen stimmen überein. Nun verstimmen wir eine Saite entweder durch Ändern der Spannung oder Ankleben von etwas Klebwachs. Zupfen wir beide Saiten an, hören wir Schwebungen.
Beim Klavierstimmen werden die Saiten für einen Ton so gespannt, daß vorhandene Schwebungen verschwinden. [7]

Bemerkungen

1. Töne mit verschiedenen Frequenzen ν_1 und ν_2 lassen Schwebungen entstehen.
2. Die Schwebungsfrequenz ν_s ist um so höher, je größer die Differenz der Eigenfrequenzen ν_1 und ν_2 der erzeugenden Töne ist.
3. Die Schwebungsfrequenz ist $\nu_s = \nu_1 - \nu_2$.

7.16. Der Doppler-Effekt

Versuch 1

Stimmgabel (440 Hz) auf Resonanzkasten

Wir schlagen eine Stimmgabel, die auf einem Resonanzkasten steht, kräftig an und bewegen sie mit der Hand mit möglichst großer Geschwindigkeit auf einen ruhenden Beobachter zu. Er hört einen Ton mit ansteigender Frequenz. Bewegen wir die Stimmgabel von ihm weg, hört er einen Ton mit absinkender Frequenz. Ist die Ausgangsfrequenz gleich f, wird die neue Frequenz $f = (1 \pm v/c)$, wenn $v \ll c$.

Versuch 2

2 Stimmgabeln (440 Hz)

Wir stellen zwei gleiche Stimmgabeln rechts und links von einem ruhenden Beobachter in einigen Metern Abstand auf und schlagen sie an. Wir bewegen die eine Stimmgabel von dem Beobachter schnell weg. Gleichzeitig führt ein Helfer die zweite Stimmgabel rasch auf ihn zu. Dann wird die Frequenz des gehörten Tons der ersten Stimmgabel erhöht, die der zweiten Stimmgabel herabgesetzt, so daß die Schwebungsfrequenz größer wird.

Versuch 3

1. Stativstange
2. Hammer
3. Faden
4. Stativmaterial
5. eventuell Lautsprecher mit Tongenerator

Wir hängen eine 25 cm lange Stativstange am Faden bifilar so auf, daß sie frei in ihrer Längsrichtung schwingen kann. Einen ruhenden Beobachter stellen wir in dieser Richtung vor der Stange so auf, daß diese in Ohrhöhe liegt. Nun schlagen wir mit einem Hammer fest auf das Ende der Stange. Dadurch gerät sie in Längsschwingungen, die einen Ton erzeugen. Die Stange führt aber gleichzeitig auch Pendelschwingungen aus. Der Beobachter hört einen im Vergleich mit dem Ton bei ruhender Stange höheren Ton, wenn die Stange auf ihn zu schwingt, einen tieferen Ton, wenn die Stange von ihm weg schwingt.
Der Ton der Stativstange klingt leider sehr schnell ab. Daher gelingt der Versuch besser mit einem an einen Tongenerator angeschlossenen Lautsprecher, der in einer Aufhängung vor dem Beobachter hin- und herschwingt.

Versuch 4

1. 2 Stimmgabeln (1700 Hz)
2. Bunsenbrenner
3. Feuerzeug

Wir erwärmen eine von den zwei Stimmgabeln auf Körpertemperatur, indem wir sie lange genug in der geschlossenen Hand halten oder in einer Tasche tragen. Wir können sie auch kurz durch eine Bunsenflamme ziehen. Schlagen wir beide Stimmgabeln an, soll die Verstimmung so sein, daß sie beide eine Schwebungsfrequenz von etwa 5 Schwebungen pro Sekunde erzeugen.
Nachdem wir beide Stimmgabeln erneut angeschlagen haben, bewegen wir die erwärmte vom ausgestreckten Arm aus auf unser Ohr zu, während wir die andere vor uns halten. Bei der Geschwindigkeit der bewegten Stimmgabel von $v = 1\,\mathrm{m/s}$ wächst die Schwebungsfrequenz auf etwa 10 Schwebungen. Entfernen wir die Stimmgabel schnell von uns weg, verschwinden die Schwebungen.

Versuch 5

2 Stimmgabeln

Wir stellen zwei Stimmgabeln im Abstand von 2 m bis 3 m in der Höhe unserer Ohren auf. Wenn wir die Stimmgabeln angeschlagen haben, gehen wir zwischen ihnen schnell hin und her. Dann ändert sich der Ton von beiden Stimmgabeln, und wir hören Schwebungen. Der auf die Schallquelle zugehende (also bewegte) Beobachter empfängt mehr Schallwellen als bei Ruhe, der fortgehende weniger Schallwellen. Daher empfindet er einen höheren bzw. tieferen Ton als Normal und hört Schwebungen. Die neue Frequenz ist für den bewegten Beobachter bei ruhenden Schallquellen: $f' = f(1 \pm v/c)$. [7; 19]

Bemerkungen

1. Im Vergleich mit dem Ton einer ruhenden Schallquelle hört ein Beobachter einen höheren Ton, wenn sich die Schallquelle auf ihn zubewegt.
2. Im Vergleich mit dem Ton einer ruhenden Schallquelle hört ein Beobachter einen tieferen Ton, wenn sich die Schallquelle von ihm fortbewegt.
3. Bewegt sich ein Beobachter selbst auf eine ruhende tönende Schallquelle zu, hört er einen höheren Ton, bewegt er sich von ihr fort, hört er einen tieferen Ton als den Normalton der Schallquelle.

7.17. Das Richtungshören

Versuch 1

1. Schlauch
2. Bleistift
3. kurzer Faden

Wir verbinden einer Versuchsperson die Augen und stellen sie mit dem Rücken zu uns vor einen Tisch. Auf ihn legen wir lose einen längeren Schlauch, dessen Mitte wir mittels eines umgebundenen Fadens markiert haben. Die Enden des Schlauchs steckt sich die Versuchsperson in die Ohren. Wir schlagen mit einem Bleistift oder Kugelschreiber leicht auf den Schlauch. Die Versuchsperson soll mit ausgestrecktem Arm andeuten, aus welcher Richtung sie den Schall kommen hört.
Wir beginnen mit der Schlauchmitte. Nach dem Aufschlag streckt die Versuchs-

person einen Arm geradeaus nach vorn. Beim Klopfen rechts von der Mitte zeigt der Arm nach rechts, beim Klopfen links von der Mitte nach links. Es wird also immer die Richtung, aus der der Schall kommt, richtig angegeben, jedoch so, als ob das Schallsignal von einer Stelle vor der Versuchsperson komme, obwohl es von einer Stelle hinter ihr kommt.
Schon wenn wir nur einen Zentimeter entfernt von der Schlauchmitte aufklopfen, weicht der Arm bereits um etwa 5° von der Richtung geradeaus ab. Der Schall erreicht das näher gelegene Ohr etwas früher als das ferner liegende. Es vermag Zeitdifferenzen von weniger als 1/3000 s zu registrieren und zieht aus einem so minimalen Unterschied den Schluß auf die Richtung, aus der der Schall ankommt.

Versuch 2

1. Schlauch
2. Bleistift
3. Faden

Wir wiederholen den Versuch 1, drücken aber mit einem Finger den Schlauch an einer Stelle zusammen, die auf der der Klopfstelle entgegengesetzten Seite von der Schlauchmitte liegt. Dadurch setzen wir die Lautstärke auf der Seite der Druckstelle herab. Das Ohr am anderen Schlauchende hört eine größere Lautstärke. Wir klopfen immer gleich stark auf den Schlauch, pressen ihn aber auf der anderen Seite mehr zusammen. Der Arm, der die Richtung, aus der der Schall zu kommen scheint, anzeigt, wandert immer weiter zur Seite. Die Richtungsanzeige hängt also auch von der von den beiden Ohren empfangenen Lautstärke ab.

Versuch 3

1. einfache Schallgeber
2. dunkles Tuch

Wir verwenden als Schallgeber zwei Schlüssel oder zwei kleine Lineale, zwei Kugelschreiber oder Bleistifte, zwei kurze Stativstäbe. Durch Gegeneinanderschlagen erzeugen wir in kleinen zeitlichen Abständen kurze Töne. Einer Versuchsperson verbinden wir die Augen mit einem dunklen Tuch und stellen sie einige Meter entfernt vor uns auf. Sie soll mit ausgestrecktem Arm die Richtung angeben, aus der sie den Schall herkommen hört. Wir wechseln die Stelle, an der wir den Klang erzeugen, indem wir z. B. unsere Hände mit den Schallgebern erst soweit als möglich nach rechts, dann nach links halten, einige Schritte leise seitlich gehen. Die Versuchsperson soll jeweils den Kopf ein wenig nach rechts und links drehen, d. h. die Richtung „einpendeln". Dann ist es leichter für sie, die richtige Richtung zu finden.
Wir wiederholen den Versuch, jedoch soll jetzt die Versuchsperson den Kopf soweit wie möglich seitlich neigen, so daß ihre Ohren fast senkrecht übereinanderstehen. Schließlich soll die Versuchsperson in der Normallage des Kopfes ein Ohr zuhalten. In beiden Fällen ist die gesuchte Richtung nicht exakt anzugeben. Zum Richtungshören sind zwei Ohren in der Waagerechten erforderlich.

Versuch 4

1. Gong (oder Pfeife bzw. Flöte)
2. festes Hämmerchen
3. Filzhämmerchen

Wir verwenden als Schallgeber einen Gong. Schlagen wir ihn mit einem festen Hämmerchen oder einem Stück Holz an, so daß ein kurzer Ton erklingt, ist es der Versuchsperson mit verbundenen Augen möglich, die Richtung nach dem Standort des Gongs anzugeben. Schlagen wir ihn aber nach einem Standortwechsel mit einem weichen Filzhämmerchen an, so daß ein lang anhaltender Ton entsteht, gelingt die Richtungsangabe nicht. Daher ist es z. B. schwierig, die Richtung nach einer Kirchenglocke anzugeben, die längere Zeit läutet, wohl aber, wenn ihr Stundenschlag ertönt. Auch eine Alarmsirene ist nicht oder nur schwer zu orten.
Die Versuche 3 und 4 können gleichzeitig mit mehreren Versuchspersonen (Teil einer Klasse) ausgeführt werden, wenn andere zuschauen.
Statt des Gongs können wir auch eine Pfeife oder Flöte verwenden. [53]

Bemerkungen

1. Zum Richtungshören sind beide Ohren erforderlich.
2. Das Feststellen der Richtung, aus der ein Schallsignal kommt, hängt ab von der Zeitdifferenz und der Lautstärke der Signale beim Eintreffen an den Ohren.
3. Die Angabe der Richtung ist nur bei kurzen Schallsignalen gut möglich, dagegen nicht für länger dauernde Töne.

7.18. Das Prinzip des Plattenspielers

1. alte Schallplatte
2. Plattenspieler
3. Karton
4. Nadel
5. Klebstreifen

Wir legen eine Schallplatte auf einen Plattenteller, lassen ihn rotieren, legen aber den Tonarm nicht auf eine Rille der Platte. Eine dünne Nadel, z. B. Stecknadel oder Nähnadel, kleben wir mit einem Klebstreifen auf ein Kartonstück von der Größe einer Postkarte (oder eine solche selbst). Die Nadel soll zu 2/3 ihrer Länge über die Schmalseite des Karton hinausragen. Ihre Spitze setzen wir lotrecht in eine Rille der sich drehenden Schallplatte. Wir hören die Töne, die durch den Karton verstärkt werden. [49; 53]

Bemerkungen

1. Mit einer Nadel lassen sich die Tonrillen einer Schallplatte abtasten.
2. Ein Kartonstück kann als Schallverstärker dienen.

8. Optik

8.1. Die Lochkamera

1. Konservendose
2. dicker Nagel
3. Hammer
4. Pergamentpapier
5. Klebstreifen
6. Kerze

Wir schlagen in den Boden einer großen Konservendose mit einem Nagel ein Loch von etwa 1 cm Durchmesser. Den Deckel ersetzen wir durch ein mit Klebstreifen befestigtes Pergamentpapier.
Wir stellen vor die Öffnung der Dose in einiger Entfernung eine brennende Kerze. Auf dem durchscheinenden Papier erscheint das umgekehrte Bild der Kerze. Es ist noch unscharf. Um es schärfer zu erhalten, überkleben wir das Loch im Dosenboden mit einem Klebstreifen, in den wir ein recht kleines Loch stechen. Dann ist das Bild schärfer, aber lichtschwächer. [51]

Bemerkung

Eine Lochkamera erzeugt Bilder, die mit kleiner werdender Lochöffnung schärfer werden.

8.2. Das Sonnenbildchen

1. Pappe mit Loch
2. weißer oder durchscheinender Papierschirm

Wir stechen oder schneiden in ein großes Stück Pappe oder Papier ein Loch in beliebiger Form, dessen Durchmesser nicht größer als 5 mm sein soll. Die Ränder des Loches brauchen nicht besonders glatt zu sein.
Diese Lochblende halten wir so, daß sie von der Sonne beschienen wird, zuerst in etwa 20 cm Abstand vor einen Schirm aus weißem Papier oder eine helle Hauswand. Im Schatten der Pappe erscheint das Bild des Loches als hell leuchtender Fleck. Die Form des Loches ist scharf begrenzt deutlich sichtbar.
Wir entfernen die Lochblende langsam von der Wand. Die Ränder des aufgefangenen hellen Flecks werden verwaschen, unscharf. Bei einem Abstand Lochblende — Schirm von etwa 1 m nimmt der Fleck runde Form an. Stehen Blende und Schirm senkrecht zur Richtung der Sonnenstrahlen, ist der Fleck kreisrund. Liegt der Schirm schräg zu den Strahlen, ist der Fleck eine Ellipse. Kreis bzw. Ellipse sind das Bild der Sonne. Lochblende und Schirm stellen eine Lochkamera dar. Der

Schirm schneidet den von dem Loch ausgehenden Strahlenkegel in einem Kegelschnitt.
Die Lichtflecke auf dem Boden unter Laubbäumen bei Sonnenlicht sind ebenfalls Sonnenbildchen. Das Blätterdach läßt kleine Öffnungen frei, die wie Lochblenden wirken. In entsprechender Weise können wir die Bilder des Mondes bei seinen verschiedenen Phasen entstehen lassen. [28]

Bemerkungen

1. Ein einfaches Loch in einer Pappe kann als Öffnung einer Lochkamera dienen.
2. Mit einer Lochblende kann ein Bild der Sonne (des Mondes) erzeugt werden.

8.3. Der doppelte Schatten

1. Experimentierleuchte
2. ebener Spiegel
3. Bleistift
4. Stativmaterial
5. weiße Wand

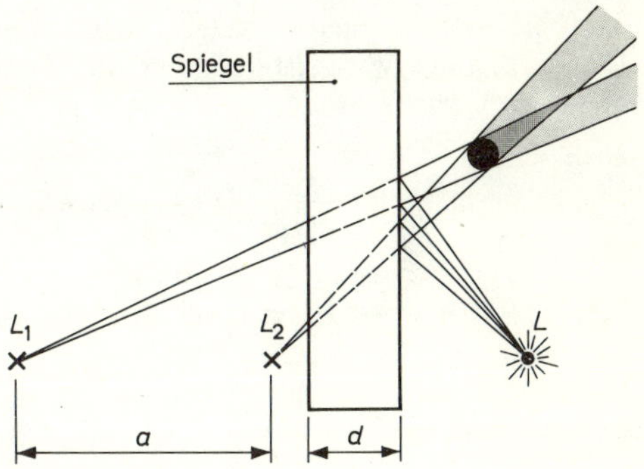

Abb. 8.3./1
Doppelte Schatten

Wir beleuchten einen ebenen Spiegel mit dem Lichtkegel aus einer Experimentierleuchte so, daß auf einer Wand durch Reflexion ein Lichtkreis entsteht. Vor den Spiegel und seitlich von der Lichtquelle halten wir einen Bleistift. Er wirft im reflektierten Licht auf einer etwa 2 m entfernten Wand nicht einen, sondern zwei Schatten. Einer davon ist schwächer als der andere.
Der doppelte Schatten entsteht durch die Reflexion des Lichts sowohl an der spiegelnden Rückwand des Glasspiegels als auch an seiner vorderen Glasfläche. Die Abbildung 8.3./1 erläutert, daß von der Lichtquelle L virtuelle Bilder L_1 und L_2 erzeugt werden. Die von ihnen zum Bleistift ausgehenden Strahlenbündel lassen hinter ihm zwei Schattenräume entstehen, die sich überschneiden, mit wachsender Entfernung auseinanderlaufen und schließlich getrennt auf die Wand auftreffen.
Das Experiment gelingt um so besser, je größer der Abstand a der virtuellen Lichtquellen wird, d. h., wenn die Dicke d des Glases groß ist, denn $a = 2d$. Die beste Stellung des Bleistifts erreichen wir leicht, wenn wir den Stift mit der Hand hin- und herbewegen.

Bemerkung

Ein Spiegel erzeugt zwei getrennte Bilder durch Reflexion an seiner Vorder- und Rückseite.

8.4. Der physiologisch aufgehellte Schatten

1. großes Lineal
2. Experimentierleuchte
3. helle Wand
4. Stativmaterial

Wir stellen ein großes breites Lineal vertikal auf und beleuchten es so, daß von ihm auf einer hellen Wand ein scharf begrenzter Schatten entsteht. Statt des Lineals können wir auch einen anderen schmalen, hohen Gegenstand anstrahlen. Wir merken uns, wie dunkel der Schatten aussieht. Nun gehen wir auf die Wand zu, bis wir uns zwischen ihr und dem Lineal befinden. Unser eigener Schatten fällt neben den des Lineals. Dieser erscheint jetzt heller als zuvor. Aus physikalischen Gründen wäre zu erwarten, der Schatten müsse dunkler werden. Denn unser Körper schirmt das aus dem Zimmer kommende Streulicht auf den Schattenbereich ab. Es fällt demnach weniger Licht auf diesen Bereich. Der Effekt des Aufhellens beruht auf physiologischen Gründen. Die Wand in der Umgebung des Linealschattens war zuerst stark beleuchtet, also sehr hell. Gegen diese Helligkeit sahen wir den Schatten infolge der Kontrastwirkung besonders dunkel. Wenn unser Schatten in die Nähe des Linealschattens fällt, wird der Gegensatz Hell-Dunkel herabgesetzt. Der Kontrast wird abgeschwächt. Dann erscheint der Schatten des Lineals für unser Auge aufgehellt.

Bemerkung

Physiologische Vorgänge können unsere Augen über Hell und Dunkel täuschen.

8.5. Die reguläre und die diffuse Reflexion des Lichts

1. Stück Aluminiumfolie
2. Experimentierleuchte

Wir nehmen von einer Haushaltsrolle ein größeres Stück einer Aluminiumfolie und achten darauf, daß das Stück möglichst glatt bleibt. Im verdunkelten Zimmer lassen wir von einer Experimentierleuchte ein paralleles Lichtbündel unter einem beliebigen (aber von 90° verschiedenen) Winkel auf die Folie fallen. Sie wirkt als Spiegel und reflektiert das Licht als Ganzes und in voller Stärke auf eine bestimmte, begrenzte Stelle an der Wand oder an der Decke. Bei dieser „regulären" Reflexion oder Spiegelung gilt das Reflexionsgesetz.
Wir knüllen die Folie mit der Hand zu einem Ball zusammen und ziehen sie wieder auseinander, ohne sie dabei zu glätten. Das nun auf die Folie treffende Licht der Experimentierleuchte wird nicht mehr in eine bestimmte Richtung reflektiert. Vielmehr wird der Raum in einem größeren Bereich schwach aufgehellt. Die zerknitterte Folie weist jetzt unzählig viele, winzig kleine, unter verschiedensten Richtungen zueinander geneigte reflektierende Flächen auf. Sie zerstreuen das Licht. Es erfolgt „diffuse" Reflexion. Die diffuse Reflexion ist eine wichtige alltägliche Erscheinung, die es uns ermöglicht, nicht selbstleuchtende Körper aus allen Richtungen zu sehen. Wandtafelkreide ist dafür ein gutes Beispiel. Die diffuse Reflexion liefert uns auch die Helligkeit, die wir zum Leben brauchen. Für den Versuch genügt eventuell ein gut geglättetes Silberpapier (Stanniol) aus einer Schokoladenpackung.

Bemerkungen

1. Lichtstrahlen werden beim Auftreffen auf die Grenzfläche zu einem anderen optischen Mittel reflektiert.
2. Wird das Licht in einer bestimmten Richtung reflektiert, liegt reguläre Reflexion nach dem Reflexionsgesetz vor.
3. Wird das Licht nach allen Richtungen gestreut, liegt diffuse Reflexion vor.

8.6. Der Reflexionswinkel

1. ebener Spiegel
2. weißer Karton
3. Kamm
4. Bleistift
5. Winkelmesser
6. Experimentierleuchte

Wir stellen oder halten einen Kamm mit seinen Zinken senkrecht auf einen weißen Karton. Eine Experimentierleuchte bauen wir so auf, daß ihr paralleles Licht durch die Zinken des Kamms streifend über den Karton fällt. Wir sehen auf ihm schmale Lichtbündel von den Zinken ausgehend.
Die Lichtstreifen werden von dem ebenfalls auf dem Karton schräg zum Lichtweg aufgestellten Spiegel reflektiert. Wir sehen, daß die Lichtbündel unter demselben Winkel zurückgeworfen werden, unter dem sie auf den Spiegel fallen. Wir ziehen mit einem Bleistift die einfallenden und reflektierten Lichtbündel und die Kante des Spiegels auf dem Karton nach und messen anschließend die Winkel aus. [4]

Bemerkung

Licht„ das unter einem Winkel auf einen ebenen Spiegel fällt, wird unter dem gleichen Winkel reflektiert.

8.7. Das seitenrichtige Spiegelbild

1. Winkelspiegel
2. Taschenuhr

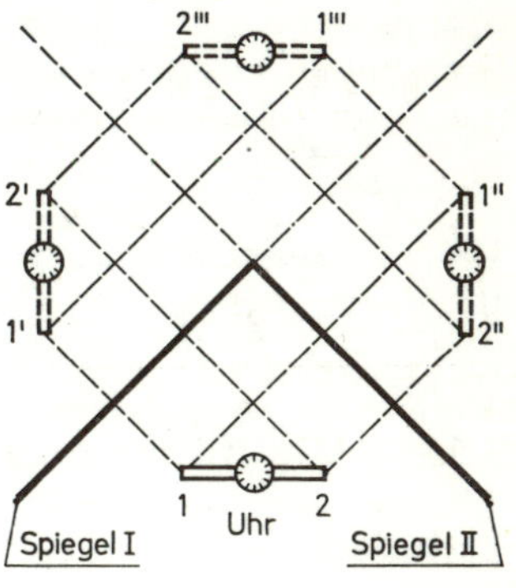

Abb. 8.7./1
Das virtuelle Uhrenbild

Wir stellen die beiden Spiegel eines Winkelspiegels unter dem Winkel von 90° auf. Genau auf die Winkelhalbierende dieses Winkels stellen oder halten wir eine Taschenuhr. Ihr Zifferblatt sei den Spiegeln zugewandt.
Wir sind gewöhnt, daß ein Bild in einem ebenen Spiegel seitenverkehrt aussieht. Das virtuelle Bild, das hinter dem Winkelspiegel erscheint, ist jedoch seitenrichtig, wie wir an der Folge der Ziffern auf dem gespiegelten Zifferblatt feststellen. Die Abbildung 8.7./1 erläutert den Sachverhalt. Dabei ist zu beachten, daß das Zifferblatt der Uhr beim Aufstellen von uns weg, also umgedreht wurde. Das Bild 1''' — 2''' entsteht durch zweimalige Spiegelung über die Bilder 1'—2' und 1''—2''. [41]

Bemerkung

In einem 90°-Winkelspiegel entsteht ein „seitenrichtiges" Spiegelbild.

8.8. Das seitenverkehrte Spiegelbild

1. ebener Spiegel
2. Glasplatte
3. Tusche und Pinsel
4. Pappe
5. Schere
6. Stativmaterial

Wir malen auf eine Glasplatte einen Tuschepfeil, der z. B. nach rechts zeigt. Eventuell muß das Glas vorher mit Spiritus gereinigt werden. Ferner schneiden wir aus Pappe einen entsprechend großen Pfeil aus. Wir stellen die Scheibe vor einen ebenen Spiegel. Wenn wir durch das Glas zum Spiegel hin schauen, sehen wir sowohl den gemalten Pfeil wie auch sein Spiegelbild. Beide zeigen nach rechts.
Den Pappepfeil stellen wir jetzt hinter dem Spiegel auf, und zwar so, daß er — wieder vom Glas her betrachtet — wie der Pfeil auf der Glasscheibe nach rechts zeigt. Wir wechseln unseren Beobachtungsplatz und gehen hinter den Spiegel. Jetzt zeigt für unsere neue Stellung der Pappepfeil und damit auch das für uns zwar im Augenblick nicht sichtbare Spiegelbild nach links. Aber auch der auf das Glas gemalte Pfeil weist nach links.
Bei dem Weg zum Aufstellen hinter dem Spiegel haben wir uns um 180° gedreht. Es kommt also ganz auf unseren Standpunkt als Beobachter an, wenn wir aussagen, wohin der Pfeil zeigt.
Nun betrachten wir uns selbst im Spiegel. Daß oben und unten nicht vertauscht sind, ist ohne weiteres klar. Heben wir die rechte Hand, dann bewegt sich in unserem Spiegelbild, von unserem Standpunkt vor dem Spiegel aus gesehen, auch auf der rechten Seite die Hand. Aber unwillkürlich identifizieren wir uns mit unserem Spiegelbild so, als ob wir selbst hinter dem Spiegel stünden. Dann ist von diesem Standpunkt aus gesehen die bewegte Hand die linke Hand. Das Spiegelbild scheint rechts und links zu vertauschen. [28]

Bemerkung

Die Aussage, ein Spiegel vertausche rechts und links, hängt vom Standpunkt des Beobachters ab.

8.9. Die Bilder an zwei ebenen parallelen Spiegeln

1. ebener Spiegel
2. Glasscheibe
3. Kerze
4. Feuerzeug (oder Glühlampe in Fassung mit passender Spannungsquelle)

Wir stellen einen ebenen Spiegel vertikal auf und parallel zu ihm in etwa 20 cm Abstand eine Glasscheibe. Zwischen sie und den Spiegel, und zwar von der Mitte aus etwas mehr zum Spiegel hin, stellen wir eine Kerze auf und zünden sie an.
Wir schauen durch die Glasscheibe zum Spiegel hin und sehen eine unbegrenzte lange Reihe aufrechter virtueller Bilder der Kerze. Jedes Bild der Kerze im Spiegel wird von der Glasscheibe nochmals gespiegelt, und dieses Bild erzeugt erneut ein Bild scheinbar hinter dem Spiegel. Die Bilder werden immer lichtschwächer.
Statt der Glasscheibe kann auch ein zweiter Spiegel aufgestellt werden. Dann müssen wir aber um den Spiegel herumgehen, um in jedem die Serie von Bildern beobachten zu können.

Sollte die Lichtstärke der Kerze nicht ausreichen, um viele Bilder erkennen zu können, stellen wir an ihrer Stelle eine kleine Glühlampe auf und schalten sie an eine passende Spannungsquelle an. [11]

Bemerkung

Spiegel, die parallel einander gegenüberstehen, erzeugen von einem Gegenstand zwischen ihnen zahllose virtuelle aufrechte Bilder.

8.10. Der mit Lichtzeiger projizierte Pulsschlag

1. kleines Spiegelstück
2. Experimentierleuchte
3. Stativmaterial
4. Drehspiegel

Wir legen den Unterschenkel unseres rechten Beins über das Knie des linken Beins. Auf die Fußspitze des rechten Fußes legen wir ein kleines Spiegelstückchen. Darauf richten wir den Lichtstrahl aus einer Experimentierleuchte, die wir an einem Stativ befestigen. Der reflektierte Strahl trifft auf eine Wand.
Der Pulsschlag der Arterie in der Kniekehle läßt die Fußspitze auf und ab zucken, so daß sich der Lichtfleck an der Wand ebenfalls entsprechend bewegt.
Wenn wir den Lichtstrahl über einen Drehspiegel zur Wand leiten, entsteht dort eine Zackenkurve.
Wir können auch versuchen, den Pulsschlag von der Stelle am Unterarm zu projizieren, an der wir den Puls mit dem Finger ertasten. Dazu legen wir ein sehr kleines Spiegelstückchen auf die betreffende Stelle. Der reflektierte Lichtstrahl zuckt an der Wand im Takt des Pulses. Der Versuch ist aber in dieser Form schwieriger.
Mit dem Blutdruck haben die angezeigten Bewegungen nichts zu tun. [54]

Bemerkung

Der Pulsschlag kann mit einem Lichtzeiger vergrößert vorgeführt werden.

8.11. Die Totalreflexion

Versuch 1

1. großes Becherglas mit Wasser
2. Glastrichter
3. schwarzes Papier

Wir füllen Wasser in ein großes Becherglas und stellen es auf schwarzes Papier. Von oben her drücken wir einen Glastrichter, dessen Ausflußöffnung wir mit dem Finger zuhalten, in das Wasser, bis er den Boden des Becherglases erreicht. Es dringt ein wenig Wasser von unten in den Trichter ein.
Wir schauen von oben senkrecht auf den Trichter. Der Teil des Trichters, der mit Luft gefüllt ist, reflektiert das von der Seite einfallende Licht total. Dieser Teil glänzt silberhell, während unten der mit Wasser gefüllte Teil das schwarze Papier sichtbar werden läßt.

Versuch 2

1. Becherglas mit Wasser
2. Reagenzglas
3. Quecksilber

Wir füllen Wasser in ein Becherglas und halten ein Reagenzglas schräg hinein. Es berührt unten den Boden des Bechers. Wir sehen von oben auf das Reagenzglas. Es erscheint im total reflektierten Seitenlicht hell glänzend.
Wir gießen etwas Quecksilber in das Reagenzglas. Es sammelt sich auf dem Boden des Reagenzglases. Obwohl das Quecksilber in der Luft hellen Silberglanz zeigt, sieht es beim Betrachten von oben im Reagenzglas weniger glänzend aus als der von Luft erfüllte obere Teil des Glases.

Versuch 3

1. großes Becherglas mit Wasser
2. 2 Glasstreifen (etwa 30 cm × 10 cm)
3. 3 Gummiringe

Zwischen zwei Glasstreifen legen wir einen Gummiring, wie er zum Verpacken kleiner Päckchen benutzt wird. Die passend aufeinander gelegten Glasstreifen pressen wir oben und unten mit Gummiringen fest zusammen.
Nun füllen wir ein Becherglas mit Wasser und stellen die vorbereiteten Glasstreifen hinein. Wasser dringt zwischen die Glasstreifen ein, jedoch nicht in den von dem Gummiring umschlossenen Raum. Er bleibt mit Luft gefüllt. Wir beobachten von der Seite her und drehen die Glasstreifen. In einer bestimmten Stellung erscheint die Luftblase zwischen den Glasstreifen infolge der Totalreflexion des auffallenden Lichts plötzlich schwarz. Die Umgebung des Rings bleibt dagegen lichtdurchlässig hell. [18; 53]
Die Totalreflexion wurde von Johannes Kepler (1571 bis 1630) bei der Suche nach dem Brechungsgesetz gefunden.

Versuch 4

1. Ping-pong-ball
2. rußende Kerze
3. Faden
4. Draht
5. Becherglas mit Wasser

Wir berußen einen Ping-pong-ball oder eine andere in der Größe ähnliche Kugel mit einer Kerzenflamme. Die Rußschicht muß dick ausfallen. Dann befestigen wir die Kugel mit einem Klebstreifen an einem Faden oder Draht.
Wir füllen ein Becherglas mit Wasser und tauchen die Kugel ein. Wenn nötig, drücken wir sie mit einem passend gebogenen Draht bis zur Hälfte in das Wasser ein. Während der über der Wasserfläche verbleibende Teil der Kugel nach wir vor schwarz aussieht, erscheint von der Seite betrachtet der von Wasser umgebende Teil der Kugel nicht mehr schwarz, sondern silberhell glänzend.
An der Rußschicht haftet eine in der umgebenden Luft nicht sichtbare dünne Luftschicht, die beim Eintauchen in das Wasser weiter haften bleibt. Gegen das

Wasser bildet sie eine Grenzschicht, an der einfallendes Licht total reflektiert wird. Durch diese Totalreflexion wird der schwarze Ruß unsichtbar. [28]

Bemerkungen

1. An Ruß haftet eine dünne Luftschicht.
2. An einer Grenzschicht zwischen Luft und Wasser kann Totalreflexion entstehen.

8.12. Der Lichtleiter

Versuch 1

1. dicke Glasplatte
2. schwarzes Papier
3. Schere
4. Feile
5. Experimentierleuchte

Wir suchen eine dicke Glasplatte (Schaufensterglas) von etwa der Größe einer Postkarte. In schwarzes Papier (Heftdeckel) schneiden wir einen Schlitz so ein, daß er über die kleine Kante der Scheibe möglichst lichtdicht als Blende paßt. Wir verdunkeln den Raum und richten das konzentrierte Licht einer Experimentierleuchte auf die von der Blende umgebene Glaskante.
Von der Seite gesehen bleibt die ganze Oberfläche der Glasplatte dunkel, weil infolge der Totalreflexion innen an den Glasflächen der Lichtstrahl im Glas eingefangen bleibt. Nur an der der beleuchteten Kante entgegengesetzten Seite kann Licht austreten. Es wird dorthin geleitet.
Wir ritzen mit einer scharfen Feile oder einem Glasschneider Kratzer in eine Glasfläche. Sie stehen, wenn Licht auf die mit der Blende versehene Glaskante fällt, hell leuchtend auf der sonst dunklen Glasfläche. Aus der in das Glas geritzten Vertiefung wird Licht nach außen gebrochen.

Versuch 2

1. Glasstab
2. Bunsenbrenner
3. Feuerzeug
4. schwarzes und weißes Papier
5. Schere
6. Experimentierleuchte

Wir biegen einen Glasstab in der Bunsenflamme in eine S-Form, versehen ihn an einem Ende mit einer aus schwarzem Papier ausgeschnittenen Blende. Auf dieses Ende des Glasstabs richten wir einen Lichtstrahl aus einer Experimentierleuchte. Das Licht verläuft im Glas, ohne seitlich auszutreten. Vor das Ende des Stabs halten wir ein weißes Papier. Auf ihm läßt das hier austretende Licht einen hellen Lichtfleck erscheinen. [53]

Bemerkungen

1. An der Grenzfläche zwischen Glas und Luft wird Licht total reflektiert.
2. Glas kann infolge der Totalreflexion als Lichtleiter dienen.

8.13. Das Modell der Brechung des Lichts

Versuch 1

1. ebene Platte, z. B. Reißbrett
2. Samt
3. Unterlegklotz
4. Reißnägel
5. Garnrolle
6. kurzer Stativstab
7. Lineal

Wir bespannen die Hälfte einer ebenen Platte, z. B. eines Reißbretts, mit Hilfe von Reißnägeln zur Hälfte mit Samt. Unter die Längsseite der Platte legen wir einen Unterlegklotz, damit die Platte zu einer schwach geneigten schiefen Ebene wird. Der Samt befindet sich dabei auf der unteren Hälfte der Platte. Die Kante des Samts läuft parallel zur Längsseite der Platte (Abb. 8.13./1).

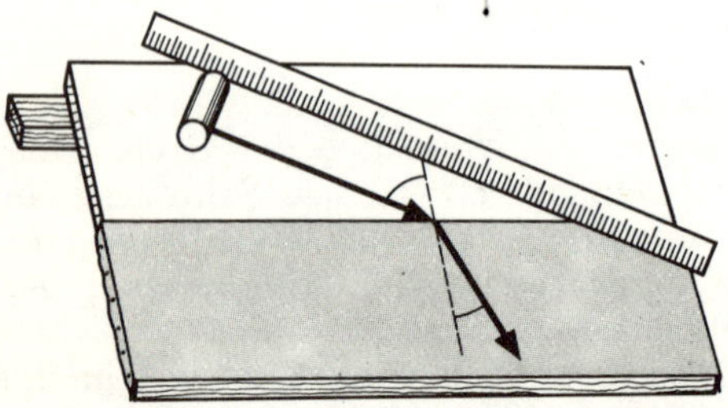

Abb. 8.13./1
Modell zur Brechung

Nun stecken wir einen kurzen Eisenstab durch eine größere Garnrolle. Als erstes lassen wir sie von dem freien Holz her senkrecht auf die Samtkante zulaufen. Die Rolle behält ihre Richtung bei, läuft aber auf dem rauheren Samt merklich langsamer als auf dem glatten Holz.
Jetzt lassen wir die Rolle schräg auf den Samt zulaufen, wie es die Abbildung zeigt. Beim Übergang vom Holz auf den Samt wird die Rolle aus ihrer ursprünglichen Richtung abgelenkt, weil der Teil der Rolle, der den Samt zuerst erreicht, jetzt langsamer wird als der entgegengesetzt liegende Teil. Dies wird noch deutlicher bemerkbar, wenn wir ein Lineal an die anfängliche Bewegungsrichtung legen. Die Winkel zum Einfallslot können beobachtet werden. Wir haben das Modell der Brechung des Lichts von einem optisch dünneren in ein optisch dichteres Mittel erhalten.
Wir drehen die Platte so um, daß der Samtstreifen oben liegt und lassen die Rolle schräg aus dem Samtgebiet abrollen. Die Ablenkung aus der Bewegungsrichtung beim Übergang vom Samt auf das Holz entspricht dann der Brechung des Lichts beim Übergang von einem optisch dichteren in ein optisch dünneres Mittel.
Statt der Garnrolle können wir auch jede andere längliche Rolle ablaufen lassen.

Bemerkungen

1. Trifft die Rolle senkrecht auf die Grenze Samt-Holz, erfolgt keine Richtungsänderung. Licht wird beim senkrechten Übergang von einem optischen Mittel in ein anderes nicht gebrochen.
2. Trifft die Rolle schräg auf die Grenze von Holz gegen Samt, so wird die Bewegungsrichtung stärker nach unten geneigt.

3. Trifft die Rolle schräg auf die Kante Samt-Holz, so wird die Bewegungsrichtung flacher nach unten geneigt. Die Fälle 2 und 3 entsprechen der Lichtbrechung.

Versuch 2

1. Glastafel
2. Räder von Spielzeugen mit Gummiachse
3. Sand
4. Pappe
5. verschiedenes Tuch
6. Unterlegklotz

Wir stecken zwei Räder von Spielzeugen, z. B. Eisenbahnen oder Autos, auf passenden Gummischlauch als Achse. Es ist auch möglich, den Schlauch durch die Achsbohrungen der Räder zu stecken, so daß er fest sitzt. Der Abstand der Räder soll etwa 5 cm betragen. Eine Glastafel bedecken wir zur Hälfte mit Sand und legen sie mit einer Seite auf eine Unterlage (Holz, Buch), damit sie eine geringe Neigung erhält. Die Seite mit dem Sand liegt an der tiefsten Stelle.
Wir lassen die Räder schräg zur Trennungslinie zum Sand auflaufen. Sobald das erste Rad auf den Sand gerät, erhält der Schlauch einen deutlichen Knick. Die Richtung des Ablaufs der Räder ändert sich. Der Versuch kann als Modell für die Brechung des Lichts dienen. Dann entspricht das Glas dem optisch dünneren Medium, der Sand dem optisch dichteren Medium, der Gummischlauch einer Wellenfront des Lichts.
Wir tauschen den Sand aus gegen Pappe oder Tuch verschiedener Sorten, z. B. Wolle, Samt. Je rauher die Unterlage ist, desto stärker erfolgt die Änderung der „Wellenfront". [11]
Der Versuch kann mit dem Arbeitsprojektor projiziert werden.

Bemerkungen

1. Glas, Sand, Tuch können als Modell für Medien verschiedener optischer Dichte dienen.
2. Eine Wellenfront wird beim Übergang von einem Medium in ein anderes mit verschiedener Dichte abgeknickt.

8.14. Die Brechung des Lichts

1. Kaffeetasse
2. Wasser
3. Münze
4. Klebstoff

Wir kleben eine Münze innen in eine Kaffeetasse unmittelbar über dem Boden an die Seitenwand. Die Tasse stellen wir so auf, daß wir die Münze gerade nicht mehr sehen, wenn wir über den ihr gegenüberliegenden Tassenrand schauen. Nun füllen wir Wasser in die Tasse. Die Münze wird sichtbar, weil die von ihr ausgehenden Lichtstrahlen über den Rand gebrochen werden. [49]

Bemerkung

Lichtstrahlen werden beim Übergang aus Wasser in Luft gebrochen.

8.15. Das Brechungsgesetz

1. Glasschale mit 20 cm Durchmesser und senkrechtem Rand
2. Lichtquelle
3. Millimeterpapier
4. Schere
5. Maßstab
6. Bleistift

Wir stellen eine kreisrunde, größere Schale auf weißes Papier, ziehen den Umriß der Schale mit Bleistift nach und heben sie wieder ab. Im entstandenen Kreis legen wir den Mittelpunkt mit einem dicken Punkt fest und stellen die Schale wieder in den Kreis. Wir füllen sie zur Hälfte mit Wasser. Aus Millimeterpapier schneiden wir einen Streifen, der um 2 cm breiter ist als die Höhe der Schale. In den Streifen schneiden wir einen nur 1 mm breiten Schlitz als Spalt senkrecht zur Grundlinie ein. Dann kleben wir den Streifen rund um den Schalenrand.
Aus einer Experimentierleuchte, von einer Kerze oder Taschenlampe lassen wir Licht auf den Spalt fallen. Wenn wir von oben auf die Schale schauen, sehen wir vom Spalt her ein Lichtbündel, einen Lichtstrahl, auf das gegenüberliegende Millimeterpapier fallen. Dort entsteht ein schmales Spaltbild. Wir verschieben die Lichtquelle, bis der Lichtstrahl über den Mittelpunkt M der Schale verläuft (Abb. 8.15./1). Die Lage des Spaltbildes markieren wir mit einem Strich auf dem überstehenden Papiermaß.
Wir drehen die Schale ein wenig oder verschieben die Lichtquelle L. Der Lichtstrahl fällt jetzt in Richtung einer Sehne, z. B. BC in der Abbildung über die Wasserfläche. Wir sehen aber außer ihm im Wasser den gebrochenen Strahl BD. Auf dem Millimeterpapier entstehen zwei Spaltbilder.
Der Winkel CBO in Luft ist der Einfallwinkel α, der Winkel DBO im Wasser der Brechungswinkel β. Wir ergänzen in einer maßstabsgerechten Zeichnung die Sehnen $CO = s_1$ und $DO = s_2$ (oder messen die Strecken im Versuch aus). Dann verhalten sich in den rechtwinkligen Dreiecken über dem Durchmesser

$$\frac{s_1}{d} : \frac{s_2}{d} = s_1 : s_2 = n\,.$$

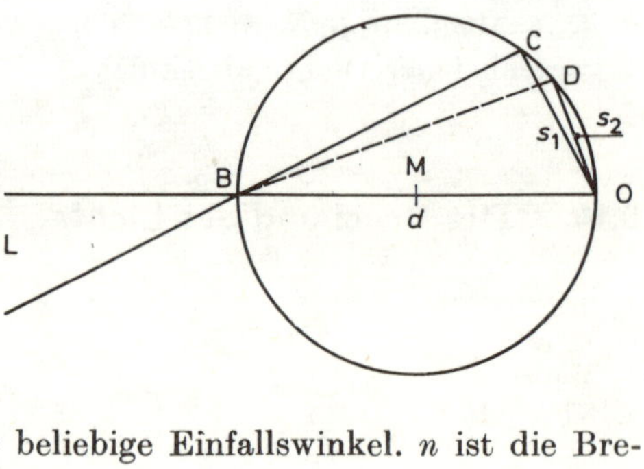

Abb. 8.15./1
Versuch zum Brechungsgesetz

Dies ist das Brechungsgesetz. Es gilt für beliebige Einfallswinkel. n ist die Brechungszahl, hier für Wasser $n = 1{,}33$.
Da $s_1 : d = \sin\alpha$ und $s_2 : d = \sin\beta$ ist, folgt

$$\sin\alpha : \sin\beta = n.$$

Der Versuch kann auch mit anderen Flüssigkeiten ausgeführt werden.
Der Versuch ist von Johannes Kepler (1571 bis 1630) in seinem Buch „Dioptrik" 1611 beschrieben. Er verwendete statt Wasser eine zylindrische durchsichtige Scheibe als brechendes optisches Mittel. Das Brechungsgesetz wurde formuliert von Willebrord Snell van Royen, latinisiert Snellius (1591 bis 1626).

Bemerkungen

1. Die Ablenkung eines Lichtstrahls aus seiner Einfallsrichtung erfolgt in einem optisch dichteren Mittel so, daß der Quotient aus den Sehnen s_1 und s_2 für alle Einfallswinkel konstant ist.
2. Der Quotient aus dem Sinus des Einfallswinkels und dem Sinus des Brechungswinkels ist eine konstante Zahl, die Brechungszahl.

8.16. Der unterbrochene Schatten

1. Aquarium mit Wasser
2. langer Bleistift

Wir füllen ein Aquarium oder ein anderes großes Gefäß mit Wasser und tauchen einen Bleistift schräg bis zur Hälfte in das Wasser ein. Er wirft einen Schatten auf den Boden des Gefäßes. Der Schatten ist aber in der Mitte unterbrochen. Es sieht so aus, als ob unser Bleistift aus zwei Teilen bestehe.
Dieser Effekt entsteht, weil das Wasser infolge der Kapillarität an den Wänden des Bleistifts etwas hochsteigt. Dabei wölbt es sich. An dieser Wölbung werden die Lichtstrahlen gebrochen. Sie erzeugen den hellen Spalt an der Stelle, an der eigentlich ein Schatten entstehen müßte.

Bemerkung
An Wasserwölbungen wird Licht gebrochen.

8.17. Die Beugung eines Lichtstrahls

1. langes Aquarium mit Wasser
2. Würfelzucker
3. Experimentierleuchte oder Lasergerät

Wir füllen ein langgestrecktes Aquarium mit Wasser. Dann werfen wir eine Handvoll Würfelzucker hinein, rühren aber nicht um. Die Zuckerstücke sollen sich gleichmäßig über den Boden des Aquariums verteilen. Aus einer Experimentierleuchte richten wir einen Lichtstrahl mit leichter Neigung nach unten auf die kleine Seite des Aquariums.
Der Zucker löst sich nach und nach auf. Damit entstehen in der Flüssigkeit vom Boden des Aquariums her Schichten mit erhöhter Brechungszahl. Sie nimmt nach oben hin kontinuierlich ab.
Trifft ein Lichtstrahl schräg auf die nach unten mehr und mehr konzentrierte Zuckerlösung, wird er immer stärker abwärts gebrochen. Er verläuft in einem Bogen zum Gefäßboden hin.
Erreicht der Lichtstrahl den Boden, wird er dort reflektiert. Er verläuft nun in einem entgegengesetzten Bogen wieder aufwärts.
Würfelzucker eignet sich für den Versuch besser als feiner Zucker, weil sich die Würfel langsamer auflösen. Mit Laserlicht ist der Effekt noch deutlicher zu beobachten als mit dem Licht aus einer Experimentierleuchte.

Bemerkung
Zuckerlösung hat eine höhere Brechungszahl als reines Wasser.

8.18. Die Brechung und Totalreflexion des Lichts

1. weites Becherglas mit Wasser
2. Korkscheibe
3. Nagel
4. ebener Spiegel

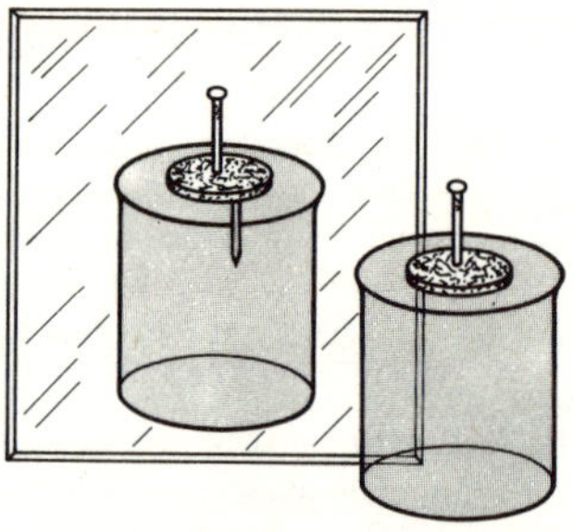

Abb. 8.18./1
Brechung und Totalreflexion des Lichts

Wir schneiden von einem großen Kork (Durchmesser 8 cm und mehr) eine etwa 2 cm dicke Scheibe ab. Durch ihre Mitte stecken wir einen längeren Nagel, so daß er unter der Scheibe herausragt. Die Scheibe lassen wir auf Wasser schwimmen, das wir randvoll in ein sehr weites Becherglas füllen. Wir können auch ein kleines Aquarium dafür verwenden (Abb. 8.18./1).
Wenn wir von oben seitlich auf die Wasserfläche schauen, ist von der Nagelspitze unter dem Kork nichts zu sehen. Dabei kann bei einer Scheibe mit 4 cm Radius der Nagel unter ihr bis 3,5 cm weit herausragen. Die von dem Nagel ausgehenden Lichtstrahlen treffen von unten auf die Wasserfläche unter einem Winkel, der größer als 48,5°, dem Grenzwinkel der Totalreflexion, ist. Sie verlaufen daher in das Wasser zurück.
Daß der Nagel im Wasser wirklich vorhanden ist, stellen wir mit einem Blick durch die Seitenwand des Glasbehälters fest. Stellen wir einen ebenen Spiegel hinter das Gefäß, ist ein Spiegelbild des Nagels zu sehen. Sein Teil unter dem Kork ist aber nicht die Verlängerung des Teils über der Scheibe, weil infolge der Brechung der Strahlen beim Übergang von Wasser in Luft eine Verschiebung eintritt. Der Spiegel ermöglicht es mehreren Zuschauern gleichzeitig, die Erscheinung zu beobachten. [28]

Bemerkungen

1. Lichtstrahlen werden beim Übergang von einem optisch dichteren in ein optisch dünneres Mittel gebrochen.
2. Lichtstrahlen, die unter einem Winkel auf die Grenzfläche zu einem optisch dünneren Mittel treffen, der größer ist als der Grenzwinkel der Totalreflexion, werden total reflektiert.

8.19. Der Brennpunkt

1. Lupe
2. Streichholz
3. Papier
4. Sonnenlicht

Wir halten eine Lupe so, daß sie von den Lichtstrahlen der Sonne senkrecht getroffen wird. Hinter der Lupe fangen wir das Sonnenbildchen mit einem Stück

Papier auf, dessen Abstand wir so lange variieren, bis sich der helle Lichtfleck zu einem Punkt verengt. An dieser Stelle entflammt das Papier. Wir haben den Brennpunkt der Lupe gefunden.
Halten wir an diese Stelle das Köpfchen eines Streichholzes, entflammt es gleichfalls.
Der Versuch kann selbstverständlich mit jeder anderen Sammellinse ausgeführt werden. Die Lupe empfiehlt sich, weil die kurze Brennweite die Handhabung von Lupe und Streichholz begünstigt.

Bemerkungen

1. Die Sonne strahlt außer Licht- auch Wärmestrahlen aus.
2. Eine Sammellinse konzentriert die Wärmestrahlen in einem Brennpunkt.

8.20. Die Zylinderlinse

1. Papier
2. Schreibstifte, schwarz und rot
3. Reagenzglas mit Wasser und Stopfen

Wir schreiben auf einen Bogen Papier in lateinischen Druckbuchstaben die beiden Zeilen auf:

DIE HOHE EICHE
IM TIEFEN WALD

Die erste Zeile schreiben wir mit schwarzer Farbe, die zweite Zeile mit roter Farbe. Nun füllen wir ein Reagenzglas vollständig mit Wasser und verschließen es mit einem Stopfen. Wir halten die Glasröhre 2 cm bis 3 cm über die Schrift und lesen zuerst die obere schwarz geschriebene Zeile. Dies geht ohne weiteres. Betrachten wir aber die untere rote Schrift, stellen wir fest, daß die Schrift umgekehrt erscheint, also unleserlich ist.
Das mit Wasser gefüllte Reagenzglas wirkt als Zylinderlinse. Sie kehrt die Schrift um. Daß die obere Zeile scheinbar nicht umgekehrt zu lesen ist, beruht auf dem Trick, daß hier alle Buchstaben symmetrisch zu ihrer waagerechten Mittellinie sind. [28; 54]

Bemerkungen

1. Eine mit Wasser gefüllte durchsichtige Röhre wirkt als Zylinderlinse.
2. Eine Zylinderlinse bildet wie eine stark gekrümmte Bikonvexlinse ab.

8.21. Die Modelle von Fernrohr und Mikroskop

Versuch 1

1. 2 Kochflaschen mit verschieden starker Wölbung
2. Wasser

Wir füllen Kochflaschen (Stehkolben) mit verschieden großen Durchmessern mit Wasser und halten sie in das Sonnenlicht. Sie wirken als Sammellinsen. Auf einem

Stück Papier, das wir in den Strahlengang hinter den Flaschen halten, entstehen jeweils Lichtflecke. Je mehr wir das Papier von den Flaschen entfernen, desto kleiner wird der Fleck. Wir suchen die Stelle, an der er am kleinsten wird. Es entsteht das Sonnenbildchen. Hier fühlen wir eine Erwärmung, wenn wir unsere Hand an diese Stelle halten. Es handelt sich um den Brennpunkt. Sein Abstand von der Flaschenmitte ist die Brennweite. Je kleiner der Radius einer Flasche, d. h. je stärker ihre Wölbung ist, desto kleiner ist die Brennweite, während bei großem Radius eine große Brennweite entsteht.
Wir halten eine Flasche am ausgestreckten Arm vor uns hin und schauen durch sie nach einem hellen Gegenstand hin, am besten auf die gut beleuchtete Landschaft vor dem Fenster. Wir sehen ein verkleinertes, umgekehrtes, seitenvertauschtes Bild.

Versuch 2

1. 2 Kochflaschen mit verschieden starker Wölbung
2. Wasser

Wir verwenden zwei Kochflaschen, und zwar eine mit kleinem Durchmesser, d. h. kleiner Brennweite, die andere mit großem Durchmesser, also großer Brennweite. Beide füllen wir mit Wasser und stellen sie in Augenhöhe auf, die mit kleiner Brennweite weiter entfernt als die mit der größeren Brennweite. Die weiter entfernte Flasche wirkt als Objektiv, die uns nähere als Okular. Wir beobachten durch beide hindurch z. B. einen Baum draußen. Durch Verändern des Abstands der Flaschen gelingt es, ein vergrößertes Bild des Baums zu sehen. Es ist umgekehrt und seitenvertauscht. Wir haben das Modell eines Fernrohrs gebaut. Wir versuchen auch, das reelle Zwischenbild zwischen den Flaschen auf Papier aufzufangen.

Versuch 3

1. 2 Kochflaschen mit verschieden starker Wölbung
2. Wasser

Wir benutzen die beiden Flaschen und den Aufbau des Versuchs 2 noch einmal. Diesmal halten wir einen kleinen Gegenstand, z. B. die bunte Glaskuppe einer Stecknadel, dicht vor die erste Flasche, das Objektiv. Wir verschieben die Nadel so lange, bis wir ein vergrößertes Bild von ihr sehen. Sie liegt dann nahe vor dem Brennpunkt des Objektivs. Das reelle Zwischenbild der Nadel muß im Brennpunkt des Okulars liegen, das dann als Lupe wirkt. Den richtigen Abstand der beiden Flaschen finden wir durch Verschieben. Wir können auch versuchen, das reelle Zwischenbild auf Papier aufzufangen. Wir haben das Modell eines Mikroskops gebaut.
Die Bilder sind infolge der starken Krümmung der „Linsen“ stark verzerrt.

Bemerkungen

1. Mit Wasser gefüllte Flaschen wirken als Sammellinsen.
2. Mit solchen Flaschen können optische Geräte modellmäßig nachgebaut werden.

8.22. Die Körperfarben

1. Spektrallampen für Natrium- und für Quecksilberlicht im Gehäuse
2. Sockel
3. zum Betrieb gehörige Drossel (oder Bunsenbrenner, Asbestpappe, Kochsalzlösung oder farbig lackierte Glühlampen)
4. rote Glühlampe aus der Dunkelkammer
5. farbige Stücke aus Stoff, Farbpapier, Farbdrucke, Plakatkarton, farbige Kreide, Blumen und Früchte, z. B. Zitrone

In einem gut zu verdunkelnden aber vorerst mit normalem Licht beleuchteten Raum legen wir Stoffe, Blumen, Früchte, Papier in verschiedenen Farben auf den Tisch oder malen mit Farbkreide breite Striche auf die Wandtafel.
Später betrachten wir diese Gegenstände in monochromatischem Licht.
Gut geeignet ist das Licht des Natriumdampfs. Wir erhalten es am einfachsten aus einer Natriumdampf-Spektrallampe. Oder wir halten ein Stück mit Kochsalzlösung getränkte Asbestpappe in eine nichtleuchtende Bunsenflamme.

Versuch 1

Wir löschen die Allgemeinbeleuchtung im Raum, so daß jetzt nur das gelbe Licht der Natriumdampflampe übrigbleibt. Von den ausgelegten Stücken sehen wir die weißen und gelben Körper gelb, alle anders gefärbten Objekte, z. B. rote Blumen, rote Kirschen, sehen schwarz oder dunkelgrau aus. Die Gesichter umstehender Personen erscheinen geisterhaft, die Lippen und Wangen fast schwarz.

Versuch 2

Der letzte Effekt aus Versuch 1 wird noch verschärft im Licht einer Quecksilberdampf-Spektrallampe. Die Gesichter sehen fahl grünlich aus. Eine Zitrone erscheint fast schwarz, im Natriumlicht dagegen hellgelb.

Versuch 3

Wir schreiben einige Wörter mit roter Tinte auf weißes Papier. Im Licht einer roten Dunkelkammerlampe verschwindet der Schriftzug, weil Papier und Tinte jetzt einheitlich rot erscheinen.

Versuch 4

Verwenden wir lackierte Glühlampen, können wir je nach der Farbe der Lackierung Farben von Gegenständen aufleuchten oder verschwinden lassen. Nur ist der Effekt nicht mehr so deutlich, weil das Licht solcher Glühlampen nicht streng monochromatisch ist.
Es empfiehlt sich, für alle Versuche ebene Objekte zu verwenden. Räumliche Körper werfen Schatten, die dem Verschwinden bei entsprechender Beleuchtung hinderlich sind.
Selbstverständlich können solche Versuche auch im Licht eines möglichst großen Spektrums ausgeführt werden. Doch ist der Aufbau der Spektralapparatur meist umständlicher als die Verwendung von Spektrallampen oder der genannten einfacheren Leuchten. [18; 25]

Bemerkungen

1. Undurchsichtige Körper strahlen kein eigenes Licht aus.
2. Farbige undurchsichtige Körper reflektieren nur einen Teil der Spektralfarben, den anderen Teil absorbieren sie.
3. Die Farben eines Körpers verschwinden im Licht der komplementären Spektralfarben. Die Körper sehen dann schwarz aus.
4. Die Körper erscheinen in den Farben, die sie aus dem Spektrum selektieren und reflektieren (sogenannte Körperfarben).

8.23. Das Modell eines Regenbogens

Versuch 1

1. Rundkolben
2. Spaltblende
3. Wasser
4. Experimentierleuchte
5. Stativmaterial

Wir füllen einen Rundkolben mit Wasser. Davor stellen wir eine horizontal gerichtete Spaltblende. Wir können sie auch durch ein auf den Glaskolben geklebtes schwarzes Papier ersetzen, in das wir einen Spalt eingeschnitten haben. Auf den Spalt richten wir aus einer Experimentierleuchte ein schmales Bündel parallelen Lichts.
Zunächst bringen wir seitlich von dem Kolben einen weißen Schirm an. Auf ihm fangen wir die Farben des Hauptregenbogens auf.
Danach bringen wir den Schirm rückwärts vom Kolben an. Dort sehen wir die umgekehrte Farbenfolge des Nebenregenbogens. Die Wasserkugel ist das Modell eines der Wassertropfen, die in einer von der Sonne beschienenen Regenwand einen Regenbogen entstehen lassen.

Versuch 2

1. Wasserfontäne auf einem Rasensprenger
2. Sonnenlicht
3. Schlauch

Wir schließen einen Rasensprenger an die Wasserleitung an. Wir stellen ihn so ein, daß eine feine Verteilung der Wassertropfen entsteht. Stellen wir uns mit dem Rücken zur Sonne und schauen auf die Wasserwand, sehen wir den dem Regenbogen entsprechenden farbigen Bogen in Kreisform. Unser Blickwinkel gegen die Horizontale soll dabei 42° betragen.
Die Regenbogenfarben sind auch zu sehen an großen Fontänen, wenn der Wind eine Wand aus Wassertropfen zur Seite weht. [11]

Bemerkungen

1. Eine Wasserkugel kann als Modell eines Regentropfens bei der Entstehung eines Regenbogens dienen.
2. Viele Wassertropfen lassen im Sonnenlicht einen Regenbogen entstehen.

8.24. Die additive Farbenmischung

1. Pappe
2. Messer
3. Schere
4. Kerzen
5. Farbfolien
6. weißer Schirm

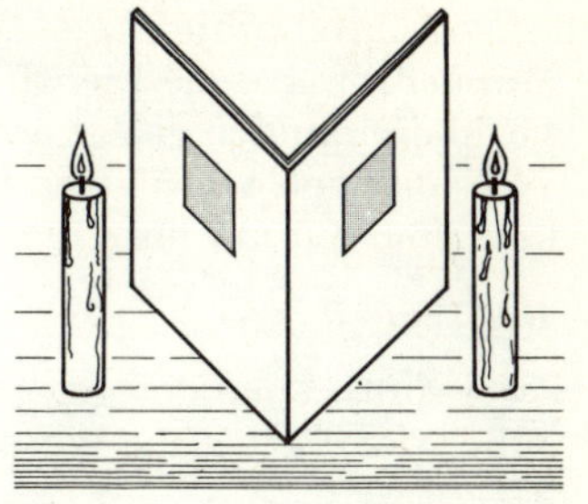

Abb. 8.24./1
Versuchsaufbau zur Farbenmischung

Quer über ein großes rechteckiges Stück Pappe ziehen wir von den Mitten der Längsseiten ausgehend eine Mittellinie. Rechts und links davon zeichnen wir je ein Quadrat. Ihre Mitten müssen in gleicher Höhe und gleichem Abstand von der Mittellinie stehen, ihre Seitenlängen seien 10 cm. Die Quadrate schneiden wir als Fenster aus. Dann knicken wir die Pappe an der Mittellinie und stellen sie vor einer weißen Wand oder einem weißen Schirm auf, so daß die Hälften einen Winkel bilden (Abb. 8.24./1).
Vor die Fenster stellen wir gleichhohe brennende Kerzen. Die beiden Papphälften werfen Schatten auf die Wand. Mitten in den Schatten sehen wir die hellen Bilder der quadratischen Ausschnitte.
Wir verändern die Stellung der Kerzen und den Knickwinkel der Pappe, bis die beiden Bilder aufeinanderfallen. Nun halten wir vor die Fenster gefärbte durchsichtige Gegenstände. Das können sein z. B. Farbgläser oder einfach Gelatine, Bonbonhüllen, farbiges Zellophan usw. Dünne Folien können wir auch über die Pappe hängen. Es entstehen auf der Stelle, an der sich die Bilder der Quadrate überdecken, Mischfarben. [3]

Bemerkung
Durch Addition farbiger Lichter entstehen Mischfarben.

8.25. Die Subtraktionsfarben

1. Farbgläser
2. Farbfolien
3. Experimentierleuchte (oder Schreibprojektor)

Wir blicken durch zwei verschiedenfarbige Farbgläser gegen den hellen Himmel oder einen anderen hellen Hintergrund. Wenn wir die Gläser übereinander decken, lassen sie nur noch die von den beiden Farbfiltern durchgelassene Subtraktionsfarbe übrig.
Beispiel: ein gelbes und ein blaues Filter läßt grünes Licht durch.
Statt der Farbgläser können wir auch Farbfolien verwenden. Interessant ist es, durchsichtige farbige Bonbonhüllen zu sammeln und aus ihnen Folien herauszusuchen, die sich für den Versuch eignen.
Um neben der Subtraktionsfarbe auch noch die ursprünglichen Farben zu sehen, legen wir die Gläser bzw. Folien so aufeinander, daß sie sich nur in der Mitte überdecken. Seitlich bleiben die Eigenfarben noch sichtbar.

Für eine objektive Beobachtung halten wir die Farbfilter in den Strahlengang einer Experimentierleuchte oder eines Projektionsapparates oder legen sie auf die Platte eines Schreibprojektors.
Monochromatische Lichtfilter lassen u. U. überhaupt kein Licht mehr durch, wenn sie übereinander gelegt werden. Beispiel: Grünfilter mit der Durchlässigkeit von Wellenlängen von 550 nm bis 590 nm und ein Blau-Violettfilter mit der Durchlässigkeit von 430 nm bis 470 nm. [11; 28]

Bemerkung

Zwei hintereinander gelegte Farbfilter absorbieren aus weißem Licht alle Farben außer der Farbe, die von beiden Filtern durchgelassen wird.

8.26. Der blinde Fleck

Versuch 1

2 Zeigefinger

Wir halten unsere beiden Zeigefinger vertikal in der deutlichen Sehweite dicht nebeneinander. Nun schließen wir das linke Auge und fixieren mit dem rechten Auge den linken Zeigefinger. Den rechten Zeigefinger bewegen wir langsam nach rechts von den linken weg. In etwa 20 cm Abstand verschwindet er, weil jetzt sein Bild auf den blinden Fleck des rechten Auges fällt. Bewegen wir den Finger weiter nach rechts, wird er wieder sichtbar.

Versuch 2

2 kleine Münzen

Wir legen zwei kleine Münzen, z. B. 10-Pfg-Stücke, im Abstand von 10 cm auf einen hellen Untergrund. Dann schließen wir das linke Auge oder halten es zu und fixieren mit dem rechten Auge aus etwa 30 cm Entfernung das linke Geldstück. Zunächst sehen wir noch beide Münzen. Nähern wir das Auge mehr und mehr von oben her dem linken Geldstück, so verschwindet das rechte bei einem bestimmten Abstand des Auges. Die von der rechten Münze kommenden Lichtstrahlen treffen auf den blinden Fleck der Netzhaut des rechten Auges. Öffnen wir dieses Auge wieder, sind beide Geldstücke sichtbar.

Versuch 3

1. weißes Papier
2. Schreibstift

Wir zeichnen auf weißes Papier ein Kreuz mit dicken Balken und rechts davon in 10 cm Abstand einen Kreis mit etwa 1 cm Durchmesser. Wir schließen das linke Auge und fixieren mit dem rechten Auge das links liegende Kreuz. Nähern wir das rechte Auge dem Kreuz, so verschwindet der anfänglich noch sichtbare Kreis, sobald die von ihm ausgehenden Strahlen den blinden Fleck im Auge treffen.
Wir legen an die Stelle des Kreises die Kuppe eines Fingers und wiederholen den

Versuch. Die Kuppe verschwindet genauso wie vorher der Kreis. Der Finger scheint keine Kuppe mehr zu haben.

Versuch 4

1. Wandtafel
2. weiße Kreide
3. weißes Papier
4. Schere

Wir zeichnen in Augenhöhe mit weißer Kreide ein Kreuz auf die Wandtafel, schließen das linke Auge und fixieren mit dem rechten Auge das Kreuz. Nun lassen wir von einem Helfer einen aus weißem Papier ausgeschnittenen Kreis von dem Kreuz aus auf der Tafel nach rechts entfernen. Er wird an einer bestimmten Stelle für uns unsichtbar. Für Zuschauer, die weiter weg von der Tafel hinter uns stehen, verschwindet das Papier erst später, wenn die von dem Kreis ausgehenden Strahlen bei ihnen den blinden Fleck im rechten Auge treffen. Wird das Papier noch weiter nach rechts verschoben, wird es wieder sichtbar. Der Versuch wird noch effektvoller, wenn eine Versuchsperson, deren Kopf sich in Höhe des aufgemalten Kreuzes befindet, sich von ihm nach rechts entfernt, während wir mit dem rechten Auge allein das Kreuz fixieren. Plötzlich verschwindet der Kopf, die Person erscheint kopflos.
Der blinde Fleck wurde 1666 von dem französichen Physiker Edmé Mariotte (1620 bis 1684) entdeckt. [11; 42]

Bemerkung

Von einer bestimmten Stelle der Netzhaut des Auges, dem sogenannten blinden Fleck, ist kein Sehen möglich.

8.27. Das umgekehrte Netzhautbild

1. Pappe mit Loch
2. Stecknadel
3. Experimentierleuchte
4. Konvexlinse mit großer Brennweite
5. Mattscheibe
6. Stativmaterial

Wir stellen mit einem Stativ eine Pappe auf, in die wir mit einer dicken Nadel ein feines Loch gestochen haben. Unser Auge bringen wir einige Zentimeter entfernt vor das Loch und schauen durch es hindurch gegen den hellen Himmel oder die weiße Zimmerdecke. Das andere Auge bleibt von der Pappe verdeckt. Zwischen Auge und Loch führen wir von unten her eine Stecknadel mit dickem Kopf aufwärts. Dann sehen wir vor dem hellen Hintergrund den Stecknadelkopf von oben nach unten kommen. Sein Bild ist unscharf, die Ränder erscheinen verschwommen. Wir bewegen die Nadel von rechts nach links. Das Auge beobachtet aber eine Bewegung von links nach rechts. Das Bild der Nadel ist also umgekehrt und seitenvertauscht und nicht — wie wir erwarten — aufrecht und seitenrichtig.
Wir ändern den Versuch ab. Das Licht einer Experimentierleuchte richten wir mit Hilfe eines Kondensors auf das Loch in der Pappe. Eine Mattscheibe stellen wir anstelle unseres Auges einige Zentimeter hinter dem Loch auf und bringen die Stecknadel zwischen Loch und Mattscheibe. Es erscheint auf ihr das Schattenbild

der Stecknadel. Wir sehen es aufrecht, und es bewegt sich mit der Nadel seitenrichtig. Daran ändert sich auch nichts, wenn wir zwischen Nadel und Mattscheibe eine Sammellinse bringen, deren Brennweite so groß ist, daß sie kein Bild der Nadel auf der Mattscheibe erzeugt. Wir sehen auf der Scheibe wieder das Schattenbild der Nadel, nur etwas vergrößert. Die Linse stellt das abbildende System des Auges dar.
Daß wir im ersten Teil des Versuchs ein verkehrtes Bild „sehen", liegt daran, daß unser Sehorgan das auf der Netzhaut empfangene Schattenbild genauso umkehrt, wie es sonst gewöhnt ist, ein durch das abbildende System des Auges entstandenes Bild umzukehren. Bei dem geringen Abstand der Nadel von dem optischen System des Auges spielen Linse, Hornhaut und Glaskörper keine (oder wenigstens eine zu vernachlässigende) Rolle zur Bildentstehung. [53]

Bemerkung

Das Auge kehrt den auf der Netzhaut entstehenden Bildeindruck um.

8.28. Die Trägheit des Netzhautbildes

1. weiße Pappe
2. dünner Faden
3. Kugelschreiber

Wir schneiden aus weißer Pappe eine runde Scheibe mit 10 cm Durchmesser aus. Auf der einen Seite malen wir das Bild eines Vogels, auf der anderen noch leeren Seite das Bild eines Vogelkäfigs auf. Oberhalb der Bilder und am unteren Ende des betr. Durchmessers der Scheibe unter den Bildern stechen wir kleine Löcher in die Pappe und ziehen lange dünne Fäden hindurch.
Wir spannen die Fäden und verdrillen sie. Dies erfolgt am einfachsten, indem wir die an den Fäden hängende Scheibe schnell viele Male herumschleudern. Durch plötzliches Straffen der Fäden stoppen wir die Umdrehungen. Die Scheibe rotiert darauf sehr schnell um den Durchmesser, an dessen Enden die Fäden befestigt sind.
Der Vogel scheint im Käfig zu stehen, obwohl Käfig und Vogel als getrennte Bilder vorliegen. Wir sehen nur ein Bild. Die beiden tatsächlichen Bilder werden nicht mehr getrennt wahrgenommen.

Bemerkung

Folgen Bildeindrücke auf der Netzhaut schnell genug nacheinander, vereinigen sie sich infolge einer Trägheit des Auges zu einem einzigen Bild.

8.29. Das einäugige Sehen

1. kleine Gegenstände
2. Pappe mit Loch
3. Tisch

Wir verteilen auf der Tischplatte mehrere kleine Gegenstände, z. B. Spielwürfel, Fingerhut, Bruchstücke von Kreide, Würfelzucker, Radiergummi. Es fällt uns

leicht, eines dieser Objekte mit dem ausgestreckten Zeigefinger zu treffen, wenn wir von oben herab auf es zielen.
Wir erschweren den Versuch. Dazu bohren wir in ein großes Stück Pappe ein Loch, dessen Durchmesser gerade so groß ist, daß wir mit einem Auge hindurchsehen können. Die Pappe selbst wählen wir so groß, daß wir nicht darüber hinwegsehen können. Wir halten sie so an die Tischkante, daß sich das Loch oben über der Kante befindet. Wir blicken durch das Loch und versuchen mit dem Zeigefinger über die Pappe hinweg schnell herabstoßend einen der Gegenstände zu treffen. Dies gelingt nicht, weil der räumliche Eindruck fehlt, den wir beim Sehen mit zwei Augen erhalten.
Vor einer Wiederholung des Versuchs unmittelbar nach dem ersten ordnen wir am besten die Gegenstände auf dem Tisch neu. Ebensowenig gelingt es, einen Faden durch ein Nadelöhr zu ziehen, wenn wir ein Auge zukneifen. [28]

Bemerkung

Räumliches Sehen ist nur mit beiden Augen möglich.

8.30. Das beidäugige Sehen

Versuch 1

1. Daumen
2. entfernte vertikale Gegenstände

Wir halten einen ausgestreckten Daumen am ausgestreckten Arm senkrecht vor uns hoch und schauen über ihn nach einem entfernten vertikal stehenden Gegenstand, z. B. der Kante der Wandtafel, einer Hauskante, einem Fensterkreuz. Der Daumen steht gerade vor einer solchen Kante. Nun schließen wir das linke Auge. Der Daumen „springt" deutlich nach links von der Kante weg. Wir öffnen das linke Auge wieder und schließen das rechte Auge. Jetzt „springt" der Daumen nach rechts. Dabei fällt uns auf, daß wir den Daumen einmal mehr von der rechten Seite, das andere mal von der linken Seite sehen. Die beiden inkongruenten Teilbilder unserer Augen werden im Gehirn zu einem einzigen körperlichen Bild zusammengesetzt.

Versuch 2

1. Druckschrift
2. 2 Bleistifte oder Kugelschreiber

Wir legen einen Bleistift in der Richtung der Druckzeilen auf irgend eine Druckschrift. Einen zweiten Bleistift halten wir in derselben Richtung in beliebiger Höhe darüber. Von welcher Seite und Höhe wir auch schauen, wir können in jedem Fall die beiden Bleistifte zur Deckung bringen.
Jetzt legen wir den ersten Bleistift senkrecht zu den Druckzeilen und halten den zweiten Bleistift in derselben Richtung darüber. In dieser Lage ist es uns unmöglich, sie zur Deckung zu bringen, solange wir sie mit beiden Augen betrachten. Mit nur einem Auge gelingt es dagegen leicht.

Bei einem sechskantigen Bleistift fällt beim wechselnden Betrachten mit dem linken und rechten Auge auf, wie sich die Teilbilder unterscheiden.
Es ist nicht unbedingt erforderlich, bei dem Versuch eine Druckschrift zu unterlegen. Sie erleichtert lediglich das Festlegen der Richtung der Bleistifte.

Versuch 3

Bogen Papier

Wir rollen einen Bogen Papier zu einer Rolle zusammen. Mit einer Hand halten wir sie vor ein Auge. Die andere, geöffnete Hand halten wir senkrecht neben das offene Ende des Rohrs. Wir schauen mit beiden offenen Augen. Dann sehen wir scheinbar durch ein Loch in der Hand die Umgebung. Hier werden die beiden Teilbilder, die jedes Auge getrennt erhält, besonders deutlich. [11]

Bemerkungen

1. Jedes Auge erhält beim beidäugigen Sehen ein vom anderen Auge verschiedenes Teilbild.
2. Körperliches Sehen entsteht durch Vereinigung der Teilbilder beider Augen im Gehirn.

8.31. Das parallaktische Sehen

Versuch 1

2 Zeigefinger

Wir legen in der deutlichen Sehweite von 25 cm unsere beiden Zeigefinger ausgestreckt waagerecht so gegeneinander, daß sich die Fingerspitzen berühren. Wir schauen über die Finger in die Ferne gegen einen hellen Hintergrund, z. B. das diffuse Himmelslicht. Wir warten kurze Zeit, bis die Augen auf diese Entfernung akkommodiert haben. Dann ziehen wir die Finger langsam auseinander. Zwischen den Fingerkuppen entsteht ein virtuelles deutliches Bild einer dritten Fingerkuppe. Es wird immer länger, sieht wie ein „Würstchen" aus, und verschwindet erst, wenn der Abstand der Fingerkuppen größer als der Augenabstand (6,5 cm) wird.

Versuch 2

Zirkel (oder 2 lange Bleistifte)

Wir öffnen einen Zirkel so weit, daß die Zirkelspitzen den Abstand unserer Augen (6,5 cm) haben, und halten ihn so, daß die Spitzen in der deutlichen Sehweite (25 cm) vor unseren Augen stehen. Wir schauen mit jedem Auge über die vor ihm liegende Spitze in die Ferne gegen einen hellen Hintergrund, z. B. in das diffuse Tageslicht. Nach kurzer Zeit der Akkommodation haben sich die Augen auf die Ferne eingestellt.

Wir sehen dann im Blickfeld zwischen den Zirkelspitzen eine dritte, virtuelle Spitze. Verringern wir die Öffnung des Zirkels, scheint das Bild, die dritte Spitze, immer näher zu kommen.
Der Versuch gelingt auch, wenn wir zwei lange Bleistifte mit den unteren Enden zusammen fassen und die oberen Spitzen auf 6,5 cm Abstand spreizen. Zwischen diesen Bleistiftspitzen sehen wir dann eine dritte.

Versuch 3

1. Karton
2. dünner Nagel

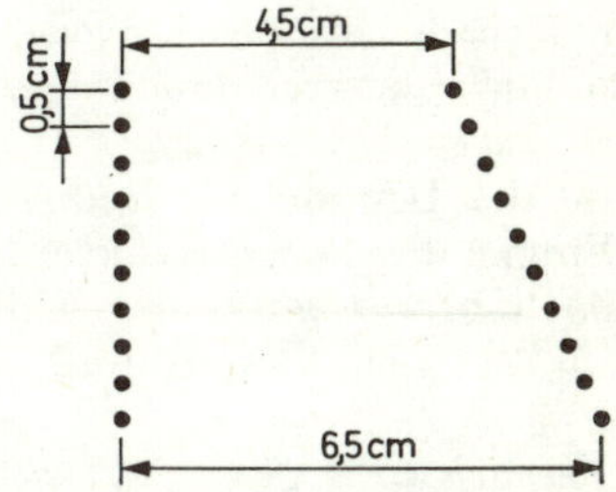

Abb. 8.31./1 Lochreihe zum parallaktischen Sehen

Wir stechen mit einem dünnen Nagel in einen Karton zwei Lochreihen von je etwa 10 Löchern (Abb. 8.31./1). Die eine Reihe verläuft vertikal mit Lochabständen von 0,5 cm. Die zweite Reihe hat von der ersten oben den Abstand 4,5 cm, unten 6,5 cm (Augenabstand).
Wir halten den Karton in der deutlichen Sehweite (25 cm) vor uns und schauen mit beiden Augen durch die Löcher gegen einen hellen Himmel oder eine beleuchtete Mattscheibe. Wir sehen eine Punktreihe, die auf uns zuzukommen scheint.
Drehen wir den Karton so, daß der größere Abstand der Löcher nach oben liegt, scheint die Punktreihe von uns wegzulaufen. [11; 42]

Bemerkung

Die parallaktischen Differenzen konjugierter Punkte der Netzhautbilder unserer beiden Augen liefern ein räumliches Sehen.

8.32. Die Beugung des Lichts an einem Spalt

Versuch 1

Finger der beiden Hände

Wir halten am ausgestreckten Arm Zeige- und Mittelfinger einer Hand so, daß zwischen ihnen ein schmaler Spalt entsteht. Entsprechend bilden wir mit Zeige- und Mittelfinger der anderen Hand ebenfalls einen schmalen Spalt. Diesen halten wir parallel zum ersten Spalt dicht vor ein Auge und schauen nach dem hellen Himmel. Besonders günstig ist es, wenn dort weiße Wolken in der Blickrichtung liegen. Wenn wir den Spalt vor dem Auge sehr eng halten, sehen wir neben einer hellen mittleren Linie zahlreiche helle und dunkle Beugungslinien.

Versuch 2

Daumen und Zeigefinger einer Hand

Wir biegen Mittel-, Ringfinger und kleinen Finger zusammen. Den Daumen und den Zeigefinger nähern wie einander so, daß zwischen ihren Fingerkuppen ein möglichst enger Spalt entsteht. Die Finger halten wir am ausgestreckten Arm vor uns und schauen durch den Spalt gegen den hellen Himmel. Ist der Spalt eng genug, sehen wir die Beugungslinie wie in Versuch 1.

Versuch 3

1. Experimentierleuchte (oder Einfadenlampe)
2. Finger unserer Hände

Ist der Himmel für Beobachtungen nach Versuch 1 zu dunkel, beleuchten wir die Finger der ausgestreckten Hand von hinten mit einer Experimentierleuchte oder noch besser mit einer Einfadenlampe, deren Glühfaden parallel zu den Fingerspalten gestellt sein muß.

Versuch 4

1. Kerze
2. Alufolie
3. Glasplatte
4. Reißnadel
5. Tesafilm

Wir schneiden in eine auf einer Glasplatte liegende und mit Tesafilm rundum angeklebte Alufolie (Stanniol) mit einer Reißnadel, scharfem Messer oder einer Zirkelspitze einen feinen Spalt. Dann zünden wir eine Kerze an und stellen sie etwa **5** m weit entfernt auf. Wir halten den Spalt dicht vor ein Auge und schauen nach der Kerzenflamme hin. Wir sehen eine helle Mittellinie, die von farbigen Beugungsstreifen umgeben ist.
Statt der Kerze kann auch eine kleine Glühlampe oder Einfadenlampe als Lichtquelle dienen. Es ist auch möglich, die Alufolie durch eine sehr stark berußte Glasscheibe zu ersetzen, in die wir den Spalt einritzen. [11]

Bemerkungen

1. Mit einem einfachen Spalt lassen sich Fresnelsche Beugungsstreifen im hellen Bild der Lichtquelle beobachten.
2. Die Beugungsstreifen sind nur zu sehen, wenn der beugende Spalt sehr eng ist.

8.33. Die Beugung des Lichts an einer kleinen Öffnung

1. Experimentierleuchte
2. schwarzes Papier
3. Alufolie
4. Nadel
5. Farbfilter

In schwarzes Papier (oder in Pappe) stechen wir ein feines Loch. Die so erhaltene Lochblende beleuchten wir von hinten mit einer Experimentierleuchte. Ferner stechen wir in Aluminiumfolie oder in schwarzes Papier nochmals ein kleines Loch. Dieses halten wir uns dicht vor ein Auge und schauen hindurch nach der Lochblende hin, die in etwa 1 m Abstand steht. Die Lochblende erscheint unscharf, verschwommen und von einem oder mehreren hellen Beugungsringen umgeben.

Wir vergrößern den Abstand Lochblende-Auge auf einige Meter. Die Beugungsringe werden farbig. Schalten wir ein Farbfilter vor die Lochblende, erscheinen helle Ringe in einfarbigem Licht.
Die nicht geradlinige Ausbreitung des Lichts hinter einer kleinen Öffnung wurde von Francesco Maria Grimaldi (1618 bis 1663) als Beugung des Lichts beschrieben. Die richtige Deutung der Beugung gab 1818 Augustin Jean Fresnel (1788 bis 1827), indem er die Huygensschen Elementarwellen mit dem Youngschen Prinzip der Interferenz kombinierte. [11]

Bemerkungen

1. Licht wird an einer feinen Öffnung in den Schattenraum hinein ringförmig gebeugt.
2. Die Beugungserscheinung entspricht der an einem einfachen Spalt (siehe Versuch 8.32./4).

8.34. Die Beugung des Lichts an kleinen Scheibchen

Versuch 1

1. Kerzenflamme
2. Glasscheibe

Im verdunkelten Raum zünden wir eine Kerze an und stellen sie möglichst weit entfernt (etwa 5 m) auf. Wir hauchen eine Glasplatte an, bis sie mit feinen Wassertröpfchen dicht beschlagen ist. Diese Platte halten wir dicht vor unser Auge und schauen durch sie nach der Kerzenflamme hin. Das Bild der Flamme erscheint infolge der Beugung des Lichts an den Wassertröpfchen von einem Hof umgeben.

Versuch 2

1. Experimentierleuchte mit Lochblende
2. Glasscheibe
3. Mehl (oder Bärlappsporen, Lycopodiumpulver)
4. Farbfilter

Im verdunkelten Raum stellen wir eine Lochblende auf und beleuchten sie von hinten mit einer Experimentierleuchte. In möglichst großem Abstand davon betrachten wir die fast punktförmige Lichtquelle durch eine Glasplatte, die wir mit Mehl oder Bärlappsporen oder Lycopodiumpulver bestäubt haben. Auch ein Anhauchen des Glases bis zu einem dichten Beschlag mit Wassertröpfchen genügt. Das Bild des Lichtpunktes ist von farbigen Beugungsringen umgeben.
Wir halten ein Farbfilter vor die Lichtquelle. Als Beugungserscheinung entsteht ein System von dunklen Ringen um das Bild der hellen Lochblende.
Im Nebel sehen wir eine entfernte Lichtquelle von farbigen Ringen umgeben. Die um den Mond und seltener um die Sonne sichtbaren Höfe sind als Beugungserscheinungen des Lichts an den statistisch verteilten feinsten Wassertröpfchen der Wolkenschleier zu erklären. Nach Regenwetter werden die Tröpfchen größer und die Höfe enger.

Versuch 3

1. Kerzenflamme
2. große Kochflasche mit Wasser
3. Gummistopfen mit Hahnrohr

Wir geben etwas Wasser in eine möglichst große Kochflasche und verschließen sie mit einem Gummistopfen, durch den wir ein Glasrohr oder besser ein Hahnrohr stecken. Im verdunkelten Zimmer zünden wir eine Kerze an, die wir weit entfernt aufstellen.
Die Luft in der Flasche ist mit Feuchtigkeit gesättigt. Jetzt saugen wir recht schnell mit dem Mund soviel Luft aus der Flasche wie nur möglich und verschließen rasch wieder das Rohr. Infolge der eintretenden adiabatischen Abkühlung der Luft wird der Gehalt an Wasserdampf in der Flasche übersättigt. Daher erfolgt durch Kondensation Nebelbildung. Betrachten wir die Kerzenflamme durch die mit Nebel erfüllte Flasche, sehen wir farbige Beugungsringe.
Der Versuch gelingt besser, wenn wir das kurzfristige Absaugen von Luft aus der Flasche durch ein Hahnrohr mit einer Luftpumpe vornehmen. Vorsicht! Keine Kochflasche mit ebenem Boden verwenden. Gefahr von Implosion!
Als Lichtquelle kann statt der Kerzenflamme auch eine Experimentierleuchte mit Lochblende dienen. Wird so der Nebel in der Flasche mit einem Lichtbündel durchstrahlt, können die farbigen Beugungsringe auf einem Schirm aufgefangen werden.

Bemerkungen

1. Licht wird an vielen kleinen Scheibchen gebeugt.
2. Als Bild der Lichtquelle treten bei der Beugung des Lichts an kleinen Scheibchen Beugungsringe auf.
3. Höfe um Sonne und Mond sind Beugungserscheinungen.

8.35. Die Beugung des Lichts an einem Hindernis

Versuch 1

Haar

Wir schließen ein Auge und halten ein Haar senkrecht vor das andere Auge. Schauen wir jetzt über das Haar gegen eine Lichtquelle oder das diffuse Tageslicht, sehen wir im Haar eine helle Linie und um das Haar rechts und links feine dunkle Linien, die Beugungserscheinungen.

Versuch 2

1. Experimentierleuchte mit engem Spalt
2. Draht mit einem Durchmesser von 0,5 mm und weniger

Wir stellen in etwa 2 m Entfernung eine Experimentierleuchte auf und beleuchten mit ihr von hinten eine enge Spaltblende. Wir halten einen sehr dünnen Draht parallel zum Spalt dicht vor unser Auge und schauen nach dem Spalt hin. Wir sehen

parallel zum Draht in seinem Schattenbild einen hellen Streifen, seitlich davon helle und dunkle Beugungsstreifen.
Der Versuch muß in einem gut verdunkelten Raum ausgeführt werden. [11]

Bemerkungen

1. Licht kann von der geradlinigen Ausbreitung abweichen, es wird gebeugt. Licht „geht um die Ecke".
2. An einem feinen geraden Hindernis entstehen Beugungslinien.

8.36. Die Beugung des Lichts an Kreuzgittern

Versuch 1

1. Kerze
2. Gänsefeder
3. Stativmaterial

Wir klemmen eine Gänsefeder oder eine andere große Vogelfeder an einem Stativ fest und stellen in 30 cm Entfernung hinter ihr eine brennende Kerze auf. Auch eine Experimentierleuchte kann als Lichtquelle dienen. Das Zimmer wird leicht verdunkelt.
Schauen wir aus 1 m bis 2 m Entfernung durch die Feder nach der Kerze hin, sehen wir ihr Bild strahlenförmig symmetrisch von spektralgefärbten Beugungsbildern umgeben. Oft sind sie in mehrfacher Ordnung (bis 4. oder 5. Ordnung) zu sehen.

Versuch 2

1. Kerze
2. 2 gleiche Glasplatten
3. Gaze
4. Tesafilm
5. Stativmaterial

Wir legen einen Streifen sogenannter Müllergaze zwischen zwei Glasplatten. Müllergaze ist ein sehr feinmaschiges Drahtnetz. Sehr dünner Verbandmull oder Regenschirmseide können statt der Gaze auch geeignet sein. Es muß ausprobiert werden, ob diese Stoffe in zwei Lagen übereinander bessere Wirkung zeigen. Als Glasplatten eignen sich Diagläser. Sie werden nach dem Einlegen der Gaze an den Rändern mit Tesafilm zusammengeklebt. Mit diesem kleinen Gerät statt der Vogelfeder führen wir den Versuch 1 aus und erhalten als Beugungsbilder senkrecht aufeinanderstehende Beugungsspektren.
Steht für den Versuch keine punktförmige Lichtquelle zur Verfügung, benutzen wir eine beliebige Lampe, vor die wir eine Lochblende stellen.

Versuch 3

1. Kerze
2. Regenschirm

Wir betrachten eine brennende Kerze durch einen aufgespannten Regenschirm. Es treten Beugungserscheinungen auf. Der Schirm muß mit Seidenstoff bespannt

sein. Bei einer modernen Kunststoffbespannung tritt keine Beugung des Lichts ein.
Entsprechende Beobachtungen erleben wir auf einem nächtlichen Spaziergang bei Regenwetter, wenn wir durch einen Regenschirm nach einer entfernten Straßenlampe sehen.

Versuch 4

Farbgläser zusätzlich zu den Versuchen 2 und 3

Wir bringen bei den Versuchen 2 und 3 zwischen die Lichtquelle und die verschiedenen Beugungsgitter ein Farbglas (Farbfilter). Dann erscheint das Bild der Lichtquelle statt in spektral gefärbten Beugungsfiguren als mehrfach helle und dunkle Beugungserscheinung. [11; 18]

Bemerkungen

1. Die miteinander verhakten Fasern einer Vogelfeder oder feinmaschiges Gewebe wirken als Kreuzgitter.
2. Durch ein Kreuzgitter wird Licht gebeugt.
3. Die Beugungsbilder einer Lichtquelle sind spektral gefärbt, es sei denn, sie ist selbst einfarbig. Dann sind die Beugungsbilder nur hell-dunkel.

8.37. Die Polarisation des Himmelslichts

Versuch 1

1. Polarisationsfilter
2. heller Himmel

Wir halten ein Polarisationsfilter als Analysator vor unser Auge und schauen durch es hindurch gegen den hellen Himmel. Drehen wir das Filter, verdunkelt sich das hindurchgehende Licht bei einer bestimmten Stellung des Filters. Das Himmelslicht ist polarisiert.
Die vom Sonnenlicht bestrahlte Atmosphäre ist Ausgang einer Streustrahlung. Sie ist die Ursache der teilweisen Polarisation des Himmelslichts. Die Schwingungsebene des polarisierten Lichts liegt im allgemeinen senkrecht zu der Ebene, die durch die Sonne, den Beobachter und den beobachteten Himmelspunkt festgelegt ist. Daher wächst die Polarisation mit tiefer stehender Sonne. (An zwei Punkten des Himmels ist das Licht nicht polarisiert — Aragoscher und Babinetscher Punkt.) Am stärksten erfolgt also die Auslöschung des Lichts, wenn wir einen Punkt am Himmel anvisieren, der um 90° von der Sonne absteht.

Versuch 2

1. Polarisationsfilter
2. Regenbogen

Die Beobachtung eines Regenbogens durch ein Polarisationsfilter als Analysator ist besonders interessant. Etwa 1/8 des Bogens verschwindet an der Stelle, für die

die Durchlaßrichtung des Filters radial zum Bogen steht. Die Schwingungsebene seines polarisierten Lichts verläuft daher tangential zum Bogen.

Versuch 3

1. Glas- oder Kunststoffscheibe
2. Stück Polarisationsfolie
3. Winkelmesser
4. Klebstoff
5. Schere

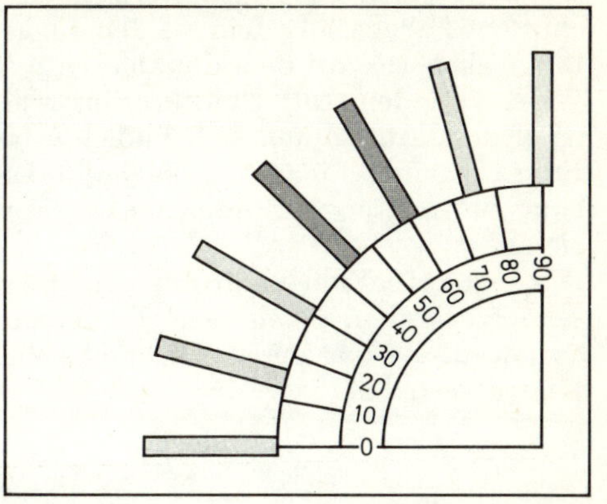

Abb. 8.37./1
Gerät zur Untersuchung des Himmelslichts

Wir kleben einen halben (oder ganzen) Winkelmesser auf eine dünne Glas- oder Kunststoffplatte. Aus einer Polarisationsfolie schneiden wir Rechtecke von der Größe 3 mm mal 15 mm aus und kleben sie radial zum Winkelmesser auf die Platte (Abb. 8.37./1). Die Polarisationsrechtecke erscheinen im natürlichen Licht gleichmäßig grau. Fällt polarisiertes Licht auf die Streifen, so erscheint das Rechteck am dunkelsten, bei dem die Schwingungsebene des einfallenden Lichts senkrecht zur Durchlaßrichtung der Folie liegt.
Mit dem Gerät suchen wir den Himmel nach der Stelle stärkster Polarisation ab. Die Rechtecke in der Mitte zwischen 45° und 60° erscheinen am dunkelsten. Die Bienen orientieren sich nach dem Polarisationsgrad des Himmelslichts.
Die Polarisation des Himmelslichts wurde 1809 von Dominique Francois Jean Arago (1786 bis 1853) entdeckt.

Bemerkungen

1. Das Himmelslicht ist teilweise polarisiert.
2. Der Polarisationsgrad des Himmelslichts richtet sich nach der Lage der Sonne.

8.38. Die Farben dünner Blättchen

Versuch 1

1. schwarze Schale mit Wasser
2. Öl (oder Mikrofilm)
3. Streichholz
4. Pinzette
5. Arbeitsprojektor

Wir füllen in eine schwarze Schale, wie sie zum Entwickeln von Fotos gebraucht wird, Wasser. Auf die Wasserfläche geben wir einen Tropfen Fahrradöl oder Terpentinöl. Es breitet sich auf dem Wasser aus. Damit die Ölschicht auf dem Wasser möglichst dünn wird, darf der Tropfen nur eine sehr geringe Menge Öl enthalten. Dies erreichen wir, indem wir ein angespitztes Streichholz oder einen Zahnstocher in das Öl tauchen und dann mit der Spitze in das Wasser tupfen.

Die sich ausbreitende Ölschicht erscheint zuerst farblos. Bei einer sehr geringen Dicke der Ölhaut zeigen sich Farben, weil dann die an ihrer Ober- und Unterseite reflektierten Wellenzüge interferieren. Je nach der Dicke der Ölschicht werden einzelne Farben aus dem weißen Licht ausgelöscht. In der subjektiven Beobachtung sehen wir auf dem dunklen Untergrund Mischfarben.
Wir verwenden statt Öl Mikrofilm, wie er im Flugmodellbau verwendet wird. Der nach dem Auftropfen sich bildende farbige Film erstarrt bald. Wir können den Film mit einer Pinzette abheben, auf einen vorbereiteten Papprahmen legen und zum Betrachten herumreichen oder auf den Arbeitsprojektor legen und projizieren.
Der erstarrte Film kann mit einem Stück schwarzen Papiers vom Wasser abgeschöpft werden. Nach dem Trocknen lassen sich die Farben dünner Blättchen aufheben. Da der Versuch schnell abläuft, lassen sich viele solcher Papiere in der Klasse verteilen.

Versuch 2

1. schwarze Entwicklerschale mit Wasser
2. Öl (oder Mikrofilm)
3. 2 Streichhölzer
4. Experimentierleuchte
5. Sammellinse
6. Stativmaterial

Wir füllen Wasser in eine schwarze größere Schale. Auf die Wasserfläche richten wir schräg den Lichtkegel aus einer an einem Stativ befestigten Experimentierleuchte. Das vom Wasser reflektierte Licht fällt auf eine etwa 2 m entfernte Wand. Auf ihr bilden wir die Oberfläche des Wassers mit einer Sammellinse ($f = 15$ cm) scharf ab. Damit dies erleichtert wird, lassen wir vorübergehend ein Streichholz auf dem Wasser schwimmen und suchen sein scharfes Bild an der Wand.
Nun tupfen wir mit Hilfe eines zugespitzten Streichholzes oder eines Zahnstochers einen kleinen Tropfen Speiseöl oder Terpentinöl oder Mikrofilm auf die Wasserfläche. Er breitet sich aus und zeigt, wenn er eine bestimmte Dicke erreicht hat, die Farben dünner Blättchen. Sie erscheinen in der Projektion an der Wand. [53]

Bemerkung

An dünnen Ölschichten entstehen im reflektierten Licht infolge Interferenz der Wellenzüge an der Vorder- und Rückseite der Schicht Farberscheinungen.

8.39. Die Anlauffarben

1. Rasierklinge
2. Zange
3. Schmirgelpapier
4. Bunsenbrenner

Wir schmirgeln eine Rasierklinge blank. Dann fassen wir sie am Rand mit einer Zange und halten sie in die Flamme eines Bunsenbrenners. Die Klinge färbt sich vom Rand her im Bogen nach der Mitte zu. Es entstehen die Anlauffarben, von Gelb nach Blau. Die blaue Farbe wird bei 310 °C erreicht. Sobald diese Färbung entstanden ist, nehmen wir die Klinge aus der Flamme und lassen sie abkühlen. Die Farbe bleibt erhalten.

Schmiede wissen, welche Temperaturen zum Entstehen der einzelnen Farben erforderlich sind. Von ihnen hängt beim Härten von Stahl der zu erzielende Härtegrad ab.

Bemerkung

Stahl läuft beim Erhitzen farbig an.

8.40. Die optische Schwebung

2 Kämme

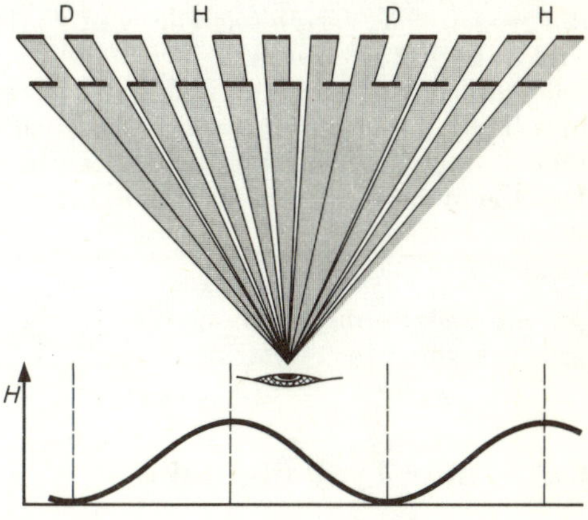

Abb. 8.40./1
Schwebung des Lichts hinter Kämmen

Bei dem Versuch benutzen wir zwei Kämme, die nicht unbedingt völlig gleich in den Stärken der Zinken und der Zwischenräume sein müssen. Wir halten sie mit parallelen Zinken in Augenhöhe voreinander im gegenseitigen Abstand von etwa Daumenbreite und schauen durch sie hindurch gegen ein helles Fenster.
Wir beobachten vor dem vorderen Kamm deutlich dunkle Abschnitte, die mit hellen abwechseln. Die Übergänge von Hell nach Dunkel und umgekehrt sind verwaschen. Die Abbildung 8.40/1 zeigt einen Ausschnitt der Kämme in Draufsicht von oben. Der Graph darunter veranschaulicht schematisch, wie das Licht von voller Helligkeit über schwache Helligkeit bis zur Dunkelheit abnimmt und dann wieder zunimmt. H bedeutet maximal von den Zwischenräumen der Zinken ausgehende Helligkeit, D eine Stelle völliger Dunkelheit.
Eine entsprechende Beobachtung erleben wir, wenn wir auf der Autobahn auf eine darüberführende Brücke zufahren, die Eisengeländer mit senkrecht parallel stehenden Gitterstäben besitzt. Dies ist um so erstaunlicher, als die Abstände der Stäbe recht groß und ihre Dicke nur fingerbreit sind. [28]

Bemerkung

Hinter zwei gitterförmigen Hindernissen sieht das Auge ein An- und Abschwellen der Helligkeit (Schwebung).

8.41. Der Interferenzversuch nach Pohl

1. Glimmerplatte
2. Natriumdampflampe (oder Quecksilberdampfhochdrucklampe)

Wir schalten eine Natriumdampflampe oder eine Quecksilberdampfhochdrucklampe mit den entsprechenden Vorschaltgeräten ein und halten mit der Hand oder mit einem Stativ eine dünne Glimmerplatte etwa 10 cm vor die Lampe. Wir stellen uns hinter die Lampe und sehen in dem von der Glimmerplatte reflektierten Licht ein System von hellen und dunklen Streifen bzw. Ringen. Bei der Reflexion des monochromatischen Lichts entstehen hinter der Vorder- und der Rückseite der Platte zwei virtuelle kohärente Lichtquellen. Von ihnen gehen Lichtwellen aus, die wegen der verschieden langen optischen Wege Gangunterschiede aufweisen und daher interferieren.
Die Interferenzerscheinungen können auch auf einem Schirm oder einer Wand hinter der Lampe aufgefangen und beobachtet werden. Die sehr dünne Glimmerplatte muß sorgfältig planliegend aufbewahrt werden.
Der Versuch wurde von dem Göttinger Physiker Robert Wichard Pohl angegeben. [54]

Bemerkung

Im an einer dünnen Schicht reflektierten monochromatischen Licht entstehen helle und dunkle Interferenzringe.

8.42. Der Tyndall-Effekt

1. Aquarium mit Wasser
2. Seifenlösung
3. Experimentierleuchte
4. Blauglas

Wir füllen ein Aquarium mit Wasser. Vor eine der Glaswände stellen wir eine Experimentierleuchte als starke Lichtquelle und durchstrahlen das Wasser mit einem kegelförmigen Lichtbündel. Betrachten wir den Lichtkegel, erscheint er uns unverändert in der Farbe, wie sie von der Lichtquelle ausgeht und zwar unabhängig davon, durch welche Scheibe des Aquariums wir schauen. Der Versuch wird am besten in einem verdunkelten Raum ausgeführt.
Nun trüben wir das Wasser. Dazu schneiden wir etwas Feinseife in kleine, möglichst dünne Scheibchen und lösen sie in einem besonderen Gefäß unter kräftigem Umschütteln in Wasser. Von der Lösung geben wir zunächst nur wenig in das Aquarium und rühren um.
Wir sehen durch die der Lichtquelle gegenüberliegende Scheibe in das Aquarium. Das entgegenkommende Licht und das Wasser erscheinen leicht gelblich-rötlich gefärbt. Blicken wir in einer um 90 ° geänderten Richtung, also von der Seite auf den Lichtkegel, sehen wir ein schwach bläuliches Licht. Nun geben wir nach und nach mehr Seifenlösung in das Wasser. Je stärker die Trübung wird, desto intensiver wird die Gelb-Rot Färbung bzw. die Blaufärbung. Halten wir ein starkes Blauglas vor die Lichtquelle, verschwindet das gelblich-rötliche Licht in der Betrachtung von der Gegenseite her.
Statt der Seifenlösung kann für den Versuch auch eine alkoholische Lösung von Mastix verwendet werden. Mit Milch kann die Trübung weniger gut erreicht werden.
Das Licht wird an den feinst verteilten Seifenteilchen ohne Änderung der Wellenlänge gestreut. Von den verschiedenfarbigen Lichtern des weißen Glühlichts wird

das blaue Licht stärker abgelenkt als das rote und gelbe. Mit der Zunahme der streuenden Teilchen wächst der Anteil des seitlich abgelenkten blauen Lichts mehr und mehr an, während in der geraden Ausbreitungsrichtung der Anteil des rotgelblichen Lichts zunimmt.
Nach ihrem Entdecker John Tyndall (1820 bis 1893), der die Erscheinung 1868 erstmals beschrieb, wird sie Tyndall-Effekt genannt. 1871 fand Lord Rayleigh (1842 bis 1919), daß die Intensität des gestreuten Lichts umgekehrt proportional ist zur vierten Potenz der Wellenlänge. Nun ist die Wellenlänge des blau-violetten Lichts nur halb so lang wie die des roten. Daher wird das blaue Licht $2^4 = 16$mal stärker abgelenkt als das rote. Nach Rayleigh wird das Sonnenlicht an den in der Atmosphäre schwebenden feinsten Teilchen (Molekeln) gestreut, wobei die starke Streuung des kurzwelligen Lichts das Himmelsgewölbe blau erscheinen läßt. Astronauten sehen es dagegen schwarz, weil im Weltall die Streuung fehlt. Dem unmittelbar zu uns kommenden Sonnenlicht wird der kurzwellige Anteil entzogen. Muß das Licht am Abend und Morgen besonders lange Wege durch unsere Atmosphäre zurücklegen, leuchtet die Sonne gelblich-rot. Es entstehen Abend- bzw. Morgenröte. [60]

Bemerkungen

1. Trübung im Wasser wird durch Streuung des einfallenden Lichts hervorgerufen.
2. Blaues Licht wird an feinsten Teilchen mehr gestreut als rotes Licht.
3. Himmelserscheinungen wie das Himmelsblau oder Abend- und Morgenrot werden mit der Streuung des Sonnenlichts erklärt.

8.43. Die Farben des Zigarrenrauchs

1. Zigarre oder Zigarette
2. Feuerzeug

Wir zünden eine Zigarre oder Zigarette an. Der von ihr aufsteigende Rauch sieht, wenn wir ihn von der Seite her betrachten, blau aus. Die Rauchteilchen besitzen einen kleineren Durchmesser als die Wellenlänge des sichtbaren Lichts beträgt. An diesen Teilchen wird das Licht gestreut, und zwar das blaue Licht besonders stark. Es trifft in unser Auge und läßt den Rauch blau erscheinen.
Nun inhalieren wir den Zigarrenrauch und blasen ihn aus. Jetzt erscheint er uns in weißer Farbe. Die Rauchteilchen kondensieren im Mund. Dabei vergrößern sich ihre Durchmesser so weit, daß sie die Wellenlänge des Lichts erreichen. Dann wird das gelbe Licht stärker gebrochen als das blaue Licht. Der Rauch erscheint darauf in gelblich-weißer Farbe. [55]

Bemerkung

Licht wird an kleinsten Teilchen gestreut, blaues Licht am stärksten.

9. Magnetik

9.1. Die Anziehungskraft von Magneten

Versuch 1

1. Eisenstück, z. B. kurze Stativstange
2. Stabmagnet
3. zwei runde Bleistifte
4. eventuell Schreibprojektor

Wir legen zwei runde Bleistifte parallel als Rollenlager auf den Tisch und darüber ein Eisenstück. Nähern wir ihm langsam den Pol eines Magneten, rollt das Eisen auf ihn zu. Das Eisen wird angezogen. Dieser und der folgende Versuch können projiziert werden.

Versuch 2

Geräte wie im Versuch 1

Wir legen zwei runde Bleistifte auf den Tisch und quer darüber einen Stabmagneten. Nähern wir ihm langsam ein Eisenstück, rollt der Magnet auf das Eisen zu. Er wird angezogen.

Bemerkungen

1. Zwischen Eisen und Magnet herrscht eine Anziehungskraft.
2. Die Anziehung ist wechselseitig.

9.2. Das Modell eines Stabmagneten

Versuch 1

1. Reagenzglas mit Stopfen
2. Eisenfeilspäne
3. Stabmagnet
4. Magnetnadel auf Fuß

Wir füllen ein Reagenzglas mit Eisenfeilspänen (besser noch mit Stahlspänen) und verschließen es mit einem Stopfen. Zwischen ihm und den Spänchen soll etwa

1/2 cm Platz bleiben bei senkrecht gehaltenem Glas. Nähern wir eine Magnetnadel, werden beide Pole der Nadel von den Enden des Glases angezogen. Die Eisenfüllung ist unmagnetisch.
Wir bestreichen das Glas der Länge nach mehrfach mit einem Pol eines Stabmagneten. Die erneute Probe mit der Magnetnadel ergibt, daß an einem Ende des Reagenzglases ein Pol der Nadel angezogen, der andere abgestoßen wird. Am anderen Ende des Glases ist es umgekehrt. Die Eisenfüllung ist magnetisch geworden. Die Spänchen haben sich magnetisch gleichsinnig ausgerichtet. Durch kräftiges Schütteln oder Beklopfen des Reagenzglases mit der Hand wird die Füllung wieder unmagnetisch, wie sich aus der Probe mit der Magnetnadel ergibt.

Versuch 2

1. bis 4. Geräte wie im Versuch 1
5. Spule (1200 Windungen)
6. Niederspannungsnetzgerät für Wechselstrom

Das Entmagnetisieren der Eisenfüllung des Reagenzglases in Versuch 1 kann auch so erfolgen, daß wir das Röhrchen in eine Spule mit 1200 Windungen legen, an die wir eine Wechselspannung von einigen Volt anlegen. Das Glasröhrchen ziehen wir langsam aus der Spule. Die Eisenfüllung erweist sich als unmagnetisch. (Modell zum Löschen eines Tonbandes.)

Bemerkungen

1. Mit der Eisenfüllung eines Reagenzglases kann das Magnetisieren und Entmagnetisieren vorgeführt werden.
2. Durch Bestreichen der Eisenfüllung mit einem Magnetpol werden die Eisenspänchen durch Influenz magnetisch.
3. Mit Wechselstrom kann ein Magnet entmagnetisiert werden.
4. Die Eisenfeilspäne können als Modell der Elementarmagnete dienen.

9.3. Die magnetische Feldlinie

1. Aquarium mit Wasser
2. Stabmagnet
3. magnetische Stricknadel
4. Korkstopfen

Wir stecken eine magnetisierte Stricknadel so durch einen Korkstopfen, daß der eine Pol, z. B. der Südpol, etwa 1 cm über den Stopfen herausragt. Dieses Gerät setzen wir auf das Wasser in einem großen Gefäß (Aquarium). Der lange Teil der Stricknadel taucht ganz in das Wasser ein, der obere Pol schwimmt nahe über der Wasserfläche. Jetzt legen wir einen Stabmagneten außen an die Wand des Aquariums in Höhe und parallel zur Oberfläche des Wassers an. Den Kork bringen wir in die Nähe des Südpols des Stabmagneten. Dann schwimmt der Kork mit der Stricknadel in einem Bogen zum anderen Pol des Magneten. Der Bogen, auf dem sich der Pol der Stricknadel bewegt, stellt eine magnetische Feldlinie dar.

Bemerkung

Magnetische Feldlinien verlaufen in einem Bogen von einem Pol des Magneten zum anderen.

9.4. Die magnetische Influenz

Versuch 1

1. Stativstange (50 cm)
2. Stabmagnet
3. Holzhammer
4. Magnetnadel auf Fuß

Wir prüfen zunächst mit der Magnetnadel eine Stativstange, ob sie unmagnetisch ist. Beide Pole der Nadel müssen gleichartig von dem Stab angezogen werden. Dann legen wir einen kräftigen Stabmagneten dicht neben die Stange auf den Tisch. Nach einer Stunde wird an einem Ende der Stange der eine Pol der Nadel angezogen, der andere abgestoßen. Der Stab ist magnetisch geworden.
Das Magnetisieren wird verstärkt, wenn wir mit einem Nichteisenhammer, z. B. mit einem Holzhammer oder einfach mit einem derben Holzstück, in dieser Zeit auf ein freies Ende der Stange klopfen.
Der Magnetismus verschwindet wieder, wenn wir wiederholt auf die magnetisierte Stange quer schlagen.

Versuch 2

1. Tischklemme
2. Stativstange (100 cm)
3. Stabmagnet
4. Holzhammer
5. Magnetnadel auf Fuß

Wir klemmen eine unmagnetische Stativstange senkrecht ein. In der Nähe des unteren Endes der Stange stellen wir eine Magnetnadel auf, die sich in die geographische Nord-Südrichtung einpendelt. Nun halten wir dicht neben das obere freie Ende der Stativstange z. B. den Nordpol eines Stabmagneten, ohne zu berühren. Der Nordpol der Magnetnadel schwenkt auf die Stativstange zu. Dort ist ein magnetischer Nordpol entstanden. Am oberen Stangenende liegt ein Südpol.
Wir nehmen den Stabmagneten weg. Die Magnetnadel pendelt in die Nord-Südrichtung zurück. Die Stange wurde wieder unmagnetisch.

Versuch 3

1. Eisenband
2. Hufeisenmagnet
3. Magnetnadel auf Fuß

Zum Magnetisieren eignen sich sehr gut Stücke von Eisenbändern, wie sie zum Verpacken von Paketen und Kisten verwendet werden. Wir halten ein passend geschnittenes Stück zwischen die Pole eines möglichst großen Hufeisenmagneten.

Das Eisen wird magnetisch. Der Magnetismus des Eisens wird verstärkt, wenn wir das Stück, während wir es zwischen die Magnetpole halten, mit den Fingern biegen und verdrehen.

Versuch 4

1. 2 magnetische Stricknadeln
2. Kupferdraht
3. Klebwachs
4. Bunsenbrenner
5. 2 Stative
6. Zange

Wir befestigen zwei magnetisierte Stricknadeln an Kupferdrähten und hängen sie nebeneinander gleichpolig auf. Sie stoßen sich gegenseitig ab. Jetzt fassen wir eine Nadel mit einer Zange und erhitzen die Nadel bis zum Glühen. Die Anziehungskraft verschwindet. Die Nadel ist entmagnetisiert. Wenn wir sie erneut neben die andere Stricknadel hängen, erfolgt keine Abstoßung.

Versuch 5

1. Stab- oder Hufeisenmagnet
2. 2 lange Nägel
3. Bunsenbrenner

Wir hängen an einen Pol des Magneten zwei lange Nägel mit den Spitzen in geringem Abstand voneinander auf. Die unteren freien Enden stoßen sich gegenseitig ab. Erhitzen wir einen Nagel, geht die Abstoßung zurück. Dieser Nagel ist unmagnetisch geworden. Hört das Erwärmen auf, stellt sich die Abstoßung wieder ein. Der Nagel ist wieder magnetisch geworden.
Der Magnet selbst darf bei dem Versuch nicht erhitzt werden! [12; 25]

Bemerkungen

1. Unmagnetisches Eisen wird durch Nähern eines Magneten selbst magnetisch (magnetische Influenz).
2. Klopfen auf das Eisen, Biegen oder Verdrehen während des Vorgangs des Magnetisierens erleichtert das gleichsinnige Ordnen der Elementarmagnete.
3. Schlagen auf einen Magneten oder Glühen vernichtet den Magnetismus. Die Elementarmagnete verlieren ihre gleichsinnige Ordnung.

9.5. Das Magnetfeld der Erde

Versuch 1

1. Stativstange (100 cm)
2. Nichteisenhammer
3. Magnetnadel auf Fuß

Wir prüfen mit einer Magnetnadel, ob eine lange Stativstange unmagnetisch ist. Dann halten wir sie in Richtung der magnetischen Feldlinien der Erde und schlagen mehrfach mit einem Holzhammer oder Holzstück oder sonstigem Nichteisenhammer auf die Stange. Die erneute Prüfung mit der Magnetnadel zeigt, daß die Stange magnetisch geworden ist.

Versuch 2

1. Magnetnadel auf Fuß
2. Eisengeräte im Zimmer

Wir halten die Magnetnadel zuerst unten an einen Heizkörper. Der Südpol der Nadel wird angezogen, der Nordpol abgestoßen. Oben am Heizkörper liegen die Verhältnisse umgekehrt. Der Heizkörper ist unter dem Einfluß des Magnetfelds der Erde magnetisch geworden, mit dem Nordpol unten.
Gleiches gilt für eiserne Leitungsrohre (für Wasser, Gas), die frei im Raum oder auch dicht unter dem Putz verlaufen, ferner für Eisengitter.

Bemerkungen

1. Die Erde ist von einem Magnetfeld umgeben.
2. Unter dem Einfluß dieses Feldes werden eiserne Geräte, die längere Zeit unverrückt bleiben, magnetisch.

9.6. Die Curie-Temperatur

Versuch 1

1. Eisendraht
2. Hufeisenmagnet
3. Bunsenbrenner mit Gasanschluß
4. Stativmaterial

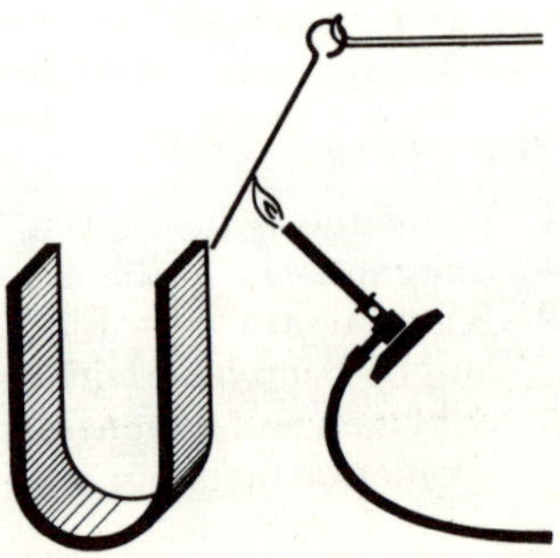

Abb. 9.6./1
Die Curie-Temperatur, Versuch 1

Wir biegen das eine Ende eines etwa 1 mm starken und 20 cm langen Eisendrahts (z. B. Blumendraht) zu einer Öse und hängen ihn damit an einem Stativ so auf, daß er leicht pendeln kann. Das untere freie Ende des Drahts nähern wir dem einen Pol eines senkrecht aufgestellten Hufeisenmagnets. Der Draht soll um etwa 45° aus seiner Ruhelage gezogen werden, den Magneten aber nicht berühren (Abb. 9.6./1).
Jetzt halten wir die Flamme eines Bunsenbrenners schräg von der Seite an das freie Ende des Drahts. Er kommt zum Glühen. Beim Erreichen der Curie-Temperatur (768 °C) pendelt er plötzlich in seine Ruhelage zurück. Er verliert seinen Ferromagnetismus. Im Eisen löst sich Kohlenstoff auf. Die α-Modifikation des Eisens (Ferromagnetismus) geht in die γ-Modifikation (Paramagnetismus) über.

Lassen wir den Draht abkühlen, wird er wieder von dem Magneten angezogen. Der Kohlenstoff scheidet wieder aus dem Eisen aus. Der Draht wird erneut ferromagnetisch.
Wenn wir mit dem Bunsenbrenner geschickt arbeiten, kann der Draht dauernd Schwingungen ausführen.

Versuch 2

1. Eisendraht
2. Hufeisenmagnet
3. Bunsenbrenner mit Gasanschluß
4. Stativmaterial

Abb. 9.6./2
Die Curie-Temperatur, Versuch 2

Wir biegen ein Stück eines etwa 1 mm starken Eisendrahts zu einem Rechteck (Abb. 9.6./2) und hängen es über einen Schenkel eines Hufeisenmagnets. Der Draht bleibt über dem magnetischen Pol liegen. Den Magnet klemmen wir an einem Stativ in Schräglage fest. Zwischen seine Schenkel stellen wir die Flamme eines Bunsenbrenners. Sobald der Draht glüht, rutscht er infolge seines Gewichts auf dem Magnet abwärts, weil der Draht seinen Ferromagnetismus verliert.
Lassen wir den Draht erkalten, kehrt er an seine anfängliche Stelle zurück. Er ist wieder ferromagnetisch geworden. Falls der Draht nicht von selbst ins Rutschen kommt, müssen wir den Magnet steiler stellen.
Die Flamme des Brenners darf den Magnet selbst nicht erhitzen. Daher ist auch davon abzuraten, den Versuch in der Form auszuführen, daß ein Drahtstück zwischen die Pole des Magnets geklemmt wird.

Versuch 3

1. Eisendraht (1 m bis 2 m lang)
2. 2 Isolierklemmen auf Fuß
3. Regeltrafo für Netzspannung
4. Schiebewiderstand bis 10 A
5. Experimentierschnüre
6. Magnet

Wir spannen einen langen Eisendraht (z. B. Blumendraht) zwischen zwei Isolierklemmen straff aus und schließen ihn über einen Schiebewiderstand an einen Regeltrafo an. Nach dem Einschalten des Stroms regeln wir ihn langsam so weit hoch, daß der Draht rot zu glühen beginnt. Er dehnt sich dabei aus und hängt mehr und mehr in Form einer Kettenlinie durch. Wir steigern die Temperatur weiter. Die Farbe der Glut wird zunächst noch heller, dann plötzlich dunkler. In diesem Augenblick spannt sich der Draht wieder. Er hebt sich kurzzeitig an. Dann ist die Curie-Temperatur (768 °C) erreicht.
Zu Beginn des Versuchs halten wir einen Magnet an den Draht. Er wird angezogen, ist also ferromagnetisch. Wir erhitzen ihn jetzt noch weiter, bis er bei einer Stromstärke von 8 A bis 9 A in helle Rotglut gerät. Wir nähern nochmals den Magnet. Diesmal wird der Draht nicht angezogen, er ist paramagnetisch geworden. Schalten wir nun den Strom ab, kühlt sich der Draht ab. Er wird dunkler und spannt sich

dabei. Beim erneuten Erreichen der Curie-Temperatur bei dunkler Rotglut verlängert er sich und hängt etwas mehr durch. Wenn wir unseren Magnet in diesem Augenblick an den Draht heranbringen, wird er wieder angezogen. Anschließend erfolgt weitere Verkürzung des Drahts, er hebt sich wieder.
Das Sinken und Heben des Drahts erfolgt immer nur kurzzeitig. Der Draht „atmet". Der gesamte Vorgang kann mehrfach wiederholt werden. Es besteht die Gefahr, daß der Draht durchbrennt. Daher ist es ratsam, den Tisch durch eine Asbestplatte oder nasse Pappe zu schützen.

Versuch 4

1. Eisendraht (2 m lang)
2. 2 Isolierklemmen auf Fuß
3. Regeltrafo
4. Schiebewiderstand bis 10 A belastbar
5. Mini-Magnet
6. Experimentierschnüre

Den Versuch 3 können wir noch attraktiver gestalten, wenn wir einen besonders kleinen Magnet zur Verfügung haben. Ein solcher wird z. B. mit den Maximum-Minimum-Thermometern geliefert. Wir hängen ihn bei Versuchsbeginn an den Draht. Wird beim Glühen die Curie-Temperatur erreicht, fällt der Magnet ab. [13; 53]

Bemerkungen

1. Die Curie-Temperatur läßt sich an der Bewegung eines aufglühenden Drahts feststellen.
2. Der Ferromagnetismus des Eisens geht beim Erwärmen auf 768 °C in den Paramagnetismus über.

9.7. Die Kopplung von Magnetpendeln durch magnetische Felder

1. 2 Stabmagnete (oder Ringmagnete)
2. Stativmaterial

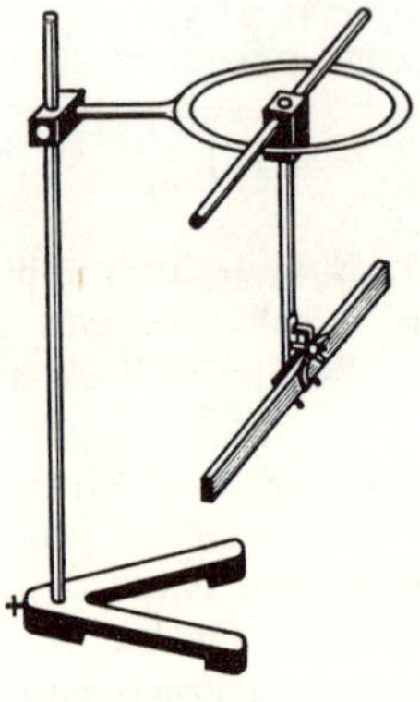

Abb. 9.7./1
Magnetpendel

Wir bauen zwei Magnetpendel auf. (Die Abb. 9.7./1 zeigt nur eines davon.) An je einem Stativ klemmen wir einen Stativring (Kochring) an. Darauf legen wir einen kurzen Stativstab als Drehachse. Mit einer Muffe befestigen wir einen kurzen Stativstab als Drehachse. Mit einer Muffe befestigen wir daran eine senkrecht nach unten hängende Stativklemme als Pendelstange, die an ihrem unteren Ende waagerecht einen Stab- oder Ringmagneten trägt.
Durch Zwischenschalten eines kurzen Stativstabs kann die Pendellänge und damit die Schwingungsdauer vergrößert werden. Diese beiden Pendel stellen wir in

geringem Abstand gegenüber auf. Die Magnete müssen sich jetzt in einer Schwingungsebene bewegen, wenn wir sie anstoßen.
Wir lassen den einen Magnet II in Ruhe hängen und stoßen den Magnet I an. Er schwingt als Pendel, ohne den Magnet II zu berühren. Bald beginnt auch dieser zu schwingen. Seine Elongationen nehmen bis zu einem Maximum zu, während dessen nehmen die Elongationen des Magneten I ab, bis er zur Ruhe kommt. Dann kehrt sich das Spiel um. Jeweils zeigt das eine Magnetpendel maximalen Ausschlag, wenn das andere in Ruhe ist. Es erfolgt ein Austausch von Energie.
Wir vergrößern den Abstand der Pendel und stellen durch Abzählen der Schwingungen fest, daß nun der Austausch der Energie langsamer vor sich geht. Die Kopplung der schwingenden Systeme ist loser geworden.

Bemerkungen

1. Magnetpendel lassen sich durch magnetische Felder koppeln. Die Magnetpendel verhalten sich dann wie mechanisch gekoppelte Pendel.
2. Zwischen schwingenden Magnetpendeln mit magnetischer Kopplung erfolgt ein Energieaustausch.

10. Elektrik

10.1. Die Reibungs-(Berührungs)elektrizität

Versuch 1

1. verschiedene Reibkörper
2. verschiedene Reibzeuge
3. Prüfteilchen
4. Elektroskop

Als Reibkörper eignen sich Nichtleiter, z. B. Stäbe aus Bernstein, Hartgummi, Plexiglas, Siegellack, Mipolam, Glas, Kugelschreiber, Füllhalter, Platten aus Styropor und anderen Schaumstoffen, Folien aus Zelluloid, gesäuberte Röntgenfilme, Türschoner, Walzenschoner von der Schreibmaschine, Kunststofflineale, Kunststoffkämme, Gummiplatten, Stücke von Kinderluftballonen, Schläuche aus Kunststoff, Stoffe aus den modernen Geweben, wie Dralon, Nylon, Perlon. Metalle und Kohlestäbe sind ungeeignet, weil sie gute Leiter sind.
Als Reibzeuge eignen sich die genannten modernen Gewebe, Katzenfell, Wollstoffe (Ärmel eines Anzug aus Wolle), Seide, Leder (Fensterleder), die trockene Haut unserer Hand. Als Prüfteilchen eignen sich Papierschnitzel, Stücke aus Styropor, Holundermark, Watteteilchen, Sägemehl, Zigarrenasche, Teeblätter.
Wir bearbeiten verschiedene Reibkörper durch kräftiges mehrfaches Reiben mit einem der Reibzeuge und halten sie über die auf dem Tisch verteilten Prüfkörperchen. Sie werden angezogen, springen an den Reibkörper, werden abgestoßen und wiederholen das Spiel. Die Reibkörper sind elektrisch geladen.
Wir laden eine Folie aus Kunststoff kräftig auf und nähern ihr einen Finger. Es springt ein kleiner Funke über, der im verdunkelten Raum auch sichtbar ist.
Wir berühren mit einem geladenen Reibkörper ein Elektroskop. Es zeigt einen Ausschlag. Dabei stellen wir fest, daß die Ladungen von Glas und z. B. Bernstein entgegengesetzte Vorzeichen tragen.

Versuch 2

1. Zelluloidfolie
2. Elektroskop
3. Streifen aus verschiedenen Materialien

Wir pressen eine Zelluloidfolie mit dem trockenen Handballen (wir brauchen dabei nicht zu reiben) fest auf den Tisch und nehmen die Hand wieder weg. Die Folie haftet fest auf der Tischplatte.

Wir berühren mit der Folie ein Elektroskop. Es zeigt einen Ausschlag. Die Folie ist geladen.
Die Folie soll bei diesem Versuch nicht zu weich sein. Wir versuchen die Brauchbarkeit eines Walzenschoners von der Schreibmaschine, einen Türschoner, eine gesäuberte Röntgenplatte, Lineale aus Kunststoff, Schreibunterlagen.
Wir kleben vor dem Versuch einige etwa 10 cm lange Papierstreifen mit einem etwa 2 cm langen abgeknickten Teil auf die Folie, ferner in gleicher Weise Streifen von Tesaflex und Fäden aus Wolle, Seide, Leinen, Perlon, oder wir streuen Schnitzel von Papier, Styropor, Watte auf die Folie. Die Schnitzel hüpfen hoch, wenn die Folie vom Tisch abgehoben wird. Einige der Streifen heben ein Ende an, das andere, festgeklebte bleibt auf der Folie liegen. Es sind schwach leitende Körper. Andere fliegen fort, es sind schlechte Leiter. Wieder andere bleiben liegen, es sind Nichtleiter. Nähern wir dem aufgerichteten Ende der schwachen Leiter den Finger, wird der Streifen angezogen. Berühren wir das Ende und entladen so den Streifen, fällt er auf die Folie zurück. Er lädt sich erneut auf und richtet sich wieder auf.

Versuch 3

1. 2 Elektroskope
2. Streifen von Tesaflex
3. Bunsenbrenner
4. Gasanschluß

Wir klemmen einen Streifen Tesaflex auf das Tischchen eines Elektroskops. Dann reißen wir den Streifen von dem Tischchen ab. Das Elektroskop zeigt einen Ausschlag.
Wir berühren ein zuvor positiv geladenes zweites Elektroskop mit dem Tesastreifen. Der Ausschlag geht zurück. Der Streifen war negativ geladen.
Sollte schon beim Aufkleben des Tesabandes auf das erste Elektroskop Ladung entstanden sein, müssen wir sie durch leichtes Fächeln mit einer Bunsenflamme entfernen.

Versuch 4

1. Schreibpapier
2. Postkarte
3. Kleiderbürste
4. Prüfteilchen

Wir legen einen Bogen Schreibpapier oder eine Postkarte für einige Zeit auf die Heizung. Wenn das Papier völlig trocken geworden ist (es wird dadurch zu einem guten Nichtleiter), streichen wir mit einer Kleiderbürste mehrfach darüber. Das Papier wird elektrisch geladen. Prüfteilchen (siehe Versuch 1) werden angezogen.
Der Versuch gelingt auch, wenn wir mit der trockenen Haut über das Papier fahren.

Versuch 5

1. flache Dose aus Kunststoff
2. Prüfteilchen

Wir säubern eine Dose aus durchsichtigem Kunststoff und trocknen sie sorgfältig. Dann legen wir Prüfteilchen (siehe Versuch 1) in die Dose und verschließen sie. Wenn wir mit der trockenen Hand über den Deckel reiben, hüpfen die Prüfteilchen auf und ab. Der Kunststoff ist elektrisch geworden.

Versuch 6

1. Kamm aus Kunststoff
2. Prüfteilchen

Wir kämmen mehrfach mit einem Kunststoffkamm durch das Kopfhaar. Der Kamm zieht anschließend Prüfteilchen (siehe Versuch 1) an. Beim Kämmen hören wir ein Knistern von überspringenden Fünkchen.
Der Versuch gelingt nur mit trockenem, fettfreiem Haar. Günstig ist es, den Versuch dann auszuführen, wenn die Haare frisch gewaschen sind.

Versuch 7

1. Kunststoffolie
2. Wolltuch (oder Fell)
3. Spannungsprüfer (Glimmlämpchen)

Im leicht verdunkelten Zimmer reiben wir auf dem Tisch eine Folie aus Kunststoff kräftig mit einem Wolltuch oder Fell. Dann nähern wir ihr ein Glimmlämpchen von oben her. Kurz bevor es die Folie berührt, blitzt es auf. Dabei hören wir ein leises knisterndes Geräusch.
Wir können die Folie auch vom Tisch abziehen, in der Hand halten und dann mit dem Glimmlämpchen antippen.
Der Versuch kann mehrfach wiederholt werden. Jedoch muß dann das Glimmlämpchen stets einer anderen Stelle als zuvor genähert werden.
Nähern wir die geriebene Folie dem Kopf einer Versuchsperson, sträuben sich ihre Haare. [12; 27; 49]

Bemerkungen

1. Bestimmte Körper (Nichtleiter) werden durch Reiben bzw. inniges Berühren elektrisch geladen.
2. Geladene Körper ziehen Prüfteilchen an.
3. Es können Ladungen mit verschiedenen Vorzeichen entstehen.
4. Auch das Reibzeug wird elektrisch geladen.

10.2. Das Styropor in der Elektrostatik

1. große und kleine Stücke Styropor
2. verschiedene Reibzeuge
3. Perlonfäden
4. Elektroskop

Versuch 1

Wir laden ein Elektroskop positiv oder negativ auf. Berühren wir es mit einem ungeladenen Stück Styropor, bleibt die Ladung auf dem Elektroskop erhalten. Styropor ist ein sehr guter Isolator.

Versuch 2

Wir reiben ein großes Stück Styropor (eine Platte) mit der trockenen Hand, mit Seide, Wolle, Katzenfell oder am Anzug. Papierschnitzel werden von dem geriebenen Styropor angezogen. Ein positiv geladenes Elektroskop, das wir mit dem Styropor berühren, wird entladen. Styropor wurde durch das Reiben negativ aufgeladen. Dabei lädt es sich schnell auf und hält die Ladung lange aufrecht.

Versuch 3

Wir wiederholen den Versuch 2, reiben aber das Styropor mit Material aus Kunstharz. Jetzt wird Styropor positiv aufgeladen.

Versuch 4

Wir hängen Styroporplatten oder kleine Stückchen davon (es müssen nicht unbedingt immer Kügelchen sein) an Perlonfäden auf und laden sie durch Reiben gleichartig auf. Sie stoßen sich ab. Bei ungleichartiger Ladung ziehen sie sich an.

Versuch 5

Negativ geladenes Styropor wird von einem positiv geladenen Glasstab angezogen.

Bemerkungen

1. Styropor ist ein guter Isolator.
2. Styropor läßt sich schnell und lang anhaltend elektrisch laden.

10.3. Der Elektrophor

1. Folie aus Zelluloid oder Kunststoff oder eine Styroporplatte
2. steife, etwas kleinere Folie mit aufgeklebtem Holz oder Glasisolierstab als Griff oder Kondensatorplatte mit isolierendem Griff (z. B. Leybold, Gerät 51637)
3. 2 etwa 10 cm lange, schmale Papierstreifen

Versuch 1

Wir legen die Folie auf den Tisch und laden sie durch mehrmaliges Bestreichen mit der trockenen Hand negativ elektrisch auf. Die Folie haftet infolge der influenzierten positiven Gegenladung auf dem Tisch, dessen entsprechend negative Ladung zur Erde abfließt.

Versuch 2

Auf die erste Folie legen wir die zweite, etwas kleinere bzw. die Kondensatorplatte. In ihr wird wieder durch Influenz positive Ladung auf die Unterseite, negative auf die Oberseite verteilt. Berühren wir die letztere mit dem Finger, fließt die negative Ladung ab. Beim Anheben der Platte von der unteren Folie ist die Platte (bzw. kleinere Folie) jetzt positiv geladen. Beim Annähern eines Fingers springt ein Funke über.

Versuch 3

Vor dem Versuch knicken wir schmale, etwa 10 cm lange Papierstreifen an einem Ende um 1 cm um. Diese kurzen Stücke kleben wir auf die obere Folie. Die Papierstreifen legen sich zunächst auf die Folie auf. Ist diese nach dem Hochheben geladen, stellen sich die Fähnchen senkrecht auf, weil sich jetzt gleiche Ladungen abstoßen.

Versuch 4

Es ändert am Ergebnis dieser Versuche nichts, wenn wir, wie die Abbildung 10.3./1 zeigt, die zweite Folie zuerst abheben, nahe über der ersten, unteren Folie schwebend halten und dann erst mit dem Finger von oben antippen.

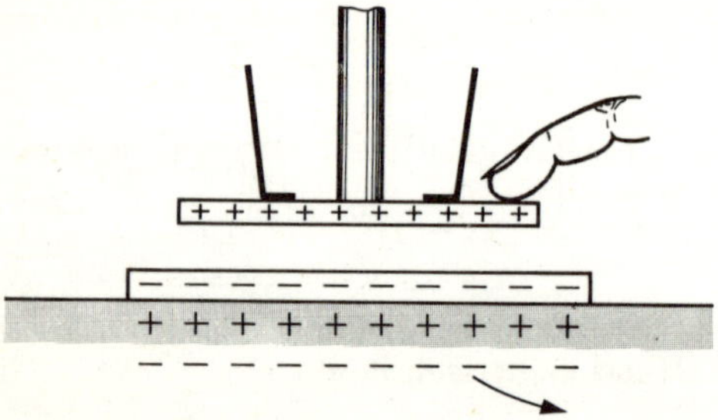

Abb. 10.3./1
Der Elektrophor

Versuch 5

Die Versuche können öfter wiederholt werden, ohne die Folie auf dem Tisch durch Reiben neu zu laden.
Das in besserer Form früher häufig in der Elektrostatik benutzte und als Elektrophor bezeichnete Gerät wurde 1762 von J. C. Wilcke erfunden und 1755 von Volta verbessert. Es diente zum Gewinnen von Ladungen. [12]

Bemerkungen

1. Mit dem Elektrophor läßt sich durch Influenz laufend Ladung gewinnen.
2. Um die Anziehungskräfte zwischen der influenzierenden und influenzierten Ladung zu überwinden, ist bei ihrer Trennung mechanische Arbeit aufzubringen.

10.4. Die elektrostatische Anziehung

Versuch 1

1. Kunststofftrichter
2. Wasserstrahl
3. Wolltuch

Einen größeren Trichter aus Kunststoff reiben wir mit einem Wolltuch. Zieht der Trichter jetzt Papierschnitzel an, ist er für unseren Versuch geeignet. Er ist dann (negativ) elektrisch geladen.
Aus einem Wasserhahn oder Schlauch lassen wir einen feinen glatten Wasserstrahl oder in schneller Folge Wassertropfen auslaufen. Wir nähern den geriebenen Trichter dem Wasserstrahl. Er wird merklich aus seiner ursprünglichen senkrechten Richtung zum Trichter hin angezogen. Wir bewegen den Trichter. Der Strahl folgt ihm nach.

Versuch 2

1. Uhrglas
2. Speiseöl
3. Hartgummistab
4. Reibzeug
5. eventuell Schattenprojektion

Wir gießen Öl in ein flaches Uhrglas, bis sich das Öl über den Rand wölbt. Dann reiben wir einen Hartgummistab, bis er stark elektrisch geladen ist, und halten ihn über das Öl. Es springen Öltröpfchen infolge der elektrostatischen Anziehung zum Stab hoch. Sie vereinigen sich sogar zu einem dünnen Ölstrahl. Er kann in Schattenprojektion gezeigt werden.
Der Versuch wurde 1884 von John Tyndall (1820 bis 1893) in seinem Buch „Elektrische Erscheinungen und Theorien" beschrieben. [28]

Bemerkungen

1. Die elektrische Ladung zieht ein neutrales Objekt an.
2. Kunststoff trägt nach dem Reiben mit Wolle elektrische Ladung.

10.5. Der elektrische Funke

Versuch 1

1. Influenzmaschine
2. verschieden starkes Papier
3. Karton

Wir stellen die Konduktorkugeln einer Influenzmaschine auf 3 cm bis 5 cm Abstand ein und lassen kräftige Funken zwischen ihnen überspringen. Zwischen die Kugeln halten wir ein Blatt Papier und bewegen es hin und her. Die überschlagenden Funken durchlöchern das Papier. Die entstandenen Löcher sind nach beiden Seiten aufgebogen. Dies zeigt, daß Funken sowohl von der positiven zur negativen Kon-

duktorkugel als auch in umgekehrter Richtung überschlagen, obwohl wir dies mit dem Auge nicht feststellen können.
Nehmen wir das Papier vielfach gefaltet, ohne es aber fest zusammenzudrücken, wird es beim Durchgang der Funken aufgerissen. Entsprechendes erfolgt, wenn wir einige Stücke Pappe aufeinanderlegen.

Versuch 2

1. Influenzmaschine
2. Glasplatte
3. Wachs
4. Nagel
5. Korkstücke
6. Stativmaterial

Wir gießen etwas flüssigen Wachs auf eine dünne Glasscheibe. An einer Stelle in der Mitte stechen wir das Wachs mit einem Nagel durch, bis das Glas in einem Punkt frei liegt. Nun stellen wir die Scheibe, senkrecht zwischen Korkstücke geklemmt, mit einem Stativ so auf, daß der vom Wachs freie Punkt zwischen die Konduktorkugeln der Influenzmaschine steht, ohne sie zu berühren. Lassen wir Funken überschlagen, entsteht in der Scheibe an dem Punkt ein Loch.
Der Versuch gelingt nur mit Wachs, nicht mit Stearin.

Versuch 3

1. Influenzmaschine
2. Watte
3. Äther
4. Glas- oder Holzstab

Wir spießen einen Wattebausch auf einem isolierenden Glas- oder Holzstab auf und tränken ihn mit Äther. Die Flasche mit dem Äther stellen wir vorsichtshalber weit entfernt weg. Den Wattebausch halten wir zwischen die Konduktorkugeln der Influenzmaschine. Springen Funken über, entzündet sich der Äther infolge der Wärmewirkung der Funken.

Versuch 4

Influenzmaschine oder anderes Hochspannungsgerät mit Funkenstrecke

Wir lassen einige Zeit zwischen den Konduktorkugeln einer Funkenstrecke Funken überspringen. Dann riechen wir entstehendes Stickstoffdioxid (NO_2).

Versuch 5

1. Bandgenerator
2. evakuiertes Glasrohr (oder Leuchtstoffröhre)

Wir laden einen Bandgenerator stark auf. Dann nähern wir ihm aus großer Entfernung langsam und gleichmäßig eine evakuierte Glasröhre. Sie leuchtet auf, und zwar zunächst in größeren, dann immer kürzeren zeitlichen Abständen. Sie zeigt die um die Kugel des Bandgenerators vorhandenen kugelförmigen Äquipotential-

flächen an. Diese liegen um so dichter zusammen, je näher sie zum Generator kommen.
Der Versuch kann auch mit einer Leuchtstoffröhre ausgeführt werden. [12]

Bemerkung
Der elektrische Funke hat außer seiner Licht- und akustischen Erscheinung mechanische, chemische und Wärmewirkung.

10.6. Das Zünden von Gas durch elektrische Funken

Versuch 1

1. elektrische Klingel
2. passende Spannungsquelle
3. Schalter
4. 3 Experimentierschnüre
5. Bunsenbrenner mit Schlauch
6. Gasanschluß

Wir schließen eine elektrische Klingel über einen Schalter an eine passende Spannungsquelle (eventuell Netzanschluß) an. Einen Bunsenbrenner stellen wir so ein, daß das Gas aus dem Röhrchen für die Zündflamme ausströmen kann, und verbinden ihn mit dem Gasanschluß. Wir öffnen dort den Gashahn, halten den Brenner nahe an den Wagnerschen Hammer der Klingel und schalten sie ein. An dem entstehenden Unterbrecherfunken entzündet sich das Gas.

Versuch 2

1. Glühlampe (100 W in Fassung)
2. 3 Experimentierschnüre
3. Schalter
4. Netzspannung
5. Bunsenbrenner mit Schlauch
6. Gasanschluß

Von einem Schalter nehmen wir den Deckel ab, damit die Kontaktstellen frei liegen. Dann schalten wir ihn über eine Glühlampe in Reihe an das Netz an. Wir schließen einen Bunsenbrenner an den Gasanschluß an, stellen den Brenner auf Zündflamme ein und lassen das Gas ausströmen. Das Röhrchen für die Zündflamme halten wir an die Kontaktstellen des Schalters. Beim Betätigen des Schalters zündet das Gas an den entstehenden Funken.
Der Versuch eignet sich für den Hinweis auf die Explosionsgefahr, wenn in einer Wohnung, in der durch ausströmendes Leucht- oder Heizgas ein Gas-Luft-Gemisch entstanden ist, ein Schalter für die Beleuchtung oder eine Klingel betätigt wird. [13]

Bemerkung
Elektrische Funken zünden Gas an.

10.7. Die Spitzenentladung

Versuch 1

1. Bandgenerator (oder andere Hochspannungsquelle)
2. Fuß einer Magnetnadel
3. Experimentierschnüre (oder dünne Ketten)

Wir stellen den Fuß, dessen Spitze sonst eine Magnetnadel trägt, ohne die Nadel auf und verbinden sie mit dem einen Pol eines Bandgenerators oder einer Influenzmaschine. Den anderen Pol des Generators erden wir. Nun verdunkeln wir das Zimmer. Setzen wir die Spannungsquelle in Betrieb, sehen wir, wie von der Spitze der Nadel eine Lichterscheinung in Form eines Kegels oder Büschels ausgeht. Sie entsteht, weil in der Luft vorhandene Gasionen bei der sehr hohen Feldstärke so stark beschleunigt werden, daß die Luftmoleküle ionisieren. Der entstehende elektrische Strom läßt das rötlich-violette Licht entstehen, das in der Natur als St. Elmsfeuer bekannt ist. Der Versuch gelingt am besten, wenn die Spitze negativ geladen ist.

Versuch 2

1. Hochspannungsgerät
2. Experimentierisolator auf Fuß
3. Draht mit Spitze
4. Kerze in Halter
5. Feuerzeug

Wir zünden eine Kerze an. Ein Hochspannungsgerat erden wir und führen von seinem positiven Pol einen Draht über einen Experimentierisolator in unmittelbare Nähe einer brennenden Kerze. Die Spitze des Drahts soll nur einen Zentimeter von der Flamme entfernt stehen.
Wir setzen das Hochspannungsgerät in Betrieb und steigern die erzeugte Spannung auf über 600 Volt. Die Flamme wird dann von der ausströmenden elektrischen Ladung seitlich weggeblasen.
Wir können die Ablenkung der Flamme steigern, indem wir auf der der Drahtspitze entgegengesetzten Seite der Flamme ein geerdetes Blech aufstellen. Verwenden wir als Hochspannungsgerät einen Bandgenerator, ist dieses Blech nicht erforderlich. [13]

Bemerkungen

1. Elektrische Ladung strömt bevorzugt aus Spitzen aus.
2. Bei sehr hohen elektrischen Feldstärken entsteht ein Strom von durch Stoßionisation erzeugten Gasionen, der sich in einer Lichterscheinung darstellt.

10.8. Der elektrische Wind

1. Bandgenerator (oder andere Hochspannungsquelle)
2. Entladungsstrecke
3. Experimentierschnüre
4. Kerze
5. Streichholz
6. eventuell Schattenprojektion

Wir schließen eine aus Platte und Spitze bestehende Entladungsstrecke an einen Bandgenerator oder eine Influenzmaschine an. Die Spitze ziehen wir so weit von der Platte weg, daß beim Betrieb der Spannungsquelle keine Funken mehr überschlagen können. Nun stellen wir zwischen die Elektroden eine brennende Kerze. Setzen wir den Generator jetzt in Betrieb, entsteht ein Strom von Gasionen von der Spitze zur Platte hin, der Luftmoleküle mitreißt. Infolgedessen wird die Spitze der Kerzenflamme zur Platte hingezogen. Es entsteht der sogenannte elektrische Wind. [13]
Der Versuch eignet sich zur Schattenprojektion.

Bemerkung

Ein Strom von Gasionen bewegt Luftmoleküle als elektrischen Wind.

10.9. Das galvanische Element

1. Zitrone
2. Messer
3. Kupfer- und Zinkblechstreifen
4. 2 Experimentierschnüre
5. 2 Krokodilklemmen
6. Voltmeter

Wir pressen eine Zitrone unter Abrollen auf den Tisch und schneiden sie in der Mitte durch. Dann stecken wir je einen Blechstreifen oder dicken Draht aus Kupfer und Zink einige Zentimeter voneinander entfernt in das Fruchtfleisch. Die Enden der Bleche verbinden wir mit einem Voltmeter. Sein Zeiger schlägt aus bis etwa 1 V. Damit ist eine entstandene elektrische Spannung nachgewiesen. Wir haben ein galvanisches Element gebaut.
Das Pressen der Zitrone vor dem Versuch zerstört teilweise das Fruchtfleisch, womit die Wanderung der Ionen im Elektrolyten erleichtert wird. Zink, dessen Atome als positiv geladene Ionen in Lösung gehen, wandert zum negativen Pol, Kupfer zum positiven Pol.
Das erste galvanische Element stellte Alessandro Volta (1745 bis 1827) aus Kupfer- und Zinkelektroden in verdünnter Schwefelsäure her. [53]

Bemerkung

Ein galvanisches Element entsteht, wenn zwei verschiedene Metalle in einen Elektrolyten eintauchen.

10.10. Das galvanische Verkupfern

Versuch 1

1. Kupfersulfat
2. destilliertes Wasser
3. verdünnte Schwefelsäure
4. großes Becherglas
5. Rührstab
6. Schlüssel oder anderes blankes Eisenstück

In einem Becherglas lösen wir 10 g Kupfersulfat in 500 ml destilliertem Wasser auf. Während sich die Kristalle beim Umrühren auflösen, tropfen wir 5 ml verdünnte Schwefelsäure in die Flüssigkeit. Die Lösung muß dann klar sein. In das so angesäuerte Bad hängen wir einen sauberen, rostfreien und vor allem fettfreien Schlüssel oder einen anderen Gegenstand aus Eisen.
Schon nach einigen Sekunden wird der Schlüssel von einer dünnen rötlichen Schicht von Kupfer überzogen. Wir nehmen den Schlüssel aus dem Bad heraus, spülen ihn mit destilliertem Wasser ab und tauchen ihn erneut ein. Die Kupferschicht wird immer dicker.

Versuch 2

1. Kupfersulfat
2. destilliertes Wasser
3. Kupferblech
4. großes Becherglas

5. sauberer Schlüssel
6. 4,5-Volt-Taschenlampenbatterie
7. Krokodilklemmen
8. 2 Experimentierkabel

Wie in Versuch 1 lösen wir in einem Becherglas 10 g Kupfersulfat in 500 ml destilliertem Wasser auf. In die Lösung hängen wir einen Streifen sauberes Kupferblech, ihm gegenüber auf der anderen Seite des Bechers einen sauberen, fettfreien Schlüssel oder einen anderen Gegenstand aus Eisen. Mit Krokodilklemmen und Experimentierkabeln schließen wir das Kupferblech als Anode an den (kurzen) Pluspol einer Taschenlampenbatterie an, den Schlüssel als Katode an den (langen) Minuspol. Es genügt eine geringe Stromstärke von 0,1 A bis 0,2 A. Dabei muß der Abstand der Elektroden wenigstens 10 cm betragen.
Es dauert bis zu 10 Minuten, ehe wir einen schwachen Überzug von Kupfer auf dem Schlüssel beobachten können. Auch kleine Kupferteilchen setzen sich lose auf ihm ab. Wollen wir einen dickeren und länger haltenden Kupferüberzug erhalten, müssen wir das galvanische Verkupfern länger fortsetzen, bis zu einer Stunde, und während dieser Zeit lose Kupferteilchen immer wieder vorsichtig abspülen und abbürsten.
Die Versuche gelingen nur, wenn das als Katode dienende Metall absolut sauber, d. h. trocken, rostfrei und vor allem fettfrei ist. Rost schmirgeln wir sorgfältig ab. Dann bürsten wir den Gegenstand, den wir verkupfern wollen, mit heißer Sodalösung ab. Noch besser ist ein Abwaschen mit Trichlorethylen. Danach dürfen wir den Gegenstand keinesfalls mit den Fingern anfassen. Wir benutzen eine saubere Zange.
Vorsicht! Beim Umgang mit Kupfersulfat ist zu beachten, daß es giftig ist. Sind unsere Hände mit den Kristallen oder mit der Lösung in Berührung gekommen, sollten wir sie mit Seife abwaschen. Schwefelsäure darf stets nur in das Wasser gegeben werden, nie umgekehrt.
Die bei den Versuchen erhaltenen Kupferüberzüge sind im allgemeinen nicht lange haltbar. Um eine bessere Haltbarkeit zu erzielen, geben wir in das galvanische Bad einen Zusatz von Gelatine. Wir rühren zwei Teelöffel davon in 50 ml kochendes Wasser und gießen die klare Lösung vor dem Versuch in das Bad. [26; 27]

Bemerkungen

1. Das Überziehen eines Gegenstandes mit einer dünnen anderen Metallschicht heißt Galvanisieren.
2. Die Kupferionen in dem galvanischen Bad wandern zur Katode, entladen sich dort und werden zu elementarem Kupfer, dem Überzug.
3. Eisen steht in der Spannungsreihe der Metalle vor dem Kupfer und kann daher Kupfer aus seiner Lösung verdrängen.

10.11. Das Thermoelement

1. je 20 cm Eisen- und Konstantandraht
2. 2 Isolierklemmen
3. 2 Experimentierschnüre
4. Spiegelgalvanometer
5. Hammer und Zange
6. Schmirgelpapier

Wir reiben die beiden Enden von einem etwa 20 cm langen Eisendraht und von einem ebenso langen Konstantandraht mit Schmirgelpapier blank. Je ein Ende der beiden Drähte drehen wir mit einer Zange auf ungefähr 3 cm Länge zusammen und schlagen diese Stelle mit einem Hammer breit. So wird ein guter Kontakt der

beiden Metalle erreicht. Natürlich ist es noch besser, sie mit einem Tropfen Lötzinn zusammenzulöten. Es ist ein Thermoelement entstanden.
Die freien Enden der Drähte schrauben wir in zwei Isolierklemmen in der Weise fest, daß die Kontaktstelle der Drähte etwa horizontal liegt. Die Isolierklemmen verbinden wir mit einem Spiegelgalvanometer.
Die geringe Erwärmung des Thermoelements bei Annähern unserer Hand genügt, um einen Ausschlag des Zeigers des Spiegelgalvanometers zu erhalten. Das Meßinstrument zeigt eine Thermospannung an. Der Ausschlag wird größer, wenn wir ein brennendes Streichholz in der Nähe des Thermoelements bringen oder sein Ende mit den Fingern anfassen. Wir können die Berührungsstelle der beiden Metalle auch in Wasser verschiedener Temperaturen halten, um Zeigerausschläge zu erhalten.
Tropfen wir Äthanol, Spiritus, Benzin auf die blanke verdrillte Drahtstelle, schlägt infolge der Abkühlung beim Verdunsten der Flüssigkeiten der Zeiger des Spiegelgalvanometers nach der entgegengesetzten Seite aus.
Der Versuch demonstriert die Wirkungsweise eines wärmeempfindlichen Feuermelders. [13]

Bemerkung

Bei inniger Berührung zweier verschiedener Metalle tritt eine thermoelektrische Spannung auf, wenn die Berührungsstelle erwärmt oder abgekühlt wird.

10.12. Der Potentialabfall

1. Influenzmaschine (oder Bandgenerator bzw. Hochspannungsgerät)
2. lange Leinenschnur (3 m bis 4 m)
3. Seidenpapier
4. 2 Isolierklemmen auf Fuß
5. Glas- und Hartgummistab
6. Reibzeug
7. Schere

Wir verbinden die Pole einer Hochspannungsquelle mittels einer sehr langen Leinenschnur. Sie stellt einen Leiter mit hohem Widerstand dar. Mit zwei Isolierklemmen stellen wir die Schnur straff gespannt und isoliert in Form eines weit offenen Rechtecks auf. Aus Seidenpapier schneiden wir schmale Streifen und hängen sie in Abständen von etwa 15 cm als Fähnchen über die Schnur. Die Streifen hängen zunächst schlaff herunter.
Sobald wir Hochspannung erzeugen und an die Schnur anlegen, spreizen sich die Fähnchen. Die der Spannungsquelle am nächsten hängenden gehen weit auseinander, die weiter weg hängenden immer weniger weit. Das Potential nimmt längs der Schnur ab. Der in der Mitte der Schnur hängende Streifen spreizt sich überhaupt nicht.
Wir laden einen Hartgummi- oder Glasstab durch Reiben negativ bzw. positiv auf und nähern ihn der Schnur. Am Verhalten der Fähnchen zeigt sich, daß die vom positiven Pol der Spannungsquelle ausgehende Schnur positives, die vom negativen Pol ausgehende Schnur negatives Potential besitzen. [12]

Bemerkung

Werden die Pole einer Hochspannungsquelle durch einen Leiter verbunden, so nimmt das Potential längs dieses Leiters dauernd ab.

10.13. Elektrische Leiter und Nichtleiter

1. 2 Isolierklemmen auf Fuß
2. Glühlampe in Fassung
3. Glimmlampe in Fassung
4. 3 Experimentierschnüre
5. Netzspannung
6. Hochspannungsgerät
7. Bogenlampenkohle (oder Kohlestab aus Taschenlampenbatterie oder Bleistiftmine)
8. Nagel
9. Kupferdraht
10. Bindfaden

Wir klemmen eine Bogenlampenkohle oder einen Kohlestab zwischen zwei Isolierklemmen und schließen sie über eine Glühlampe an die Netzspannung an. Die Glühlampe leuchtet auf. Kohle leitet den Strom.
Der Versuch wirkt besonders eindrucksvoll, wenn wir als Leiter die Mine eines Bleistifts verwenden. Dazu spalten wir einen längeren Bleistift der Länge nach auf und nehmen die Mine vorsichtig heraus.
Wir ersetzen den Kohlestab durch ein gleichlanges Stück dicken Kupferdrahts (eventuell Experimentierschnur) oder einen dicken Nagel (Zimmermannsnagel), ohne sonst die Schaltung zu ändern. Die Glühlampe leuchtet jetzt trotz der gleichgebliebenen Spannung heller auf als bei dem vorigen Versuch. Metalle sind gute Leiter.
Schließlich ersetzen wir den Leiter zwischen den Isolierklemmen durch ein Stück Bindfaden oder Baumwollfaden. Die Glühlampe leuchtet nach dem Einschalten des Stroms nicht auf. Wir ersetzen die Glühlampe durch eine Glimmlampe. Sie leuchtet auf. Der Faden leitet also den Strom, wenn auch schlecht.
Wir stellen die ursprüngliche Schaltung mit der Glühlampe wieder her, spannen aber zwischen die Isolierklemmen einen 40 cm bis 50 cm langen Bindfaden aus. Als Spannungsquelle verwenden wir jetzt ein Hochspannungsgerät. Wir regeln die Spannung langsam höher. Bei etwa 1000 V beginnt die Glühlampe zu leuchten, der Faden wird leitend. [13]

Bemerkungen

1. Metalle und Kohle sind gute elektrische Leiter.
2. Metalle sind bessere Leiter als Kohle.
3. Textilfäden sind bei niedriger Spannung Isolatoren.
4. Bei hoher angelegter Spannung werden auch Isolatoren zu (schlechten) Leitern.
5. Es gibt keinen grundsätzlichen Unterschied zwischen elektrischen Leitern und Nichtleitern.

10.14. Der menschliche Körper als elektrischer Leiter

1. Akkumulatoren (2 V bis 30 V)
2. 2 gleiche Metallplatten
3. 3 Experimentierschnüre
4. Mikro- oder Milliamperemeter

Wir schließen zwei Platten oder Bleche aus dem gleichen Metall mit Experimentierschnüren über ein Mikroamperemeter an einen 2-V-Akku an und nehmen die Platten als Elektroden in unsere trockenen Hände. Fassen wir fest zu, zeigt das Meßinstrument einen Strom von 20 μA bis 40 μA an. Wir feuchten die Hände an

und fassen wieder die beiden Elektroden fest an. Jetzt fließt ein stärkerer Strom, der bis zu 70 μA und mehr ansteigen kann. Die Stromstärke hängt von der Größe der Fläche ab, die unsere Hände halten und von dem Übergangswiderstand, d. h. davon, wie kräftig wir die Elektroden anfassen. Der menschliche Körper erweist sich als elektrischer Leiter.
Steht kein Mikroamperemeter zur Verfügung, können wir auch ein Milliamperemeter verwenden. Dann müssen wir jedoch eine höhere Spannung anlegen. Wir verwenden eine Akkumulatorenbatterie, die 10 V Spannung liefert. Nehmen wir die Metallelektroden in feuchte Hände, fließt ein Strom von etwa 2 mA. Bei trockenen Händen müssen wir eine erheblich höhere Spannung anschalten. Die gleiche Stromstärke von 2 mA wäre erst bei einer Ausgangsspannung von etwa 30 V erreichbar.
Von dem Stromfluß durch unseren Körper spüren wir bei den genannten Spannungen von 2 V bis 30 V keinen oder doch fast keinen physiologischen Reiz. Es ist dringend davor zu warnen, mit hohen Spannungen zu experimentieren. Soll anstelle von Akkumulatoren ein Netzgerät (Gleichrichter) verwendet werden, muß unbedingt darauf geachtet werden, daß die Spannung nicht über 30 V hinausgehen kann. Potentiometerschaltungen sollten auf keinen Fall benutzt werden, weil ein Schaltfehler den Elektroden lebensgefährliche Spannungen zuführen kann. Ausdrücklich muß davor gewarnt werden, den Versuch mit den Spannungen von sogenannten „Elektrisiermaschinen" auszuführen, auch nicht, wenn dabei eine Kette von Personen „elektrisiert" werden soll. Bei empfindlichen Menschen können schwere Gesundheitsschäden (z. B. Herzflimmern) auftreten.
Der Versuch eignet sich dazu, auf die Unfallgefahr beim Berühren elektrischer Leitungen, Steckdosen u. ä., besonders mit nassen Händen, hinzuweisen. Gefahr tritt immer auf, wenn elektrische Geräte im Bad benutzt werden sollen. [13]

Bemerkungen

1. Der menschliche Körper ist ein guter Leiter für den elektrischen Strom.
2. Obwohl keine Reizwirkung zu spüren ist, fließt schon bei geringer Spannung ein Strom durch den menschlichen Körper.

10.15. Die Abhängigkeit des Artwiderstands eines Leiters von der Temperatur

1. 2 Isolierklemmen auf Fuß
2. 2 Experimentierschnüre
3. Amperemeter (Meßbereich 1 A)
4. Bunsenbrenner
5. Gasanschluß
6. Eisendraht
7. Widerstandsdraht
8. Nagel
9. Niederspannungsnetzgerät

Wir wickeln einen langen dünnen Eisendraht (Blumendraht) über einen Nagel (Bleistift) zu einer Drahtwendel auf und hängen sie nach dem Abziehen von dem Nagel zwischen zwei Isolierklemmen wenig gespannt ein. Die Windungen dürfen sich nicht berühren. Den Draht schließen wir mit Experimentierschnüren über ein Amperemeter an ein Niederspannungsnetzgerät an. Wir regulieren den Strom so ein, daß der Draht nicht wesentlich erwärmt wird. Dabei möge das Meßinstrument einen großen Ausschlag anzeigen.

Jetzt zünden wir die Gasflamme eines Bunsenbrenners an und fächeln damit die Drahtwendel. Der Ausschlag am Amperemeter geht zurück, weil der Artwiderstand des Eisendrahts mit der erhöhten Temperatur geringer wird.
Wir wickeln einen Widerstandsdraht (Konstantandraht) zu einer Wendel auf und wiederholen den Versuch. Der Ausschlag des Amperemeters geht beim Erwärmen der Drahtwendel nicht (oder nur unwesentlich) zurück. Der Artwiderstand dieses Drahts ist nicht von der Temperatur abhängig.

Bemerkungen

1. Der Artwiderstand eines Eisendrahts nimmt mit steigender Temperatur ab.
2. Der Artwiderstand eines Widerstandsdrahts ist weitgehend von der Temperatur unabhängig.

10.16. Die elektrische Fernleitung

Versuch 1

1. Widerstand (10 kΩ)
2. Glühlampe (220 V/20 W) in Fassung
3. Wechselstromnetz
4. Schalter
5. Experimentierschnüre

Wir schalten eine Glühlampe und einen hohen Widerstand hintereinander und legen über einen Schalter die Wechselspannung des Netzes an. Die Lampe bleibt dunkel. Der Ohmsche Widerstand simuliert den Widerstand einer Fernleitung vom E-Werk zum Verbraucher.

Versuch 2

1. Schiebewiderstand (50 Ohm)
2. Glühlampe (220 V/40 W) in Fassung
3. Schalter
4. Tauchsieder
5. Becherglas mit Wasser
6. Voltmeter
7. Netzspannung

Wir schalten einen Widerstand, der die Fernleitung darstellt, eine Glühlampe und einen Schalter hintereinander in einen Stromkreis und legen die Wechselspannung des Netzes an. Wenn wir den Strom einschalten, glüht die Lampe. An die Klemmen der Lampe legen wir ein Voltmeter und messen die Spannung.
Nun schalten wir an die gleichen Klemmen einen in einem Becherglas mit Wasser stehenden Tauchsieder. Sowohl das sofort schwächere Leuchten der Lampe als auch das Voltmeter zeigen den plötzlichen Spannungsabfall an. Um die gleiche Spannung beim Verbraucher wie zuvor zu erhalten, müßte das E-Werk eine höhere Spannung abgeben.
Der Spannungsverlust (= Abfall) in der Fernleitung ist $U = R \cdot I$. Verringern wir R des Widerstands, ist der Verlust kleiner. Also sollte die Fernleitung einen geringen Widerstand haben. Das ist wegen der Länge solcher Leitungen nicht möglich. Daher wird nicht mehr mit Gleichstrom, sondern mit Wechselstrom gearbeitet, unter Zwischenschaltung von Transformatoren.

Versuch 3

1. 2 Aufbautransformatoren (500 Windungen/10000 Windungen)
2. Widerstand (10 kΩ)
3. U-Kerne mit Joch und Spannungsvorrichtungen, Glühlampe (220 V/20 W)
4. Netzspannung
5. Experimentierschnüre

Wir legen die Wechselspannung des Netzes an die Primärspule mit 500 Windungen eines Aufbautransformators. Mit der Sekundärspule mit 10 000 Windungen transformieren wir die Netzspannung auf 4400 Volt. Diese Spule verbinden wir über einen hochohmigen Widerstand, der den Widerstand der Fernleitung ersetzt, mit der jetzt als Primärspule dienenden Spule mit 10 000 Windungen eines zweiten Aufbautransformators. Seine Sekundärspule mit 500 Windungen transformiert die hohe Spannung wieder auf 220 Volt herunter. Mit dieser Spannung leuchtet eine an die Spule angeschlossene Glühlampe normal. [14]

Bemerkungen

1. Der hohe Ohmsche Widerstand einer Fernleitung vernichtet elektrische Energie und wird damit unwirtschaftlich bei Verwendung von Gleichstrom.
2. Die Fernleitung elektrischer Energie erfolgt bei hoher Wechselspannung ohne wesentliche Verluste. Die Spannung muß auf der Verbraucherseite auf die übliche Spannung herabtransformiert werden.

10.17. Die Wärmewirkung des elektrischen Stroms

Versuch 1

1. 2 Isolierklemmen auf Fuß
2. Lamettafaden
3. 2 Experimentierschnüre
4. Schalter

Wir spannen einen Lamettafaden zwischen zwei Isolierklemmen aus und schließen ihn über einen Schalter an die 220 Volt-Netzspannung an. Schalten wir den Strom ein, brennt der Faden sofort mit leichtem Knall und einem Lichtblitz durch.
Es ist empfehlenswert, die Tischplatte durch eine Asbestplatte oder nasse Pappe zu schützen.
Der Versuch veranschaulicht die Wirkungsweise einer Schmelzsicherung.

Versuch 2

1. 2 Isolierklemmen auf Fuß
2. dünner Eisendraht (50 cm lang)
3. 2 Experimentierschnüre
4. Schiebewiderstand (bis 10 A belastbar)
5. Regeltrafo
6. Sicherheitsunterlage auf dem Tisch
7. Amperemeter

Wir spannen 50 cm eines dünnen Eisendrahts (Blumendraht) zwischen zwei Isolierklemmen aus und schließen ihn über einen Widerstand und ein Amperemeter an einen Regeltrafo an. Wir schalten den Strom zunächst mit geringer Stromstärke ein. Vom Draht steigt Rauch auf, weil die an ihm haftende dünne Fettschicht verdampft. Lassen wir die Stromstärke langsam weiter ansteigen, beginnt der Draht zu glühen. Seine Farbe geht von Dunkelrot über Hellrot zur Weißglut über. Dabei dehnt er sich aus und hängt in Form einer Kettenlinie durch. Wir berühren die isolierten Experimentierschnüre der Zuleitungen. Sie sind kalt, obwohl der Draht doch hell glüht. Der elektrische Widerstand der Zuleitungen ist viel kleiner als der des Drahts. Dort wird keine elektrische Energie in Wärme verwandelt. Schließlich brennt der Draht durch.

Das Aufglühen erfolgt meist an einigen Stellen des Drahts heller als auf seiner ganzen Länge. Es handelt sich um die nie ganz vermeidbaren leichten Knickstellen, an denen die Oberfläche des Drahts eingerissen ist. Damit ist sein Querschnitt verringert, sein elektrischer Widerstand vergrößert.

Wir betrachten den durchgeschmolzenen Draht und stellen an seiner grauen Farbe und dem Abblättern fest, daß er oxidiert ist. An den Drahtenden sehen wir Schmelzperlen. Sie zeigen an, daß tatsächlich die Temperatur des Schmelzpunkts von Eisen 1535 °C erreicht wurde.

Der Versuch kann mit Gleich- oder Wechselstrom durchgeführt werden. Es empfiehlt sich, die Tischplatte gegen Brandflecke durch Unterlegen von Asbestpappe oder einfach nasser Pappe zu schützen.

Versuch 3

1. 2 Isolierklemmen auf Fuß
2. dünner Aluminiumdraht (50 cm lang)
3. 2 Experimentierschnüre
4. Amperemeter (bis 10 A)
5. Schiebewiderstand (bis 10 A belastbar)
6. Regeltrafo
7. Sicherheitsunterlagen für den Tisch

Wir spannen etwa 50 cm dünnen Aluminiumdraht (Durchmesser etwa 0,3 mm) zwischen zwei Isolierklemmen aus und schließen ihn über einen Schiebewiderstand und ein Amperemeter an einen Regeltrafo an. Nach dem Einschalten des Stroms lassen wir die Stromstärke langsam ansteigen, bis der Draht rot glüht. Dies ist bei der Stromstärke von 7 A bis 8 A der Fall. Bei dieser Rotglut warten wir ungefähr eine halbe Minute ab, ohne die Stromstärke weiter zu steigern. Nach dieser Zeit vergrößern wir die Stromstärke sehr vorsichtig und sehr langsam, bis der Draht in Weißglut gerät. Entgegen unserer Erwartung schmilzt der Draht auch bei einer Stromstärke von etwa 10 A nicht durch.

Wir schalten den Strom ab, lassen aber den Regeltrafo und den Widerstand bei ihren letzten Einstellungen stehen. Wenn sich der Draht vollständig abgekühlt hat, schalten wir den Strom mit seiner vollen Stärke wieder ein. Der Draht brennt nicht durch.

Bei der Betrachtung des so behandelten Drahts stellen wir fest, daß das Aluminium mit einer Oxidschicht überzogen ist. Diese Hülle ist stabil genug, den Draht zu halten, obwohl darin das schon bei 660 °C schmelzende Aluminium flüssig wird. [13; 20]

Dieser Versuch wurde von Auer von Welsbach erstmals beschrieben.

Bemerkungen

1. In einem Leiter wird elektrische Energie in Wärmeenergie umgewandelt.
2. Metalle leiten den Strom, bis sie bei ihrem Schmelzpunkt schmelzen.
3. Die Wärmewirkung des elektrischen Stroms wird in der Schmelzsicherung ausgenutzt.

10.18. Der Wärmeverlust bei einem geheizten Leiter

1. 3 Isolierklemmen auf Fuß
2. 2 m Konstantandraht
3. Regeltrafo
4. 2 Experimentierschnüre
5. langer Nagel

Wir wickeln die Hälfte von einem etwa 2 m langen Konstantandraht über einen längeren Nagel auf und ziehen ihn dann wieder von dem Nagel ab. Es muß eine Drahtwendel mit dicht nebeneinanderliegenden Windungen entstanden sein. Diesen Teil des Drahts spannen wir, ohn ihn zu dehnen, zwischen zwei Isolierklemmen aus, den Rest anschließend gerade gestreckt zu einer dritten Isolierklemme. Wir achten darauf, daß sich keine benachbarten Windungen der Wendel berühren.
Die erste und dritte Isolierklemme schließen wir an einen Regeltrafo an und schalten zunächst eine geringe Stromstärke ein, die wir langsam erhöhen. Obwohl durch beide Hälften des Leiters die gleiche Stromstärke fließt, beginnt der gewendelte Teil bei einer bestimmten Stromstärke zu glühen, während der gestreckte Teil noch dunkel bleibt.
Wir blasen gegen die glühende Wendel. Das Glühen läßt an der von dem Luftstrom getroffenen Stelle nach oder verschwindet sogar ganz.
Die von dem elektrischen Strom entwickelte Wärme wird von dem gestreckten Draht stärker nach außen abgestrahlt als von dem gewendelten mit seinen engen Windungen, deren gesamte strahlende Fläche kleiner ist. Daher ist bei der Drahtwendel der Wärmeverlust geringer, so daß die Temperatur höher ansteigt als bei dem geraden Drahtstück trotz der gleichen Stromstärke. Der gegen die Wendel geblasene Luftstrom transportiert Wärme ab, und der Draht kühlt sich an der getroffenen Stelle stärker ab, weshalb das Glühen nachläßt.
Der Versuch demonstriert, warum der Glühdraht in Glühlampen oder Heizspiralen gewendelt (eventuell doppelt gewendelt) wird. [13; 20; 28]

Bemerkungen

1. Elektrische Energie kann in Wärme umgewandelt werden.
2. Das Gleichgewicht zwischen Erzeugung und Abstrahlung der elektrisch erzeugten Wärme hängt von der Form des stromdurchflossenen Leiters ab.

10.19. Der „Stromverbrauch“

1. 2 Glühlampen in Fassung (oder Tauchsieder)
2. Becher mit Wasser
3. Amperemeter
4. 4 Experimentierschnüre
5. Netzspannung

Wir schalten eine Glühlampe und ein Amperemeter in Reihe an die Netzspannung an. Dabei soll das Meßinstrument zunächst vor der Lampe liegen. Wir lesen die angezeigte Stromstärke ab. Dann schalten wir das Meßinstrument hinter die Lampe. Es zeigt dieselbe Stromstärke an wie vorher.
Der Versuch kann noch verbessert werden durch die Verwendung von zwei Glühlampen oder einer Lampe und einem Tauchsieder bzw. einem anderen elektrischen Gerät. Es ist gut, wenn die beiden Glühlampen verschiedene Wattzahlen haben. Das Amperemeter zeigt immer dieselbe Stromstärke an, gleichgültig, ob es vor,

zwischen oder hinter die Geräte eingeschaltet wird. Offenbar wird von den Lampen oder Geräten kein Strom verbraucht.
Es ist nicht zu empfehlen, mit zwei Amperemetern zu arbeiten, es sei denn, wir prüfen sie vor dem Versuch, ob sie völlig gleiche Zeigerausschläge bei einem bestimmten Strom anzeigen. [13]

Bemerkungen

1. Die Annahme, Strom werde in elektrischen Geräten „verbraucht", ist falsch.
2. In einem Stromkreis fließt überall die gleiche Stromstärke.

10.20. Das Magnetfeld des elektrischen Stroms

1. 2 Isolierklemmen auf Fuß
2. 3 Experimentierschnüre
3. Magnetnadel auf Fuß
4. Niederspannungsnetzgerät
5. Unterlegklötze
6. Inklinationsnadel

Wir spannen eine 50 cm lange Experimentierschnur zwischen zwei Isolierklemmen gerade aus und richten sie in die Nord-Südrichtung aus. Dicht unter den Leiter stellen wir auf Unterlegklötze eine Magnetnadel auf. Nachdem wir den Leiter an die Gleichstrombuchsen eines Netzgeräts angeschlossen haben, schalten wir den Strom ein und steigern langsam die Stromstärke.
Die Magnetnadel wird aus der Nord-Süd-Richtung abgelenkt. Nach dem Abschalten des Stroms kehrt die Nadel wieder in die Nord-Süd-Richtung zurück.
Fließt der Strom vom Pluspol zum Minuspol über der Nadel von ihrem Südpol zu ihrem Nordpol, wird der Nordpol der Nadel nach links, nach Westen, abgelenkt, der Südpol nach rechts, nach Osten.
Wir stellen die Nadel jetzt dicht über die Experimentierschnur bei unveränderter Stromrichtung. Nun wird der Nordpol der Nadel nach rechts (Osten) abgelenkt.
Wir polen die Stromrichtung um. In den beiden Stellungen der Nadel unter und über dem Leiter wird sie in entgegengesetzten Richtungen wir vorher abgelenkt. Die Ablenkung erfolgt nach der Ampereschen Schwimmer- oder nach der Rechten-Hand-Regel.
Wir variieren die Stromstärke und beobachten, daß die Ablenkung der Nadel aus ihrer Nord-Süd-Richtung mit wachsender Stromstärke größer wird, jedoch nicht über 90° hinausgeht.
Wir stellen eine Inklinationsnadel einmal links, einmal rechts neben die Experimentierschnur. Die Nadel nähert sich nach dem Einschalten des Stroms immer mehr der lotrechten Richtung. Die Ablenkungsversuche zeigen, daß ein stromdurchflossener Leiter von einem Magnetfeld umgeben ist, dessen Richtung offenbar um den Leiter herumgreift. Dieses Ergebnis wurde von Hans Christian Oerstedt (1777 bis 1851) erstmals am 21. Juli 1820 veröffentlicht. Er ist daher der Entdecker des Elektromagnetismus.

10.21. Der Elektromagnet als Kompaß

1. Kupfer- und Zinkdraht (oder Blechstücke)
2. Litzedraht
3. halbierte Zitrone
4. Gefäß mit Wasser
5. runder Bleistift

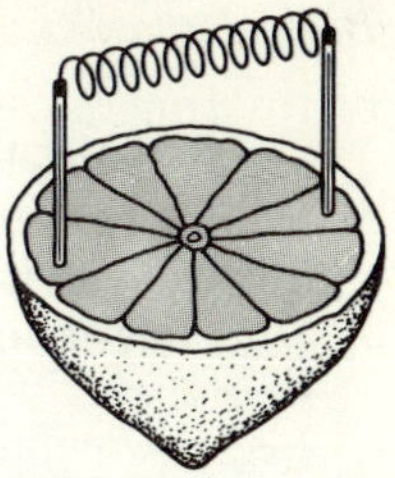

Abb. 10.21./1
Ein elektromagnetischer Kompaß

Wir suchen ein längeres Stück Litzedraht. Die leichtbeweglichen Leitungsschnüre der Tischlampen bestehen oft aus vielen solchen Drähten. Einen dieser Drähte wickeln wir in engen Windungen um einen dicken runden Bleistift zu einer Wendel. Ihr eines Ende binden wir möglichst fest an ein Stück Kupferdraht, das andere Ende an ein Stück Zinkdraht. Statt der Drahtstücke können wir auch schmale Blechstreifen aus diesen Metallen verwenden. Natürlich ist es besser, die Wendel nicht nur anzubinden, sondern anzulöten.
Wir nehmen eine halbe Zitrone und stecken die Kupfer- und Zinkdrähte an entgegengesetzten Stellen am Rande der Zitrone in das Fruchtfleisch (Abb. 10.21./1). Dann setzen wir die Zitronenhälfte auf Wasser. Nach kurzer Zeit dreht sich die Zitrone so, daß die Wendel in die Nord-Süd-Richtung zeigt. Es ist ein Kompaß entstanden.

Bemerkungen

1. Kupfer und Zink bilden mit der Zitronensäure ein galvanisches Element.
2. Eine stromdurchflossene Drahtwendel wird zu einem Stabmagneten.
3. Eine stromdurchflossene leicht bewegliche Drahtwendel kann als Kompaß dienen.

10.22. Das Magnetfeld eines Kreisleiters

1. Magnetnadel auf Fuß
2. 3 Experimentierschnüre
3. Niederspannungsgerät
4. Unterlegklotz

Wir stellen eine Magnetnadel etwas erhöht auf. Eine 1 m lange Experimentierschnur schließen wir über zwei weitere Schnüre an ein Netzgerät an. Aus der langen mittleren Schnur biegen wir einen Kreis von etwa 20 cm Durchmesser. Ihn halten wir lotrecht in die Nord-Süd-Richtung um die Magnetnadel, so daß sie sich in der Mitte des Kreises befindet.
Wir schalten den Strom ein. Schon bei geringer Stromstärke wird die Nadel aus der Nord-Süd-Richtung abgelenkt. Der Ablenkungswinkel wächst mit der Stromstärke. Er gelangt aber nicht über 90° hinaus. Der Leiterkreis wirkt als Magnet.
Wir biegen die Experimentierschnur zu zwei und mehr nebeneinander liegenden Windungen zusammen. Jetzt wächst die Ablenkung der Nadel bei gleichbleibender Stromstärke mit der wachsenden Windungszahl. Die kreisförmigen Windungen stellen das Modell einer Spule dar.
Die Ablenkung des Nordpols der Nadel erfolgt nach der Rechte-Faust-Regel. [13]

Bemerkungen

1. Im Inneren eines stromdurchflossenen kreisförmigen Leiters (Spule) herrscht ein Magnetfeld.
2. Die Stärke des Magnetfelds hängt von der Anzahl der Windungen des kreisförmigen Leiters ab.
3. Die Ablenkung des Nordpols der Magnetnadel erfolgt nach der Rechte-Faust-Regel:
   Legen wir die rechte Hand über den Leiterkreis und fließt der Strom im Leiter in Richtung von der Handwurzel zu den Fingerspitzen, wird der Nordpol der Nadel in Richtung des abgespreizten Daumens abgelenkt.

10.23. Das Eisen im Magnetfeld einer Spule

Versuch 1

1. Spule (500 Windungen)
2. Netzgerät für Gleichstrom
3. 2 Experimentierschnüre
4. Eisenstab
5. Magnetnadel auf Fuß
6. Holzhammer

Wir prüfen mit einer Magnetnadel, ob ein Eisenstab, z. B. ein kurzer Stativstab, unmagnetisch ist. Dann legen wir ihn in eine Spule mit 500 Windungen, die wir an ein Netzgerät für Gleichstrom anschließen. Wir schalten den Strom bei geringer Spannung ein. Der Eisenstab wird magnetisiert. Wir ziehen ihn langsam aus der Spule und schalten nun erst den Strom ab.
Mit einer Magnetnadel prüfen wir erneut den Stab. Er ist noch immer ein Magnet. Er besitzt remanenten Magnetismus. Wir klopfen mit einem Holzhammer kräftig auf den Stab. Er verliert dadurch seinen Magnetismus. Ist kein Holzhammer zur Hand, klopfen wir mit dem Holzteil eines anderen Hammers.

Versuch 2

1. Spule (300 Windungen)
2. 2 Stativstäbe (25 cm)
3. Netzgerät für Gleich- und Wechselspannung (bis 4 A)
4. Experimentierschnüre
5. Unterlegklotz

Wir legen eine Spule mit 300 Windungen bei waagerechter Achse mit einer Längsseite auf einen flachen Unterlegklotz, so daß sie schräg liegt. In die Längsrichtung der Spule legen wir zwei kurze Stativstäbe oder zwei lange Nägel. Wir verbinden die Spule mit dem Netzgerät und schalten zunächst Gleichspannung ein.
Wir steigern die Stromstärke langsam von null Ampere beginnend. Weil die Stäbe gleichartig magnetisch werden, stoßen sie sich ab und wandern um so weiter auseinander, je mehr die Stromstärke wächst.
Wir polen die Stromrichtung um und wiederholen den Versuch. Die Stäbe zeigen das gleiche Verhalten wie vorher. Auch wenn wir Wechselspannung anlegen, ändert sich das Ergebnis nicht.
Als Nägel eignen sich besonders die sogenannten Zimmermannsnägel.
Der Versuch dient dem Verständnis für die Wirkungsweise von Weicheisenmeßinstrumenten. [13]

Bemerkungen

1. Eisen wird im Magnetfeld einer Spule magnetisiert.
2. Der remanente Magnetismus wird durch Klopfen zerstört.

10.24. Die Drehung einer Spule im Magnetfeld

1. Kupferdraht
2. Lamettabänder (oder lange flexible Litzen)
3. Hufeisenmagnet
4. Netzgerät für Gleichspannung
5. Stativmaterial
6. Experimentierschnüre

Wir biegen einen dicken Kupferdraht in mehreren Windungen zu einer Spule. Ihr Durchmesser darf nur so groß werden, daß sie zwischen die Schenkel eines Hufeisenmagneten paßt. Diese Spule hängen wir an etwa 1 m langen Lamettabändern auf, die der Zuleitung des Stroms dienen. An sie schließen wir ein Netzgerät an, das Gleichspannung liefert. Einen Hufeisenmagnet klemmen wir an einem Stativ fest und schieben ihn um die Spule herum. Sie soll sich so zwischen den Polen befinden, daß die Fläche ihrer Windungen in der Feldrichtung des Magneten steht.
Wir schalten den Strom ein, zuerst bei etwa 2 Volt Spannung. Die Spule dreht sich. Wir polen den Strom um. Die Spule dreht sich in der entgegengesetzten Richtung. Wir erhöhen die Stromstärke. Der Drehwinkel wird größer, kommt aber nicht über 90° hinaus. [12]

Bemerkung

Eine drehbar aufgehängte stromdurchflossene Spule dreht sich in einem Magnetfeld.

10.25. Ionen als Elektrizitätsträger

1. Plattenkondensator
2. Widerstand (100 kΩ)
3. Hochspannungsnetzgerät (oder Influenzelektrisiermaschine)
4. 4 Experimentierschnüre
5. Kerze auf Fuß
6. Streichholz
7. Schattenprojektion

Wir stellen die Platten eines Plattenkondensators in einigen Zentimetern Abstand voneinander auf. Die eine Platte erden wir, die andere schließen wir über einen Sicherheitswiderstand an ein Hochspannungsgerät an. Seinen negativen Pol erden wir ebenfalls. Zwischen die Platten stellen wir eine brennende Kerze.
Wir schalten das Hochspannungsnetzgerät ein und steigern die Spannung bis auf mehrere tausend Volt. Die bis dahin aufrecht brennende Kerze zieht sich in die Breite, hauptsächlich nach der negativen Platte hin. Auf ihr bildet sich nach etwa einer Minute ein feiner Überzug von Ruß. Die Kerzenflamme ist eine Ionenquelle. Die kleinen Rußteilchen transportieren Ladung.
Verwenden wir als Spannungsquelle eine Influenzmaschine, können wir die Kerzenflamme unmittelbar zwischen die Konduktorkugeln stellen.
Für einen größeren Zuschauerkreis muß der Versuch in Schattenprojektion gezeigt werden. [13; 54]

Bemerkungen

1. Das in einer Kerzenflamme vorhandene Gas ist ionisiert.
2. Rußteilchen transportieren im elektrischen Feld Ladung.

10.26. Das Magnetfeld eines Ionenstroms

1. Glastrog
2. angesäuertes Wasser
3. 2 Elektroden
4. Magnetnadel auf Fuß
5. Experimentierschnüre
6. Gleichspannung

Wir füllen einen Glastrog, wie er für elektrolytische Versuche benutzt wird, mit Wasser, das wir mit wenig verdünnter Schwefelsäure ansäuern. In den Trog hängen wir zwei Elektroden, z. B. Kupfer- oder Bleibleche oder Kohlestäbe. Neben den Trog stellen wir eine Magnetnadel. Sie richtet sich in den magnetischen Meridian ein. Dann stellen wir den Trog parallel zur Nadel auf. Wir legen Spannung an, schalten den Strom ein und lassen die Stromstärke langsam anwachsen. Die Magnetnadel wird abgelenkt. Bei der Stromstärke von etwa 5 A steht die Nadel senkrecht zur ursprünglichen Richtung und weist zu dem Ionenstrom hin, der im Trog fließt. [13]

Bemerkung

Ein Ionenstrom erzeugt ein magnetisches Feld, dessen Feldlinien senkrecht zur Stromrichtung verlaufen.

10.27. Die Kapazität

1. Isolierschemel
2. Regenschirm
3. Glas- oder Hartgummistab
4. Reibzeug
5. Elektroskop
6. Experimentierschnüre
7. Krokodilklemme

Wir stellen eine Versuchsperson auf einen Isolierschemel. Sie stelle einen Konduktor dar. Wir verbinden sie über eine Experimentierschnur, die mit einer Krokodilklemme an der Kleidung befestigt ist, mit einem Elektroskop. Dann reiben wir einen Glas- oder Hartgummistab kräftig und geben seine Ladung durch Berühren an die Versuchsperson ab. Das Aufladen wiederholen wir, bis der Zeiger des Elektroskops erheblich aber nicht voll ausschlägt.
Wir lassen die Versuchsperson in die Kniebeuge gehen. Dabei steigt der Ausschlag am Elektroskop, weil sich die Fläche des Konduktors verkleinert. Der Zeiger geht auf den ursprünglichen Ausschlag zurück, wenn sich die Versuchsperson wieder aufrichtet und damit die Fläche vergrößert.
Wir geben der Versuchsperson einen recht großen Schirm in die Hand und laden sie kräftig auf. Wird der Schirm aufgespannt und damit die Fläche A vergrößert, geht der Zeigerausschlag des Elektroskops zurück. Er erreicht die anfängliche Höhe wieder, wenn der Schirm zusammengefaltet wird.
Die Flächendichte der Ladung Q beeinflußt so das Potential. Es ist $U \sim 1/A$. Da die Kapazität $C \sim Q/U$ ist, folgt $C \sim A$.

Nach dem Aufladen dürfen wir uns der Versuchsperson nicht nähern oder uns von ihr entfernen. Da wir „geerdet" sind, stellen wir eine Platte eines Kondensators dar, die Versuchsperson die andere Platte. Nähern wir uns ihr (ohne sie zu berühren), geht der Zeigerausschlag des Elektroskops zurück. Bei gleichbleibender Ladung Q ändert sich der Plattenabstand d. Der Versuch zeigt, daß $U \sim d$ ist und weil $C \sim Q/U$ ist, folgt $C \sim 1/d$. [66]

Bemerkungen

1. Die Kapazität für elektrische Ladungen eines Kondensators ist proportional zu seiner Oberfläche.
2. Wächst die Oberfläche eines Konduktors bei konstanter Ladung, sinkt das Potential.
3. Die auf einem Konduktor liegende Ladung ist proportional der Spannung.

10.28. Der Aufbau eines elektrischen Feldes

1. Plattenkondensator
2. Hochspannungsgerät (z. B. Bandgenerator)
3. Elektroskop
4. Experimentierschnüre (oder Kettchen)

Wir stellen einen Plattenkondensator auf und erden eine der Platten. Diese verbinden wir außerdem mit dem Gehäuse eines Elektroskops. Die im Abstand von einigen Zentimetern stehende zweite Platte schließen wir an den Knopf des Elektroskops an und verbinden sie kurzzeitig mit einem Pol eines Hochspannungsgeräts. Der Zeiger des Elektroskops schlägt bis zum Vollausschlag aus. Damit wird das zwischen den Platten sofort aufgebaute Feld angezeigt.
Wenn wir das Hochspannungsgerät und die isolierte Platte mit einer Schnur aus Leinen, also einem schlechten Leiter, verbinden, erfolgt der Ausschlag des Zeigers am Elektroskop nur zögernd. Das elektrische Feld baut sich nur langsam auf. Der Ausschlag des Zeigers wächst sprungweise an, wenn wir die isolierte Platte mit einem Probelöffel nach und nach aufladen. [12]

Bemerkung

Zwischen isoliert aufgestellten Platten entsteht ein elektrisches Feld, wenn ihnen Ladung zugeführt wird.

10.29. Der Abbau eines elektrischen Feldes

Versuch 1

1. Influenzmaschine (oder Bandgenerator)
2. 2 Isolierschemel
3. Experimentierschnüre
4. Gerät für Seifenblasen

Wir stellen zwei Versuchspersonen isoliert in 2 m Abstand auf. Wenn keine Isolierschemel vorhanden sind, legen wir Bretter auf Glasstäbe oder Glasscheiben und

lassen die Personen darauf Stellung nehmen. Wir können sie auch auf Stühle setzen, unter deren Beine Glas (z. B. saubere Aschenbecher) gelegt sind. Die eine Person verbinden wir mit dem positiven Pol, die andere mit dem negativen Pol einer Influenzmaschine.
Eine der beiden Personen läßt aus Seifenlösung Blasen entstehen. Sie erhalten sofort die gleiche Ladung wie die der blasenden Person und werden daher von ihr abgestoßen. Sie fliegen zur anderen Person hinüber. Ihre Bahnen entsprechen Feldlinien des elektrischen Feldes zwischen den Personen.
Erzeugen beide Personen Seifenblasen, so transportieren sie auf ihren Wegen entgegengesetzte Ladungen. Beim Zusammentreffen entladen sie sich und sinken zu Boden.
Diese Versuche sind in einem Buch des irischen Physikers John Tyndall (1820 bis 1893) beschrieben.

Versuch 2

1. Blockkondensator
2. Netzgerät
3. Glühlampe (2 V) in Fassung
4. Experimentierschnüre

Wir laden einen Blockkondensator von mindestens 4 μF Kapazität von einem Netzgerät für Gleichspannung mit 400 Volt auf. Die Zuleitungen nehmen wir ab. Dann berühren wir die Kontakte des Kondensators mit den von einer Glühlampe herkommenden Experimentierschnüren. Die Glühlampe blitzt auf, eventuell brennt sie sogar durch. Die aufgebrachte Ladung ist über einen elektrischen Strom abgeflossen. Vorher war ein elektrisches Feld im Kondensator aufgebaut worden.

Versuch 3

1. Plattenkondensator
2. Hochspannungsgerät
3. Experimentierschnüre
4. leitende Kugel
5. Seiden- oder Perlonfaden
6. Klebwachs
7. Elektroskop

Wir schließen die beiden Platten eines Plattenkondensators an ein Elektroskop an. Dann laden wir den Kondensator durch kurzzeitiges Berühren mit den Zuleitungen von einem Hochspannungsgerät (z. B. Bandgenerator) auf, bis das Elektroskop Vollausschlag zeigt.
Eine Metallkugel kleben wir an einem Seidenfaden fest. Wir halten sie mit der Hand am Faden und bringen sie zwischen die Platten. Die Kugel berührt zuerst eine Platte, wird dort aufgeladen und abgestoßen. Sie fliegt zur anderen Platte, gibt ihre Ladung dort ab und lädt sich erneut auf mit entgegengesetzter Ladung. Darauf pendelt sie zur ersten Platte zurück, und das Spiel wiederholt sich. Dabei beobachten wir, daß der Ausschlag des Elektroskops stufenweise bei jedem Anschlag der Kugel an einer Platte zurückgeht. Das elektrische Feld wird abgebaut.
Statt einer Metallkugel können wir auch einen Tischtennisball verwenden, dem wir durch Bestreichen mit Graphit aus einem Bleistift oder durch Bronzieren einen leitenden Überzug geben.

Versuch 4

1. Plattenkondensator
2. Hochspannungsgerät
3. Experimentierschnüre
4. leitende Kugel
5. Seidenfaden
6. Klebwachs
7. Elektroskop

Wir ändern den Versuch 3 ab, indem wir den Kondensator nicht kurzzeitig aufladen, sondern die Platten dauernd mit dem Hochspannungsgerät (Bandgenerator) verbinden. Dann wird das elektrische Feld durch die pendelnde Kugel nicht abgebaut. Der Ausschlag am Elektroskop bleibt bestehen. Die Ladung, die die Kugel bei einem Anschlag an einer Platte abgibt, wird laufend von dem Hochspannungsgerät wieder ergänzt.
Die Kugel pendelt dabei mit einer bestimmten konstanten Frequenz. Wir schieben die Platten des Kondensators auf einen geringeren Abstand zusammen. Ohne am Generator etwas zu ändern, zeigt das Elektroskop eine höhere Spannung an als zuvor. Das elektrische Feld ist verstärkt. Die Frequenz der Pendelschwingungen ist größer. Dies tritt auch ein, wenn wir bei konstantem Plattenabstand die Spannung erhöhen.
Wir ziehen die Platten weiter auseinander. Die vom Elektroskop angezeigte Spannung und die Frequenz der Pendelschwingungen nehmen ab. Das elektrische Feld ist schwächer. Dies erreichen wir auch durch Herabsetzen der Spannung.
[12; 20; 27]

Bemerkung

Ein elektrisches Feld kann plötzlich durch einen Stromstoß oder portionsweise abgebaut werden.

10.30. Das elektrische Feld der Erde

1. Kerze
2. Feuerzeug
3. langer Stab
4. langer isolierter Draht
5. Isolierband
6. Elektroskop
7. Glasstab
8. Reibzeug

Wir befestigen eine Kerze mit Klebstreifen an einem langen Stab (Zeigestock). Einen gleichfalls langen isolierten Draht (etwa 3 m) kleben wir unter der Kerze mit Isolierband an einer vorher mit Isolierband umwickelten Stelle der Stange fest. Das freigeschabte Ende des Drahts biegen wir so, daß es in die Kerzenflamme hineinragt. Das andere Drahtende befestigen wir am Kopf eines Elektroskops.
Wir zünden die Kerze an und heben die Flammensonde mit dem Stab immer höher. Eventuell steigen wir damit noch auf einen Stuhl. Das Elektroskop zeigt einen Ausschlag an, der mit der Höhe der Flammensonde anwächst und wieder abnimmt, wenn wir sie senken.
Wir laden einen Glasstab durch Reiben mit einem Leder positiv auf und nähern ihn dem Elektroskop. Es zeigt sich, daß es positiv geladen ist. Die Erde ist mit einem Feld umgeben, sie selbst ist negativ geladen. [12]

Bemerkung

Mit einer Flammensonde läßt sich das elektrische Feld der Erde nachweisen.

10.31. Das Erzeugen von Induktionsspannungen

Versuch 1

1. Hufeisenmagnet
2. Spiegelgalvanometer
3. langes Experimentierkabel

Wir stellen oder legen einen Hufeisenmagnet auf den Tisch. Ein längeres Experimentierkabel schließen wir direkt an ein Spiegelgalvanometer an. Jetzt schlagen wir ein Stück des Kabels schnell quer durch die Feldlinien des Hufeisenmagneten hinein. Der Lichtzeiger des Spiegelgalvanometers zeigt einen ruckartigen Ausschlag an.
Bewegen wir das Kabel schnell aus dem Magneten heraus, schlägt der Lichtzeiger nach der entgegengesetzten Seite aus. Der Ausschlag wird um so größer, je schneller wir die Bewegung ausführen. An den Enden des Kabels wird eine Spannung induziert. Das Galvanometer zeigt einen Induktionsstrom an.

Versuch 2

1. Hufeisenmagnet
2. Spiegelgalvanometer
3. langes Experimentierkabel

Wir schließen ein Experimentierkabel an ein Spiegelgalvanometer an und halten es in horizontaler oder vertikaler Lage fest. Dann stoßen wir den Hufeisenmagneten schnell über das Kabel, so daß es zwischen die Schenkel des Magneten kommt. Darauf reißen wir den Magneten wieder zurück. Der Lichtzeiger des Spiegelgalvanometers zeigt Ausschläge entsprechend denen im Versuch 1.

Versuch 3

1. Hufeisenmagnet
2. Spiegelgalvanometer
3. Experimentierkabel

Wir ändern die Versuche 1 und 2 insofern ab, daß wir ein Stück des langen Experimentierkabels zu einem Leiterring, einer Schlaufe, mit ein, zwei und mehr Windungen biegen. Den Ring schieben wir schnell über einen Pol des Magneten, anschließend bewegen wir ihn wieder nach außen. Die Ausschläge des Lichtzeigers des Galvanometers sind größer als in den Versuchen 1 und 2. Sie wachsen mit der Anzahl der Windungen der Leiterschleife.
Die Induktionsspannung hängt von ihrer Anzahl ab.

Versuch 4

1. mehrere Stabmagnete
2. Spiegelgalvanometer
3. langes Experimentierkabel
4. Stativmaterial

Die Versuche 1 bis 3 können auch mit einem bzw. mehreren Stabmagneten, die wir mit gleichen Polen zusammenhalten, ausgeführt werden. Wir klemmen die Magnete senkrecht an einem Stativ fest und bewegen ein linear gehaltenes oder zu einer Leiterschleife gebogenes Stück eines Kabels über einen Pol. Das Kabel ist am Spiegelgalvanometer angeschlossen. Wir können auch das Kabel festhalten und die Stabmagnete auf es zu- bzw. von ihm wegbewegen. Der Lichtzeiger des Galvanometers verhält sich wie in den Versuchen 1 bis 3.

Versuch 5

1. Stabmagnet
2. Spule (1000 oder 1200 Windungen)
3. Drehspulinstrument (Meßbereich 2 mA, Nullpunkt Mitte)
4. 2 Experimentierkabel
5. Stativmaterial

Wir klemmen einen Stabmagneten an einem Stativ senkrecht fest. Eine Spule mit 1000 (1200) Windungen schließen wir an ein Drehspulinstrument an. Wir stülpen die Spule schnell über den Magneten. Das Meßinstrument zeigt einen Ausschlag an. Die in der Spule induzierte Spannung löst einen Stromstoß aus.
Wir ziehen die Spule wieder von dem Magneten ab. Das Meßinstrument registriert einen Stromstoß in der entgegengesetzten Richtung.
Wir ändern den Versuch ab, indem wir die Spule mit lotrechter Mittelachse auf den Tisch stellen und den Stabmagneten hineinfallenlassen bzw. herausziehen. Bei gleicher Polung des Magneten wie vorher entstehen die Zeigerausschläge des Meßinstruments in gleicher Richtung wie vorher.

Versuch 6

1. Stabmagnet
2. Spulen (300, 600, 1200 Windungen)
3. Drehspulinstrument (Meßbereich 2 mA, Nullpunkt Mitte)
4. Experimentierkabel

Wir stellen je eine Spule mit 300, 600, 1200 Windungen auf. Ihre Längsachsen stehen senkrecht. Wir schalten sie mit Experimentierkabeln hintereinander und verbinden die Enden mit einem Drehspulinstrument. Nun lassen wir einen Stabmagnet immer aus derselben Höhe nacheinander durch die Spulen auf den Tisch fallen. Dabei soll stets derselbe Pol nach unten zeigen. Um die gleiche Fallhöhe zu erreichen, halten wir den Magnet jedesmal mit dem unteren Ende in die Höhe des Spulenrandes, bevor wir ihn loslassen.
Der Zeiger des Meßinstruments schlägt um so weiter aus, je höher die Windungszahl der Spule ist. Die Ausschläge, d. h. die induzierten Spannungen, verhalten sich wie 1:2:4.

Versuch 7

1. Stabmagnet
2. Spule (1000 oder 1200 Windungen)
3. Drehspulinstrument (Meßbereich 2 mA, Nullpunkt Mitte)
4. 2 Experimentierkabel
5. Stativmaterial

Wir legen einen Stabmagneten in eine Spule mit 1000 (1200) Windungen und schließen die Spule an ein Meßinstrument an. Bewegen wir jetzt die Spule samt dem Magneten darin, ohne diese gegeneinander zu verschieben, zeigt das Meßinstrument keinen Ausschlag an. Es entsteht keine Induktionsspannung.

Versuch 8

1. Spule (1000 oder 1200 Windungen und Eisenkern)
2. Spiegelgalvanometer
3. Magnetnadel auf Fuß
4. 2 Experimentierkabel

Wir stellen eine Spule mit 1000 (1200) Windungen mit Eisenkern so auf den Tisch, daß der Kern waagerecht liegt, und schließen sie an ein Spiegelgalvanometer an. Nun halten wir die Magnetnadel so, daß sie in gleicher Höhe mit dem Kern und dicht vor ihm steht. Wir setzen die Nadel auf ihrem Fuß in Rotation. Die Pole der Magnetnadel drehen sich vor dem Kern in der Spule vorbei. Das Galvanometer zeigt eine induzierte Wechselspannung an. Ihre Frequenz und Stärke wächst mit der Drehgeschwindigkeit der Magnetnadel.

Versuch 9

1. langes Experimentierkabel
2. Spiegelgalvanometer

Wir biegen aus einem langen Experimentierkabel einen aus mehreren Windungen bestehenden Ring, dessen Enden wir direkt an ein Spiegelgalvanometer anschließen. Bewegen wir den Ring schnell hin und her, zeigt das Galvanometer Ausschläge in entgegengesetzten Richtungen. Die Stärke der Ausschläge hängt davon ab, wie die Drahtschleife das magnetische Erdfeld schneidet. Es genügt demnach, eine Induktionsspannung zu erzeugen. [13]

Bemerkungen

1. Werden ein elektrischer Leiter und ein Magnetfeld gegeneinander bewegt (und nur dann), wird an den Enden des Leiters eine Induktionsspannung erzeugt, die einen Induktionsstrom auslöst.
2. Die Höhe der induzierten Spannung hängt von der Geschwindigkeit der Bewegung des Leiters und dem Kraftfluß des Magneten ab, ihre Polarisation von der Bewegungsrichtung des Leiters im Magnetfeld.
3. Die induzierte Spannung ist der Windungszahl der Induktionsspulen proportional.
4. Bei der Drehung eines Magneten vor einer Spule wird in ihr eine Wechselspannung induziert.

10.32. Der Induktionsstrom

1. Spule (1000 oder 1200 Windungen)
2. 2 Experimentierschnüre
3. Hufeisenmagnet (oder 2 Stabmagnete)
4. Glühlämpchen in Fassung

Wir schließen ein Glühlämpchen aus einer Taschenlampe direkt an eine Spule mit 1000 (1200) Windungen an. Nun stoßen wir einen Schenkel eines Hufeisenmagneten schnell in die Spule hinein. Das Glühlämpchen leuchtet kurzzeitig hell auf. Ebenso blitzt das Glühlämpchen auf, wenn wir den Magnet aus der Spule schnell herausziehen. In beiden Fällen fließt ein Induktionsstrom.
Statt des Hufeisenmagneten können wir auch einen Stabmagneten verwenden und in die Spule hineinstoßen und herausreißen. Besser ist es, zwei Stabmagnete mit gleichen Polen aufeinandergelegt zu verwenden. [37]

Bemerkung

Durch die Änderung des Magnetfeldes wird an den Enden der Spule eine Induktionsspannung erzeugt, die kurzzeitig einen Strom fließen läßt.

10.33. Die Lenzsche Regel

Versuch 1

1. Aluminiumring
2. 2 Stabmagnete
3. Fäden
4. Stativmaterial

Wir hängen einen Ring aus Aluminiumblech bifilar an einem Stativ auf. Zwei Stabmagnete legen wir mit gleichen Polen aufeinander und stoßen das Paar waagerecht möglichst schnell in den Ring hinein. Er folgt der Bewegungsrichtung der Magnete. Ziehen wir sie wieder aus dem Ring heraus, folgt er auch dieser Richtung. Der Versuch kann mit einem Magneten allein ausgeführt werden, jedoch bewegt sich der Ring dann nur sehr wenig.

Versuch 2

1. Aluminiumring
2. Spule (500 Windungen mit Eisenkern)
3. Niederspannungsnetzgerät
4. Schalter
5. Fäden
6. Experimentierschnüre
7. Stativmaterial

Wir legen eine Spule mit Eisenkern waagerecht auf den Tisch und schließen sie an das Niederspannungsnetzgerät über einen Schalter an. Einen Aluminiumring hängen wir bifilar an einem Stativ so auf, daß sich seine Mitte etwa 5 cm vor dem Eisenkern befindet. Wir stellen die Gleichspannung auf 8 Volt ein. Beim Einschalten des Stroms schwingt der Ring vom Elektromagneten weg, beim Ausschalten auf ihn zu, weil im Ring Induktionsströme entstehen. Ihre Richtung kann mit der Rechten-Faust-Regel bestimmt werden. Der Induktionsstrom erzeugt bei der Zunahme des Kraftflusses ein entgegengesetztes Magnetfeld, bei der Abnahme ein gleichgerichtetes Feld zu dem des Elektromagneten. Diese Magnetfelder stoßen sich ab bzw. ziehen sich an, und zwar immer so, daß der Ringstrom die Ursache seiner Entstehung zu hindern versucht. Dies fand H. F. E. Lenz (1804 bis 1865) im Jahre 1834 heraus. [20]

Bemerkung

Ein durch Induktion erzeugter Strom ist so gerichtet, daß er der Änderung des induzierenden Kraftflusses entgegenwirkt (Lenzsche Regel).

10.34. Der Thomsonsche Ringversuch

1. Spule (1000 Windungen, U-Kern, Joch)
2. Aluminium- oder Kupferring
3. Netzspannung
4. Schalter
5. Experimentierschnüre

Wir stecken eine Spule mit 1000 Windungen über einen Schenkel eines U-Kerns und stellen auf diesen Schenkel senkrecht noch ein Joch auf. Über das Joch lassen wir einen Aluminiumring auf die Spule fallen. Diese schließen wir über einen Schalter an das Wechselstromnetz an.
Wir schalten den Strom ein. Der Ring fliegt mit einem hohen Bogen fort, oft bis zur Decke. Halten wir eine flache Hand über das Ende des Jochs, so schwebt der Ring in der Mitte des Jochs. Halten wir den schwebenden Ring fest, spüren wir, daß er unerträglich heiß wird. Offenbar fließt in ihm ein sehr starker Induktionsstrom. Er ist dem Strom in der Spule entgegengesetzt gerichtet, so daß die entstehenden Magnetfelder entgegengesetzt gepolt sind. Daher erfolgt die Abstoßung des Rings.
Da der Eisenkern nicht geschlossen ist, fließt in der Spule ein hoher Strom. Er sollte daher nur kurzzeitig eingeschaltet werden. Zu warnen ist davor, eine Spule mit 500 Windungen zu benutzen, weil in ihr der Strom auf 6 A bei dem Versuch steigt, also mehr, als für den Dauerbetrieb zulässig ist.
Wir können den Ring auch auf den freien Schenkel des U-Kerns legen und etwas anheben. Es wird beim Einschalten des Stroms ebenfalls hochgeschleudert.
Der Versuch ist von Joseph Thomson (1896 bis 1940) angegeben worden.

Bemerkung

In einem Ring durch magnetische Wechselfelder erzeugte Induktionsströme bewirken eine Abstoßung des Rings.

10.35. Die Induktionsströme durch schwingende Magnete

1. 2 Hufeisenmagnete
2. 2 Spulen (1000 oder 1200 Windungen)
3. 2 lange Experimentierkabel
4. Schnur
5. Stativmaterial

Wir hängen zwei Hufeisenmagnete bifilar an Schnüren auf (Abb. 10.35./1). Jeder Magnet taucht mit einem Pol einige Zentimeter in je eine auf dem Tisch stehende Spule mit 1000 (1200) Windungen so ein, daß er nach einem leichten Anstoß in die Spule hinein- und wieder zurückschwingen kann. Der andere Pol pendelt über der Spule.
Wir halten zuerst beide Magnete in Ruhe und lassen dann einen von ihnen schwingen. Die Änderung des Magnetfeldes in der Spule induziert an ihren Enden eine Spannung. Es fließt ein Induktionsstrom mit wechselnder Richtung zur zweiten

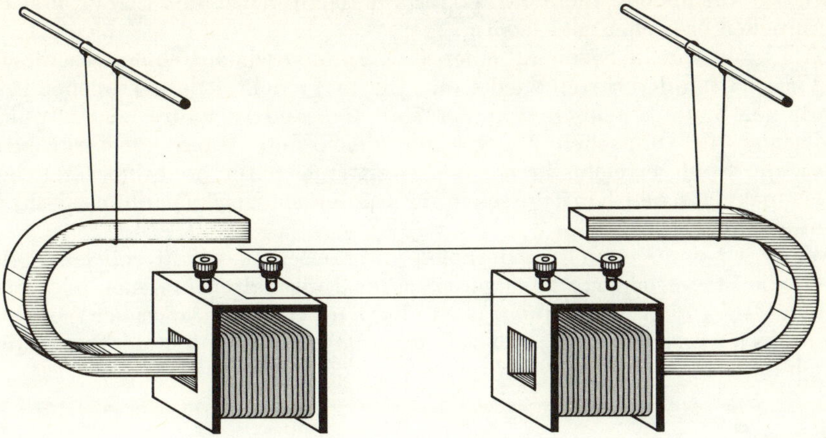

Abb. 10.35./1
Schwingende Magnete

Spule. In ihr entsteht ein Magnetfeld, ebenfalls mit wechselnder Richtung. Der Pol des zweiten Magneten wird wechselnd angezogen und abgestoßen. Er gerät in Schwingungen.
Wir drehen einen Magneten um, so daß sein anderer Pol in die Spule eintaucht, vertauschen auch die Anschlüsse der Experimentierkabel an einer Spule und beobachten Phasenverschiebungen bei den Schwingungen und die Rückwirkung des zweiten Magneten auf den ersten.

Bemerkungen

1. Ein schwingender Magnet erzeugt in einer Spule ein Magnetfeld mit wechselnden Richtungen.
2. Die Änderung des Magnetfeldes in einer Spule läßt einen Induktionsstrom fließen.
3. Die Änderung der Richtung eines elektrischen Stroms erzeugt in einer Spule eine Änderung der Richtung des Magnetfeldes. Es erregt ein Magnetpendel zu Schwingungen an.

10.36. Die Selbstinduktion

Versuch 1

1. Schiebewiderstand (30 Ohm)
2. Spule (1000 Windungen, U-Kern, Joch)
3. Glühlämpchen (3,5 V/0,2 A)
4. Schalter
5. Experimentierschnüre
6. Gleichspannungsnetzgerät

Wir bauen eine Stromverzweigung auf. In den einen Zweig schalten wir ein Glühlämpchen und einen Schiebewiderstand hintereinander, in den anderen Zweig ebenfalls ein Glühlämpchen hinter eine Spule mit 1000 Windungen. Legen wir eine kontinuierlich regelbare Gleichspannung von wenigen Volt an die Verzweigung, leuchten beide Lämpchen gleichzeitig auf. Mit dem Schiebewiderstand bringen

wir sie auf gleiche Lichtstärke. Darauf schalten wir den Strom aus. Beide Glühlämpchen erlöschen gleichzeitig.
Nun legen wir die Spule auf einen U-Kern, den wir mit einem Eisenjoch schließen. Wir schalten den Strom wieder ein. Diesmal leuchtet das Lämpchen in dem Zweig mit der Spule erheblich später auf als das andere Lämpchen, obwohl in beiden Zweigen die Ohmschen Widerstände gleich sind. Die Stromstärke in dem Zweig mit der Spule erreicht ihren Höchstwert erst später, weil die plötzliche Änderung des magnetischen Kraftflusses in der Spule eine Gegenspannung induziert (Selbstinduktion).
Wenn wir den Versuch wiederholen und denselben Effekt erzielen wollen, müssen wir die Stromrichtung vor dem erneuten Einschalten umpolen oder das Joch von dem U-Kern abreißen. Bleibt der U-Kern geschlossen, so ist der remanente Magnetismus im Eisen so stark, daß sich der magnetische Fluß in der Spule nur unwesentlich ändert.

Versuch 2

1. Schiebewiderstand (4500 Ohm)
2. Spule (1000 Windungen und 10000 Windungen, U-Kern, Joch)
3. Amperemeter (Meßbereich 30 mA)
4. Schalter
5. Magnetnadel
6. Experimentierschnüre
7. Gleichspannungsnetzgerät

Wir führen zunächst einen Vorversuch durch. Wir schalten zwei Spulen mit 1000 Windungen und 10000 Windungen und ein Amperemeter hintereinander. Die Spulen stecken wir über die Schenkel eines U-Kerns, den wir mit einem Eisenjoch schließen. Wir legen Gleichspannung an die Spulen. Mit einer Magnetnadel prüfen wir, ob die Magnetpole an den Schenkeln aufeinander folgen, d. h. bei einem Schenkel z. B. der Nordpol oben, beim anderen Schenkel der Südpol oben liegen. Die Stromstärke regeln wir auf 5 mA ein.
Jetzt ersetzen wir die Spulen in dem Stromkreis durch einen Schiebewiderstand mit hoher Ohmzahl. Nach dem Einschalten des Stroms regeln wir die Stromstärke ein wie zuvor. Es folgt der Hauptversuch. Bei der zuletzt aufgebauten Schaltung mit dem Widerstand schalten wir den Strom ein. Das Amperemeter zeigt sehr schnell die maximale Stromstärke an.
Wir wechseln den Widerstand aus gegen die Spulen. Wenn wir jetzt den Strom wieder einschalten, dauert es längere Zeit, bis das Amperemeter die maximale Stromstärke anzeigt. Der Zeiger des Meßinstruments „kriecht" wegen der Selbstinduktion in der Spule. Beim Ausschalten des Stroms fällt der Zeiger etwas langsamer als in dem Versuch mit dem Widerstand. Vor einer Wiederholung des Versuchs muß die Stromrichtung umgepolt oder das Joch von dem U-Kern abgerissen werden.

Versuch 3

1. Tafelwaage
2. Wägesatz
3. 2 Spulen (500 Windungen)
4. Gleichspannungsnetzgerät (15 V/3 A)
5. Schalter
6. Experimentierschnüre
7. Stativmaterial
8. Eisenkern

Wir legen eine Spule mit Eisenkern auf die eine Schale einer Tafelwaage und tarieren sie aus. Die beiden Enden der Spule schließen wir kurz. Die zweite Spule verbinden wir mit dem Gleichspannungsgerät. Wir halten sie über die erste Spule auf der Waage und schicken einen kräftigen Strom kurzzeitig durch die zweite Spule. Die kurze Überlastung schadet nicht. Beim Einschalten des Stroms wird die Spule auf der Waage nach oben gezogen. In ihr fließt ein Selbstinduktionsstrom, der am Ende des Eisenkerns nach der Lenzschen Regel den entgegengesetzten Magnetpol zu dem darüber befindlichen Pol der Erregerspule erzeugt.

Bemerkungen

1. In einer stromdurchflossenen Spule entsteht bei Änderung des magnetischen Kraftflusses eine Selbstinduktion.
2. In einer Spule wird ein Induktionsstrom erzeugt, wenn in ihr ein magnetischer Kraftfluß erzeugt wird.

10.37. Die Dämpfung einer Schwingung

1. Aluminiumring
2. Fäden
3. Magnet
4. Stativmaterial

Wir hängen einen Aluminiumring bifilar auf und lassen ihn schwingen. Nun halten wir einen Pol eines Stab- oder Hufeisenmagneten vorsichtig in den Ring so hinein, daß der Magnet nirgends an den Ring anstößt. Die Schwingung wird stark gebremst, weil das durch den Strom in der Kurzschlußwindung des Rings bei der Bewegung erzeugte Magnetfeld und das des äußeren Magneten sich gegenseitig beeinflussen.
Diese Bremswirkung wird bei der Zeigerbewegung von Meßgeräten ausgenutzt. [12]

Bemerkung

Eine schwingende kurzgeschlossene Drahtwindung wird durch einen Magneten abgebremst.

10.38. Die Kopplung elektrischer Pendel durch elektrische Felder

1. 2 gleich lange Lineale aus Kunststoff
2. 2 Stricknadeln
3. Stativmaterial

Zwei etwa 40 cm lange Lineale aus Zelluloid oder Plexiglas, die nahe an einem Ende ein Loch besitzen, hängen wir über zwei Stricknadeln. Diese klemmen wir horizontal in gleicher Höhe an Stativen isoliert fest. Die Geräte bauen wir so auf, daß die Lineale 1 und 2 genau in einer Ebene um die Nadeln als Achsen schwingen können. Sollten die Lineale beim Pendeln auf den Nadeln rutschen, müssen wir durch Unterlegen von Pappstücken die horizontale Lage der Nadeln verbessern.

In einem Vorversuch stoßen wir dieses Doppelpendel aus Linealen einzeln nacheinander an. Sie beeinflussen sich gegenseitig nicht. Nun laden wir beide Lineale elektrisch auf. Dazu legen wir sie auf den Tisch und reiben mehrfach mit einem Wolltuch oder dem trockenen Handballen darüber, heben sie senkrecht hoch und hängen sie auf die Stricknadeln. Das Lineal 1 stoßen wir mit einem Bleistift oder Kugelschreiber an. (Nicht mit dem Finger anstoßen, sonst erfolgt Entladung.) Das Lineal 1 schwingt als Pendel, ohne das Lineal 2 zu berühren.
Nach kurzer Zeit beginnt auch das Lineal 2 mit Schwingungen. Die Lineale sind durch elektrische Felder gekoppelt. Die Elongationen des Lineals 1 nehmen immer mehr ab, bis es zur Ruhe kommt, während die Elongationen des Lineals 2 bis zu einem maximalen Ausschlag zunehmen. Darauf kehrt sich das Spiel um. Jeweils zeigt das eine Pendel größte Elongation, wenn das andere in Ruhe ist. Es erfolgt ein Austausch der Energie. Wir zählen die Schwingungen von einer Ruhelage eines Pendels bis zu seiner nächsten Ruhelage.
Wir vergrößern den Abstand der Lineale um einige Zentimeter und wiederholen den Versuch. Wieder zählen wir die Anzahl der Schwingungen von einer Ruhelage zur nächsten eines Pendels. Es dauert jetzt gegenüber dem ersten Versuch länger, bis der Austausch der Energie erfolgt. Die Kopplung der schwingenden Lineale ist loser geworden.
Wir verwenden auch Lineale mit verschiedenen Längen als Pendel. Dann beobachten wir die teilweise Übertragung der Energie.
In dem Augenblick, in dem das Lineal 2 die größte Elongation erreicht hat, halten wir das Lineal 1 in seiner Ruhelage fest, d. h., wir entladen es. Das Lineal 2 schwingt weiter, ohne Energie abzugeben.
Die Versuche können der Überleitung zu gekoppelten elektrischen Schwingkreisen dienen. Der letzte Versuch entspricht dem Löschfunkensender, der 1907 von Max Wien erfunden wurde. Der Löschfunken hat einen Schwingkreis I unterbrochen, der zweite, der Antennenschwingkreis, schwingt weiter und strahlt Energie ab.

[67; 68]

Bemerkungen

1. Durch elektrische Felder lassen sich elektrisch geladene Oszillatoren koppeln. Sie verhalten sich dann wie mechanisch gekoppelte Pendel.
2. Zwischen schwingenden elektrisch gekoppelten Pendeln erfolgt ein Energieaustausch.
3. Die Versuche mit den elektrisch geladenen Pendeln können als Überleitung zu den gekoppelten elektrischen Schwingkreisen dienen.

10.39. Der Nachweis von Wechselstrom

Versuch 1

1. Stricknadel (oder einen anderen glänzenden Stab)
2. Glühlampe mit Wechselstromanschluß

Wir schließen eine Glühlampe an das Wechselstromnetz an. Die leuchtende Lampe stellen wir so auf, daß sie hinter uns steht, während sich vor uns eine dunkle, nicht reflektierende Wand befindet. Jetzt nehmen wir einen glänzenden Stab (das kann eine Stricknadel sein, ein Stativstab, eine Messerklinge oder einfach ein

glänzender Bleistift) in die Hand und schwenken ihn möglichst schnell hin und her.
Von dem Stab wird das Licht reflektiert. Wir sehen vor uns ein fächerförmiges Lichtband, das von zahlreichen dunklen Streifen parallel zum Stab durchzogen ist. Jede dunkle Stelle entspricht einem Wechsel der Stromrichtung. Der Stab wird in diesem Augenblick nicht beleuchtet, erscheint also dunkel. Im nächsten Augenblick wird er angestrahlt, reflektiert das Licht und ist hell sichtbar.
Schalten wir die Glühlampe an Gleichstrom an, ist der auseinandergezogene Lichtreflex nicht von dunklen Streifen unterbrochen.

Versuch 2

1. Kohlefadenglühlampe in Fassung auf Fuß
2. Hufeisenmagnet
3. Netzspannung

Wir schließen eine Kohlefadenglühlampe an das Wechselstromnetz an. Dann nähern wir der Lampe langsam einen Hufeisenmagnet. Der glühende Kohlefaden gerät in Schwingungen. Vorsicht ist beim Heranführen des Magneten geboten, weil die Schwingungen so stark werden können, daß der Faden zerreißt.
Auch ein pulsierender Gleichstrom kann auf diese Weise festgestellt werden. Bei glattem Gleichstrom kommt der Faden nicht in Schwingung.

Versuch 3

1. Glimmlampe
2. Experimentierkabel
3. Netzspannung

Eine Glimmlampe (mit Vorwiderstand) schließen wir mit langen Experimentierkabeln an die Netzspannung an. Wir verdunkeln das Zimmer. Beide Elektroden der Glimmlampe leuchten auf. Jetzt lassen wir die Glimmlampe an den Kabeln pendeln, oder wir bewegen sie mit der Hand schnell hin und her. Das Gas in der Glimmlampe leuchtet abwechselnd an den beiden Elektroden auf. Wir sehen einen hin- und herzuckenden Lichtschein.

Versuch 4

1. technischer Polsucher
2. Verlängerungskabel
3. Netzspannung

Der Versuch 3 wird vereinfacht, wenn wir statt der Glimmlampe einen Polsucher verwenden, wie ihn die Elektriker benutzen. Wir schließen ein Verlängerungskabel an die Netzspannung an. In die beiden Pole des Kupplungsteils stecken wir die zwei Stecker des Polsuchers. Wir verdunkeln das Zimmer. Die beiden Elektroden des Polsuchers zeigen je eine leuchtende Lichthaut. Bewegen wir den Polsucher mit dem Kupplungsteil schnell hin und her, sehen wir, daß das Gas abwechselnd an den Elektroden aufleuchtet. [12; 20]

Bemerkungen

1. Ein von Wechselstrom durchflossener Leiter gerät im Kraftfeld eines Hufeisenmagneten in Schwingungen. Sie dienen zum Nachweis des Wechselstroms.
2. Das Gas in einer Glimmlampe leuchtet beim Anschluß der Lampe an Wechselstrom abwechselnd an den beiden Elektroden auf.
3. Schnell bewegte Objekte erscheinen im Augenblick des Wechsels der Stromrichtung dunkel.

10.40. Der Nachweis von Wechselspannung

1. Glimmlampe mit Dreieckelektroden ($U = 220$ V)
2. Experimentierschnüre
3. Wechselspannung

Wir schließen eine Glimmlampe mit Dreieckelektroden an das Wechselspannungsnetz an. Beide Elektroden leuchten auf. Solange wir uns selbst und auch die Glimmlampe ruhig verhalten, leuchten die Elektroden scheinbar dauernd ohne Unterbrechung. Drehen wir aber den Kopf schnell hin und her, flimmern die Elektroden, weil sie tatsächlich abwechselnd leuchten. Den gleichen Effekt erzielen wir, wenn wir die Glimmlampe sehr schnell vor unseren Augen vorbei bewegen. [14]

Bemerkung

Wechselspannung läßt sich durch Bewegen einer Glimmlampe nachweisen.

10.41. Der Wechselstromgenerator

Versuch 1

1. Spule mit Eisenkern
2. Magnetnadel auf Fuß
3. Milliamperemeter (Nullpunkt Mitte) (oder Spiegelgalvanometer)
4. 2 Experimentierschnüre
5. Unterlegklötze

Wir stellen eine Spule mit Eisenkern horizontal auf und schließen sie an ein Milliamperemeter an. Dicht vor ein Ende des Kerns und in seiner Höhe stellen wir eine Magnetnadel auf. Wir stoßen sie mit dem Finger an, bis sie sich dreht. Bei jedem Vorbeigang eines Pols der Nadel vor dem Kern schlägt der Zeiger des Meßinstruments aus, und zwar infolge des Wechsels des Magnetfelds der Nadel bei jedem Polwechsel nach links und rechts. Eventuell muß die Spule gegen eine mit höherer Windungszahl ausgewechselt werden.

Bemerkung

Die Umkehr des Magnetfelds in einer Spule erzeugt an ihren Enden Wechselspannung.

Versuch 2

1. Fahrradlichtmaschine
2. Glühlämpchen (2,5 V/0,1 A) in Fassung
3. Milliamperemeter (Nullpunkt Mitte)
4. 3 Experimentierschnüre
5. 2 Krokodilklemmen

Wir schalten eine Fahrradlichtmaschine über ein Glühlämpchen an ein Milliamperemeter (Meßbereich 1 mA) an. Nun drehen wir die Maschine langsam mit der Hand. Das Lämpchen blitzt in kurzen Abständen auf, das Meßinstrument schlägt abwechselnd nach links und rechts aus. Die Lichtmaschine liefert Wechselstrom. Wir drehen sie jetzt schneller. Das Lämpchen flackert, eventuell brennt es dauernd. Der Zeiger des Meßinstruments pendelt schneller um den Nullpunkt, schließlich zittert er nur noch.

Bemerkungen

1. Eine Fahrradlichtmaschine liefert Wechselstrom.
2. Ein Amperemeter für Gleichstrom ist für Wechselstrom ungeeignet.

Versuch 3

1. Spule (600 Windungen, U-Kern)
2. Hufeisenmagnet
3. Seil
4. Milliamperemeter (Nullpunkt Mitte)
5. 2 Experimentierschnüre
6. Stativmaterial

Wir hängen einen Hufeisenmagneten in einer Seilschlaufe an einem hohen Stativ auf. Unter dem Magnet stellen wir einen U-Kern senkrecht so auf, daß sich die Magnetpole dicht über einem nach oben zeigenden Schenkel des Kerns befinden. Über einen Schenkel stecken wir eine Spule und schließen sie an ein Milliamperemeter an.

Wir verdrillen die Schnur, indem wir den Magnet mehrfach drehen, und lassen das Seil dann los. Der Magnet dreht sich über dem Kern. Der Zeiger des Milliamperemeters pendelt hin und her. An den Enden der Spule wird Wechselspannung erzeugt, weil beim Drehen des Magneten der Eisenkern dauernd ummagnetisiert wird. Die Änderung dieses Magnetfeldes induziert einen Strom in der Spule mit wechselnder Richtung. [28; 49]

Bemerkung

Die Änderung des Magnetfelds induziert in einer Spule einen Wechselstrom.

10.42. Der Elektromotor als Dynamo

1. 2 Lokomotiven einer Spielzeugeisenbahn
2. Schienen

Wir bilden aus den Schienen einer elektrischen Spielzeugeisenbahn einen geschlossenen Schienenkreis, schließen ihn aber nicht an das zugehörige Netzgerät an. Auf eine Stelle dieses Schienennetzes stellen wir eine elektrische Lokomotive, in einem größeren Abstand eine zweite Lokomotive.

Sobald wir eine dieser Lokomotiven mit der Hand anschieben und auf den Schienen entlangführen, setzt sich die andere Lokomotive ebenfalls in Bewegung und fährt. Sie erhält den Strom für ihren Motor aus dem jetzt als Dynamo arbeitenden Motor der anderen Lokomotive. [69]

Bemerkung

Ein Elektromotor kann als Dynamo arbeiten.

10.43. Das Modell des Wechselstrommotors

1. 2 Spulen (1000 Windungen, Kern)
2. Kompaßnadel auf Fuß
3. Wechselspannungsnetzgerät
4. Schalter
5. Experimentierschnüre

Wir stellen zwei Spulen mit Eisenkernen so auf, daß die Achse des einen Kerns in der Verlängerung des anderen Kerns verläuft. Ihr Abstand soll so sein, daß sich zwischen den Kernen eine Kompaßnadel gerade noch drehen kann. Wir schalten die waagerecht liegenden Spulen hintereinander und legen über einen Schalter eine Wechselspannung von etwa 20 V/50 Hz an. Wir versetzen die Magnetnadel durch Anstoßen mit einem Finger in schnelle Umdrehungen und schalten zugleich den Strom ein. Die Nadel dreht sich weiter.
Das Anstoßen der Kompaßnadel erfordert etwas Übung, weil ihre Umdrehungszahl so hoch sein muß, daß sie synchron mit dem Wechselfeld rotiert.
Der Versuch simuliert die Arbeitsweise eines Wechselstrommotors. [21]

Bemerkung

In einem Wechselfeld rotiert eine Magnetnadel synchron mit.

10.44. Der Wirbelstrom in Eisen

1. 2 Spulen (500 Windungen)
2. massiver und geblätterter Eisenkern
3. Wechselstrom
4. Experimentierschnüre

Wir schalten zwei Spulen mit je 500 Windungen hintereinander. In die eine Spule stecken wir einen massiven, in die andere einen geblätterten Eisenkern. Wir schließen die Spulen an Wechselstrom an und lassen den Strom einige Minuten fließen. Eine kurzzeitige Überlastung der Spulen bis zur Stromstärke von 3 A bis 4 A ist möglich. Die Kerne unterliegen jetzt starken magnetischen Wechselfeldern.
Dann schalten wir den Strom aus, ziehen die Eisenkerne heraus und nehmen sie in die Hände. Der massive Kern ist wegen des in ihm entstandenen Wirbelstroms heiß. Der geblätterte Kern ist dagegen nur lauwarm, weil in ihm durch die Blätterung kein Wirbelstrom entstehen kann. [14]

Bemerkung

Durch Wirbelstrom wird ein massiver Eisenkern heißer als ein geblätterter Kern.

10.45. Das Modell eines Drehfelds

1. Hufeisenmagnet
2. Spitze für eine Kompaßnadel
3. flache Konservendose (oder Kompaßnadel)
4. Körner
5. Hammer
6. Faden
7. Stativmaterial

Wir schlagen in den Boden einer offenen, flachen Konservendose von unten her eine Vertiefung ein. Mit ihr setzen wir die Dose auf eine Spitze, so daß sie sich leicht drehen kann. Über die Dose hängen wir in einer Fadenschlaufe einen Hufeisenmagnet so an einem Stativ auf, daß er sich mit seinen Polen nahe über der Dose befindet.
Wir verdrillen die Fäden bei festgehaltenem Magnet und lassen dann los. Der Magnet rotiert. Alsbald beginnt die Dose sich mit dem Magneten in gleichem Sinne zu drehen.
An Stelle der Dose können wir auch einfach eine Kompaßnadel verwenden. [21]

Bemerkung

Der Versuch zeigt die Wirkungsweise eines Drehfelds.

10.46. Das Drehfeld

1. Hufeisenmagnet
2. Seil
3. Magnetnadel auf Fuß
4. Stativmaterial

Wir hängen einen Hufeisenmagnet in einer Seilschlaufe an einem Stativ auf. Dicht unter die Magnetpole stellen wir eine Magnetnadel. Sie richtet sich entsprechend ihrer Polung unter den Schenkeln des Hufeisenmagneten aus.
Wir verdrillen das Seil, indem wir das Hufeisen mehrfach drehen, und lassen dann das Seil los. Der Magnet rotiert. Die darunter stehende Magnetnadel dreht sich im rotierenden Magnetfeld im gleichen Tempo mit.

Bemerkung

In einem sich drehenden Magnetfeld rotiert eine Magnetnadel mit.

10.47. Die Stromresonanz

1. Spule (1000 Windungen, U-Kern, Joch)
2. Kondensator (10 μF)
3. Amperemeter (Meßbereich 900 mA)
4. 2 Glühlämpchen (3,5 V/0,2 A) in Fassung
5. regelbare Wechselspannung
6. Experimentierschnüre

Wir schalten nach Abbildung 10.47./1 einen Stromkreis aus kapazitivem und induktivem Widerstand, also Kondensator und Spule mit Eisenkern. In den Stromkreis legen wir noch zwei Glühlämpchen. Diesem Kreis führen wir Wechselstrom über ein Amperemeter zu. Die Spule ist über einen U-Kern mit Joch gesteckt.

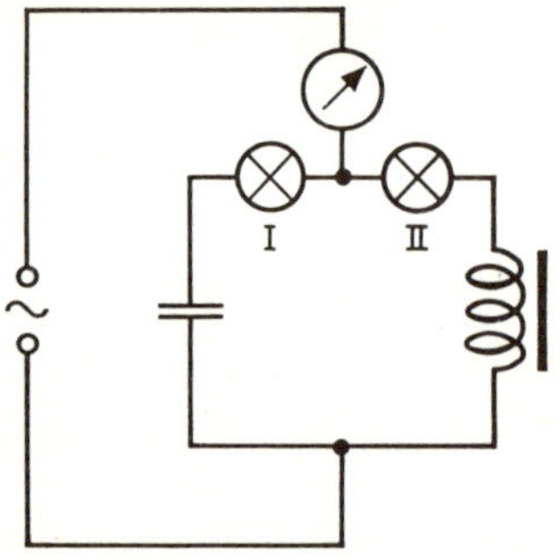

Abb. 10.47./1
Schaltung zur Stromresonanz

Wir regeln die Wechselspannung so ein (etwa 80 V), daß bei geschlossenem Eisenkern der Zeiger des Amperemeters auf 100 mA steigt. Das Lämpchen I leuchtet, das Lämpchen II bleibt dunkel.
Jetzt schieben wir das Joch von dem Kern langsam ab und vermindern so den Widerstand der Selbstinduktion. Dabei wird das Lämpchen I immer dunkler, das Lämpchen II immer heller. (Vorsicht! Dieses Lämpchen brennt leicht durch.) Gleichzeitig sinkt der Zeiger des Amperemeters. Schließlich brennen beide Lämpchen gleich hell, während das Meßinstrument ein Minimum des Stroms anzeigt. Dann sind kapazitiver und induktiver Widerstand gleich. In dem Stromkreis fließt ein starker, in den Zuleitungen ein minimaler Strom. Der Scheinwiderstand des Kreises hat seinen Höchstwert erreicht. Der Fall der Stromresonanz ist eingetreten. In dem Kreis ist eine Schwingung in Gang gekommen.
Verwenden wir statt des Kondensators mit 10 μF einen mit 6 μF, tritt der Resonanzfall früher ein. Die Selbstinduktion hat dann einen größeren Wert.
Wir können statt der Lämpchen auch zwei Amperemeter in den Schwingkreis legen. Dann lesen wir ab, daß die Stromstärken in den Zweigen gleich werden, $I_L = I_C$, bei gleichzeitigem Minimum des Gesamtstroms I.
In der Technik wird ein solcher Kreis als Sperrkreis benutzt. [14]

Bemerkung

In einem aus Kondensator und Spule gebildeten Stromkreis für Wechselstrom kann Stromresonanz auftreten, bei der ein minimaler Gesamtstrom fließt.

10.48. Der Zungenfrequenzmesser

1. Spule (500 Windungen, Kern)
2. Stahlband
3. Netzgerät für Wechselstrom
4. Stativmaterial

Wir spannen ein etwa 50 cm langes Stahlband, z. B. ein Stück von einem Verpackungsband, an einem Ende fast horizontal an einem Stativ ein. Unter das äußere freie Ende stellen wir im Abstand von wenigen Zentimetern eine Spule mit 500 Windungen so auf, daß ihr Weicheisenkern senkrecht nach oben zeigt. Wir schließen die Spule an ein Netzgerät für Wechselstrom an. Wir schalten den Strom, mit geringer Stromstärke beginnend, ein. Das Stahlband gerät in Schwingungen. Wir

ändern die frei schwingende Länge des Stahlstreifens. Bei einer bestimmten Länge erfolgen die Schwingungen mit großer Amplitude.
Bei einem Zungenfrequenzmesser schwingt von vielen Blattfedern mit verschiedenen Längen eine mit besonders großer Amplitude, wenn diese von einem Wechselstrom passender Frequenz zum Schwingen angeregt wird. [12]

Bemerkung

Bei einer bestimmten Länge schwingt eine Blattfeder mit großer Amplitude, wenn sie durch technischen Wechselstrom angeregt wird.

10.49. Die Halbwertszeit

1. Flasche Bier
2. schmales, gerades Bierglas
3. Stoppuhr
4. Millimeterpapier

An ein enges, hohes, gerades Bierglas kleben wir vom oberen Rand her einen 1 cm breiten Streifen Millimeterpapier an. Dann gießen wir Bier in das Glas, so daß eine kräftige Schaumkrone entsteht. Sie vergeht langsam. In gleichen nach der Stoppuhr zugerufenen Zeitabständen (z. B. alle 10 oder 15 Sekunden) markieren wir auf dem Papierstreifen die Oberkante des Schaums.
Die gemessenen Schaumhöhen tragen wir auf Millimeterpapier über einer aufgezeichneten Zeitachse auf und erhalten die Zerfallskurve. An ihr können wir ablesen, wenn die Höhen jeweils auf die Hälfte abgenommen haben, und die zugehörige Zerfalls- oder Halbwertszeit feststellen. [35]

Bemerkungen

1. In jeder Zeiteinheit zerfällt ein gleichbleibender Bruchteil der noch vorhandenen Substanz (Bierschaum).
2. Die Zeit, in der die Hälfte der vorhandenen Substanz zerfällt, heißt Zerfalls- oder Halbwertszeit.
3. Der Zerfall verläuft exponentiell mit der Zeit.

11. Astronomie

11.1. Der Schattenstab (Gnomon)

Versuch 1

Stab

Als einfachsten Gnomon stellen wir im Schulhof oder sonst im Freien einen Stab senkrecht auf. Das kann ein Stativstab sein, eine Holzleiste oder ein Besenstiel. Er wirft im Sonnenlicht einen Schatten, dessen Richtung und Länge wir beobachten.

Versuch 2

1. Stift
2. Brett
3. Papier
4. Taschenlampe
5. Libelle

Wir stellen einen Gnomon für das Arbeiten im Zimmer her. Dazu benötigen wir ein etwa 25 cm × 30 cm großes Brett, das wir mit weißem Papier bespannen. An die Schmalseite des Bretts stecken wir einen 5 cm bis 10 cm langen Stift ein, z. B. ein Stück von einer Stricknadel, oder wir schlagen von unten einen dünnen Nagel durch, dessen Spitze also oben freiliegt. Die senkrechte Lage auf dem Brett prüfen wir mit einem Geodreieck.

Der Stift soll im Sonnenlicht einen Schatten werfen. Da dieser im Sommer bei hohem Sonnenstand kurz ist, kann der Stift dann auch länger sein. Im Winter würde der dann zu lange Schatten eventuell über den Rand des Bretts hinausragen. Der Stift muß dann kürzer sein als im Sommer.

Das Brett selbst muß exakt waagerecht liegen. Mit einer Wasserwaage, am besten einer Libelle, prüfen wir dies nach. Für spätere Versuche legen wir die Stellung des Bretts mit dem Schattenstab so fest, daß wir es immer wieder in derselben Richtung aufstellen können.

Bei diesen Versuchen beobachten wir, welche Bewegungen die Spitze des Schattens ausführt, den der Stift im Sonnenlicht wirft. Wir können die Ergebnisse der Versuche noch verbessern, indem wir oben am Stift ein kleines Blech anbringen, in das wir mit einem Nagel ein kleines Loch schlagen. Es muß genau über der Spitze des Stifts liegen.

Wir biegen das Blech ein wenig nach vorn, damit die Sonnenstrahlen senkrecht darauffallen. Es wirft dann einen Schatten, in dem ein heller Lichtfleck als elliptisch verzerrtes Sonnenbildchen erscheint. Die Bewegungen dieses hellen Punktes sind leicht zu verfolgen. Der Mittelpunkt der Lageänderungen liegt aber dann senkrecht unter dem Loch auf dem Brett. Er muß mit einem Lot festgelegt werden.

Versuch 3

1. Gnomon
2. Lampe

Wir demonstrieren in einem Modellversuch, wie wir mit einem Gnomon arbeiten. Dazu halten wir eine brennende Lampe (Taschenlampe), die die Sonne darstellt, so, daß ihr Licht auf den Schattenstab trifft. Wir beobachten, wie sich die Richtung des Schattens verlagert, wenn wir die Lampe bei gleichbleibender Höhe seitlich bewegen, ferner, wie die Länge des Schattens abnimmt, wenn wir die Lampe nach oben führen, und zunimmt, wenn wir die Lampe senken. [25; 39; 70]

Bemerkungen

1. Ein senkrecht stehender Stab, der im Sonnenlicht Schatten wirft, wird Gnomon genannt.
2. Ein Gnomon eignet sich zum Untersuchen des Sonnenlaufs.

11.2. Die Mittagslinie

1. Gnomon
2. Zirkel
3. Bleistift
4. Lineal
5. Wasserwaage

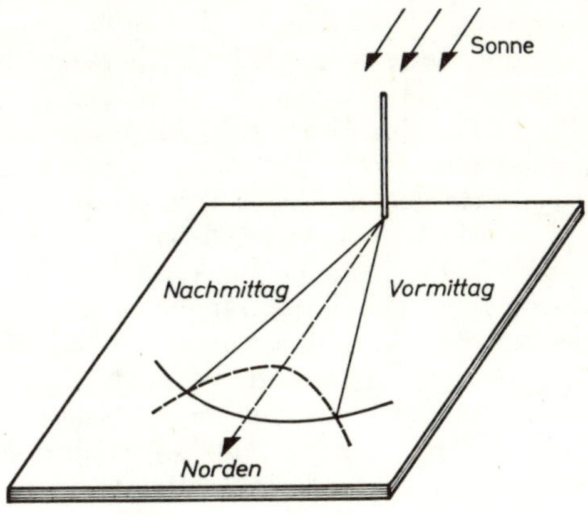

Abb. 11.2./1
Der Gnomon

Wir stellen ein Gnomon im Freien oder auf einem nach Süden liegenden Fensterbrett auf. Mit einer Wasserwaage kontrollieren wir, ob das Brett waagerecht liegt. Nun ziehen wir um den Fußpunkt des Schattenstabs einen Kreisbogen. Das kann mit einem Zirkel erfolgen, oder wir schlingen um den Stift einen Faden, an dessen freies Ende wir einen Bleistift einbinden. So erhalten wir die durchgezogene Kurve in Abbildung 11.2./1. Das Brett stellen wir so, daß seine Längsseite ungefähr in die Nord-Süd-Richtung fällt. Wir warten am Vormittag, bis die Spitze des Schattens unseres Gnomons gerade den Kreis berührt. Diese Stelle markieren wir mit einem kurzen Strich. Nun warten wir bei unveränderter Lage des Bretts, bis die Spitze des Schattens am Nachmittag wieder den Kreis berührt. Auch diese Stelle legen wir mit einem Strich fest. Die Schattenlinien vom Stift zu den gefundenen Orten schließen einen Winkel ein. Ihn halbieren wir und erhalten so die Mittagslinie, die Nord-Süd-Richtung oder den Meridian.

Falls wir mit einem Gnomon arbeiten, an dessen Spitze wir ein durchlochtes Blech anbrachten, muß der Mittelpunkt des gezeichneten Kreises genau senkrecht unter dem Loch liegen. Die richtige Stelle ermitteln wir mit einem Lot.

Bemerkung

Mit einem Gnomon läßt sich die Richtung des Meridians, die Mittagslinie, ermitteln.

11.3. Der astronomische Höhenmesser

1. Brettchen
2. Geodreieck
3. Faden
4. Gewicht
5. Reißnagel
6. Klebstoff
7. weißes Papier

Wir halbieren ein Geodreieck (oder einen Winkelmesser) derart, daß wir genau auf der Linie von der Mitte der Hypotenuse (bei 0 cm) nach 90° hin durchschneiden. Den so entstandenen Viertelkreis kleben wir auf ein rechtwinklig zugeschnittenes Brettchen, z. B. einen Zigarrenkistendeckel, das wir zuvor mit weißem Papier beklebt haben. Dabei achten wir sehr darauf, daß die Schnittkante des Geodreiecks, also die Radiuslinie des Viertelkreises, parallel zur linken Kante des Brettchens verläuft. An der Stelle, an der sich das Zentrum des Viertelkreises befindet, befestigen wir lose mit einem Reißnagel oder dünnen Nagel einen Faden. Sein freies Ende belasten wir mit einem Gewicht, z. B. einer Schraubenmutter.
Wir halten das Brett mit der rechten Hand so, daß die Oberkante des Viertelkreises mit der Zentimeterteilung waagerecht liegt. Die darüberliegende Kante des Bretts ist die Visierkante. Halten wir diese Kante senkrecht, muß der Faden auf 0° zeigen. Nun visieren wir probeweise über die Visierkante nach dem Schornstein auf dem Nachbarhaus, nach einer Dachantenne oder der Spitze eines Baums. Dann zeigt der herabhängende Faden auf eine Stelle der Winkelteilung. Wir pressen ihn mit einem Finger der linken Hand an das Brett und können dann den Winkel bequem ablesen.
Auf diese Weise visieren wir ein Gestirn am Himmel an und bestimmen seine Höhe über dem Horizont. Nach wiederholten Messungen im Lauf einiger Stunden können wir feststellen, ob der betreffende Stern aufsteigt oder sinkt. [71]

Bemerkung

Mit einem Winkelmesser lassen sich Sternhöhen bestimmen.

11.4. Die Sonnenuhr

Versuch 1

1. Bierdeckel
2. Streichholz
3. Uhr
4. Bleistift

Wir stecken ein angespitztes Streichholz mitten in einen Bierdeckel. Wir erhalten so ein Gnomon, das wir als Modell einer Horizontalsonnenuhr benutzen können. Wir stellen das Gerät an einem nach Süden gelegenen Fenster auf das Fensterbrett in die Sonne. Das Streichholz wirft einen Schatten. Auf unserer Uhr warten wir eine volle Stunde ab und ziehen dann die Schattenlinie mit einem Bleistift nach. Dasselbe wiederholen wir nach einer, zwei usw. Stunden und erhalten so eine Stundenteilung, mit der wir unser Gerät als Horizontalsonnenuhr verwenden können.

Versuch 2

1. Brett
2. Stricknadel
3. weißes Papier
4. Geodreieck
5. Zirkel
6. Bleistift
7. Pappe

Wir bekleben ein Brett (etwa 30 cm × 30 cm) mit weißem Papier. Auf seine Mitte ziehen wir einen Kreis und zeichnen einen Durchmesser hinein. In die Mitte des Kreises stecken wir eine Stricknadel unter einem Winkel gegen den Durchmesser, der der geographischen Breite unseres Wohnortes entspricht. Wir entnehmen sie z. B. einem Atlas. Am einfachsten schneiden wir den Winkel aus Pappe aus, legen den entstandenen Pappwinkel auf den Durchmesser mit der Spitze in seiner Mitte. Dann richten wir die Stricknadel an der Pappkante aus. Wir stellen das Brett waagerecht auf einen von der Sonne beschienenen Platz. Der Durchmesser muß in der Nordrichtung liegen, die wir vorher mit einem Gnomon bestimmt haben. Die Stricknadel ist dann nach Norden orientiert. Die Spitze der Nadel zeigt zum Polarstern, die Nadel selbst liegt in der Meridianebene und ist parallel zur Erdachse bzw. Weltachse gerichtet.
In unseren Breiten sind die Winkel zwischen den pro Stunde wechselnden Lagen des Schattens der Nadel verschieden. Daher können wir den Kreis, der das Zifferblatt darstellen soll, nicht in gleiche Bogenstücke einteilen wie bei unseren Taschenuhren. Am Nordpunkt des Kreises notieren wir die Zahl 12, von dort aus nach je einer Stunde, die wir mit unserer Uhr feststellen, die Zahlen 13, 14 usw. bzw. 11, 10 usw. Dann ist unsere Horizontalsonnenuhr nach der wahren Sonnenzeit geeicht. Um die Mitteleuropäische Zeit zu erhalten, sind Korrekturen erforderlich.

Versuch 3

1. Zigarrenkiste
2. weißes Papier
3. Stricknadel
4. Winkelmesser
5. Bleistift
6. Klebstoff
7. Pappe

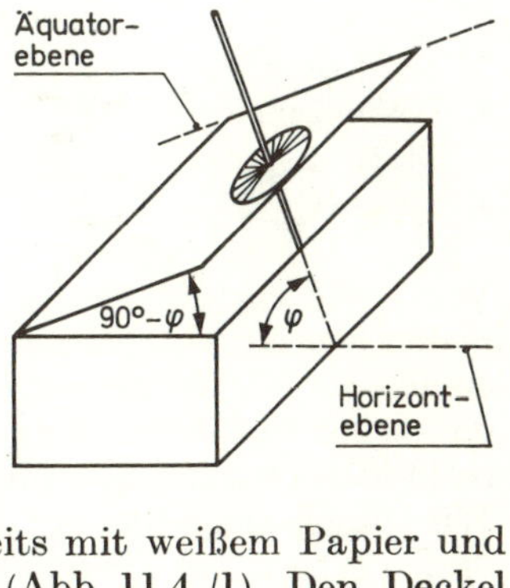

Abb. 11.4./1
Die Sonnenuhr

Wir bekleben den Deckel einer Zigarrenkiste beiderseits mit weißem Papier und stecken senkrecht durch das Brett eine Stricknadel (Abb. 11.4./1). Den Deckel

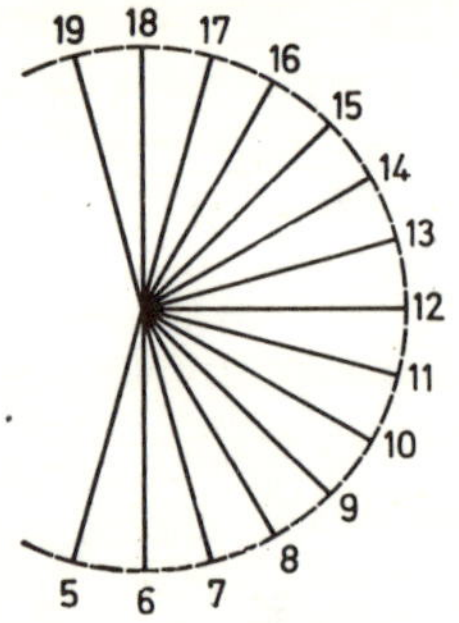

Abb. 11.4./2
Ziffernblatt der Sonnenuhr

müssen wir so weit anheben, daß er in der Äquatorebene steht, also unter dem Winkel ($90° - \varphi$) gegen die Oberkante der Seitenflächen der Kiste (φ = geographische Breite). Um dies zu erreichen, und zugleich den Deckel in der richtigen Lage zu stabilisieren, schneiden wir aus starker Pappe die Seitenfläche mit aufgesetztem Winkel aus und kleben die Pappe innen in die Kiste. Die Stricknadel steht dann in Richtung der Weltachse.
Um die Stricknadel zeichnen wir auf beiden Seiten des Deckels ein Ziffernblatt. Dazu ziehen wir auf das Papier die Nord-Süd-Linie, die wir zuvor mit einem Gnomon feststellen, und stellen die Nadel in dieser Richtung nach Norden geneigt auf. Jetzt steht die Stricknadel in der Meridianebene. An die Nord-Süd-Linie schreiben wir die Zah l12. Von dieser Linie aus ziehen wir weitere um je 15° Geraden von der Nadel aus, an die wir 13, 14 usw. und auf der anderen Seite 11, 10 usw. anschreiben.
Damit ist unsere Äquatorialsonnenuhr fertig. Vom 21. 3. bis 23. 9. liegt der Schatten der Stricknadel auf der Oberseite des Deckels, vom 23. 9. bis 21 3. auf der Unterseite. An diesen Tagen selbst streift das Licht der Sonne über beide Deckelseiten. Auch diese Sonnenuhr gibt zunächst die wahre Sonnenzeit an. [70]

Bemerkung

Auf einer Sonnenuhr läßt sich die wahre Sonnenzeit ablesen.

11.5. Die Koordinaten des Sonnenstands

Versuch 1

1. Geodreieck
2. Dosenlibelle
3. Brett
4. Bleistift

Wir legen ein mit weißem Papier bespanntes Brett waagerecht auf. Seine Lage prüfen wir mit einer Wasserwaage, am besten mit einer Dosenlibelle. Auf das Brett stellen wir ein Geodreieck mit seiner Hypotenuse senkrecht auf. Wir drehen es so, daß seine Ebene zur Sonne zeigt. Dies haben wir erreicht, wenn weder auf seiner rechten noch auf seiner linken Seite ein Schatten des Dreiecks zu sehen ist.
Wir spitzen einen Bleistift derart an, daß er eine etwas längere und vor allem dünne Spitze erhält. Mit ihr fahren wir an der der Sonne zugewandten Seite des Dreiecks

entlang. Die Bleistiftspitze wirft im Sonnenlicht einen Schatten, dessen Fußpunkt auf die Hypotenuse des Dreiecks fällt. Wir verschieben die Spitze an der Kathete des Dreiecks solange, bis der Schatten der Bleistiftspitze die Mitte der Hypotenuse erreicht. Nun lesen wir den Winkel ab, den die Spitze des Bleistifts auf der Kathete angibt, also den Winkel, den die Sonnenstrahlen mit der horizontalen Ebene einschließen. Das ist die Höhe der Sonne.
Der Versuch kann nur bei vollem Sonnenschein mit Erfolg ausgeführt werden, weil nur dann ein scharf begrenzter Schatten entsteht. Die Genauigkeit der Messung liegt bei $\pm 0{,}5°$.

Versuch 2

1. Gnomon
2. Geodreieck
3. Maßstab

Wir stellen einen Gnomon in der richtigen Nord-Süd-Richtung auf. Mit ihm bestimmen wir im Horizontsystem Azimut und Höhe der Sonne zu einer bestimmten Stunde am Tag. Mit einem Geodreieck messen wir den Winkel, den der Schatten auf dem Grundbrett mit der eingezeichneten Nord-Süd-Linie, der Mittagslinie, bildet, das Azimut. Es wird vom Südpunkt aus nach Westen gerechnet, im Sinne des scheinbaren täglichen Laufs der Sonne (westliches Azimut). Liegt das Azimut in entgegengesetzter Richtung (östliches Azimut), wird es wegen des entgegengesetzten Drehsinns negativ gerechnet.
Die Länge des Schattens, den der Stift auf das Brett wirft, sei a, die Länge des Schattenstabs selbst sei l. Die Richtung der Sonnenstrahlen von der Spitze des Gnomons zur Spitze des Schattens ist dann Hypotenuse in dem aus a und l gebildeten Dreieck. Die Strahlrichtung schließt mit dem Schatten den Höhenwinkel h ein. Es ist

$$\tan h = \frac{l}{a}.$$

Wir messen l und a und berechnen die Höhe der Sonne über dem Horizont als zweite Koordinate. [72]

Bemerkung

Azimut und Höhe der Sonne im Horizontsystem können mit einem Gnomon bestimmt werden.

11.6. Das Bild der Sonne

Versuch 1

1. Fernglas
2. Pappestück
3. Schirm
4. Stativmaterial

Wir klemmen ein Fernglas an einem Stativ fest, die Objektive der Sonne zugewandt. Das eine Objektiv decken wir mit einem passend geschnittenen Pappestück ab. Nun richten wir das Fernglas nach der Sonne aus. Auf einem etwa 25 cm bis 30 cm hinter das Okular gehaltenen Schirm entsteht ein Bild der Sonne, das wir durch Verschieben des Schirms scharf einstellen.

Versuch 2

1. Sammellinse ($f = 25$ cm)
2. Sammellinse ($f = 5$ cm)
3. kleine optische Bank
4. Schirm
5. Stativmaterial

Anstelle des Fernglases in Versuch 1 bauen wir ein Fernrohr aus zwei Sammellinsen auf, am besten auf einer optischen Bank. Als Objektiv dient eine Linse mit 25 cm Brennweite, als Okular eine Linse mit 5 cm Brennweite. Sie stehen in etwa 27 cm Abstand. Das Fernrohr richten wir auf die Sonne aus. Auf einem Schirm entsteht das Bild der Sonne.
Sofern auf der Sonne Sonnenflecke vorhanden sind, können sie mit diesen Einrichtungen gut beobachtet werden. Auch für die Beobachtung einer Sonnenfinsternis eignen sich die Geräte bestens.
Es muß dringend davor gewarnt werden, direkt in die Sonne zu schauen! [73]

Bemerkung

Mit einem Fernglas oder Fernrohr kann ein Bild der Sonne erhalten werden.

11.7. Der Lauf der Sonne

1. Gnomon
2. Bleistift

Wir stellen einen Gnomon mit der eingezeichneten Mittagslinie in der richtigen Nord-Süd-Richtung auf. Im Licht der Sonne wirft der Stift einen Schatten, den wir über mehrere Stunden vom Vormittag bis zum Nachmittag verfolgen. In Abständen von einer halben Stunde legen wir mit Bleistiftpunkten die jeweiligen Lagen der Schattenspitze fest. Die Punkte verbinden wir durch eine Kurve und erhalten eine Linie wie die gestrichelte Kurve in Abbildung 11.2./1. Aus der zunächst abnehmenden Länge des Schattens folgern wir das Höhersteigen der Sonne am Vormittag. Der kürzeste Schatten fällt mit der Mittagslinie auf dem Brett zusammen. Die Sonne steht dann genau im Süden am höchsten.
Wird der Versuch zu verschiedenen Zeiten im Jahr ausgeführt, bei immer gleichbleibender Lage des Gnomons, beobachten wir an den unterschiedlichen Lagen der Kurven, wie die Sonne vom Frühling zum Sommer aufsteigt, zum Winter wieder sinkt. [28]

Bemerkungen

1. Die Sonne steht am höchsten im Süden.
2. Im Lauf eines Jahres steigt die Sonne höher und sinkt wieder tiefer auf ihren Bahnen.

11.8. Die Länge des Sonnentags

1. Gnomon
2. Uhr

Wir stellen den Gnomon in die richtige Nord-Süd-Richtung. An einem beliebigen Tag verfolgen wir den Schatten, den der Stift wirft, bis er genau auf die Mittagslinie fällt. Dann stellen wir die Uhrzeit fest. Diese Beobachtung wiederholen wir an mehreren aufeinanderfolgenden Tagen. So erhalten wir die Stunden zwischen zwei aufeinanderfolgenden Durchgängen der Sonne durch den Mittagskreis, d. h. die Länge eines wahren Sonnentags für die betreffende Jahreszeit.
Mit der Zeitgleichung (aus einer Tabelle zu entnehmen) ermitteln wir die mittlere Länge eines Tages aus dem wahren Sonnentag und weiter die MEZ. Auch können wir den Gang der Uhren bestimmen.
Mittlere Ortszeit = wahre Sonnenzeit + Zeitgleichung.

Bemerkung

Mit einem Gnomon ist die Länge des „wahren" Sonnentags zu bestimmen.

11.9. Die Entstehung der Jahreszeiten

1. Globus
2. Experimentierleuchte

Wir beleuchten einen Globus mit dem breiten Lichtkegel aus einer Experimentierleuchte. Die Achse des Globus verläuft nicht vertikal, sie ist geneigt. Die Neigung entspricht der Stellung der Erdachse gegen die Bahnebene der Erde bei ihrem Umlauf um die Sonne im Laufe eines Jahres. Die dabei entstehenden Stellungen der Erde zur Sonne simulieren wir, indem wir die Experimentierleuchte um den Globus herumführen. Dabei beobachten wir, daß bei einer bestimmten Situation der Nordpol der Erde zur Sonne hin geneigt ist. Auf einem Ort der nördlichen Halbkugel ist dann Sommer. Drehen wir den Globus um seine Achse, bleibt der Nordpol dauernd beleuchtet, die Sonne geht hier nicht unter. Auf der Nordhalbkugel leuchtet die Sonne mehr als 12 Stunden am Tag.
Steht die Sonne auf der entgegengesetzten Seite des Globus, herrscht am Nordpol dauernd Nacht, und die Orte auf der Nordhalbkugel haben einen kurzen Tag. Es ist Winter.
Frühling und Herbst erklären sich aus den Stellungen der Erde zwischen den beiden Extremstellungen. [50]

Bemerkung

Aus der Neigung der Erdachse gegen die Bahnebene der Erde erklären sich die Jahreszeiten.

11.10. Die Entstehung der Tageszeiten

1. Globus
2. Experimentierleuchte

Wir stellen einen Globus so in den Lichtkegel einer Experimentierleuchte, die die Sonne darstellt, daß das Licht den Globus voll überstrahlt. Wir sehen, daß die Hälfte der Kugel, die die Erde darstellt, hell beleuchtet wird, während die entgegengesetzte Hälfte im Schatten liegt. Auf der angestrahlten Erdoberfläche ist Tag, auf der beschatteten ist Nacht. Wir markieren einen Ort auf der Erde durch einen aufgeklebten farbigen Papierfleck. Wenn möglich stecken wir eine Stecknadel mit dickem Kopf in die Kugel. Wir drehen den Globus so, daß sich der markierte Punkt gerade gegenüber der „Sonne" befindet. Dann ist für diesen Ort Mittag, der höchste Sonnenstand. Wir drehen den Globus und beobachten, wie sich der Sonnenstand für den Ort verändert, bis er in den Schatten, die Nacht, gerät, aus der er wieder auftaucht, um endlich wieder die Mittagslage zu erreichen. [50]

Bemerkung

Tag und Nacht erklären sich aus der Drehung der Erde um ihre Achse im Sonnenlicht.

11.11. Das Modell der Mondphasen

1. Sonne (oder Projektionsapparat)
2. weiße Kugel

Wir verwenden für den Versuch eine Kugel, z. B. einen Fußball, in weißer Farbe. Sie stellt den Mond dar. Damit gehen wir in die Sonne oder im verdunkelten Zimmer in den Lichtkegel eines Projektionsapparates. Wir halten die Kugel mit einer Hand über Kopfhöhe und führen sie in einem Kreis um unseren Kopf herum, der die Erde darstellt.
Befindet sich die Kugel zwischen Lichtquelle und unserem Kopf, sehen wir als Beobachter auf der Erde ihre dunkle Schattenseite. Es ist „Neumond". Führen wir die Kugel jetzt langsam nach der Seite, erscheint auf ihr eine Lichtkappe, die immer größer wird. Es ist „zunehmender Mond". Stehen wir zwischen Lichtquelle und Kugel, sehen wir sie als voll beleuchtete Halbkugel, es ist „Vollmond". Führen wir die Kugel im selben Sinne weiter, so daß sie auf der anderen Seite von uns erscheint, so erleben wir eine immer kleiner werdende Lichtkappe auf der Kugel. Es ist „abnehmender Mond". Schließlich erreichen wir wieder die Ausgangsstellung für „Neumond". Die Begrenzung der Mondsichel ist dabei deutlich als durch zwei Bogen begrenzt sichtbar. [28]

Bemerkung

Die Mondphasen entstehen als Beleuchtungseffekte durch die Sonne.

11.12. Die wechselnde Kulminationszeit des Mondes

1. Schattenstab
2. Uhr

Wir suchen eine Stelle, von der aus wir den Mond gut beobachten können. Wir stellen fest, daß er zu einer bestimmten Uhrzeit an aufeinanderfolgenden Tagen an einem anderen Ort des Himmels steht. Zu einer genaueren Untersuchung

seines Verhaltens merken wir uns, um wieviel Uhr der Mond aufgeht bzw., wann er untergeht. Sind die betreffenden Orte am Horizont von uns nicht einzusehen, genügt es auch, das Erscheinen des Mondes an einer Haus- oder Dachkante des Nachbarhauses, einem Baum oder Leitungsmast festzustellen. Bei Nacht können wir die Stellung des Mondes auch an Sternbildern verfolgen.
Haben wir so bereits die zeitliche Verschiebung dieser Zeiten kennengelernt, beobachten wir jetzt genauer die Kulminationszeiten des Mondes an aufeinanderfolgenden Tagen. Dazu brauchen wir die genaue Südrichtung, die wir am Tage mit einem Schattenstab (Gnomon) festlegen müssen. Bei allen diesen Versuchen zeigt sich, daß der Mond zu der bestimmten Zeit von Ost nach West weitergewandert ist.
Es empfiehlt sich, die beobachteten Werte für Zeit und Ort des Mondes in einer Tabelle festzuhalten. [28]

Bemerkung

Der Mond verschiebt seine Stellung am Himmel täglich von Osten nach Westen weiter.

11.13. Das Modell der Mondbahn

1. Projektionsapparat
2. große Pappe
3. kleiner Globus (oder Ball)
4. Tischtennisball auf Draht
5. Klebstreifen
6. Stativmaterial

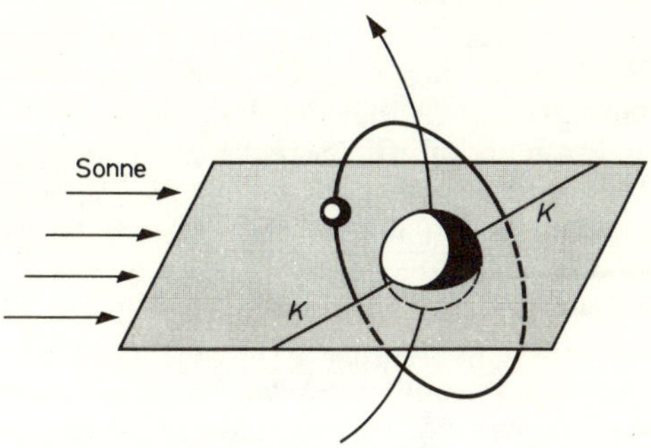

Abb. 11.13./1
Modell der Mondbahn

Über einen kleinen Globus, notfalls über einen dicken Ball, stülpen wir eine lange Pappe. Wir heften sie mit Klebstreifen in Äquatorhöhe fest. Die Längsrichtung der Pappe richten wir mit Stativen in die Strahlrichtung aus einem Projektionsapparat (Abb. 11.13./1). Der Globus stellt die Erde dar, der Projektionsapparat die Sonne, während die Pappe die Bahnebene der Erde um die Sonne, die Ekliptik, veranschaulicht.
Als Mond verwenden wir einen Tischtennisball, den wir auf eine Stricknadel oder einen steifen Draht gesteckt haben. Mit dieser Halterung führen wir den „Mond" kreisförmig um die „Erde" in der Pappenebene herum. Wir erleben die Mondphasen. Hinter der „Erde" sehen wir eine Mondfinsternis.
Jetzt bewegen wir den „Mond" schräg zur Pappenebene. Die Ebene der Mondbahn bildet einen Winkel mit der Pappe, der Bahnebene der Erde. Der Winkel beträgt in der Natur nur 5,15°, er muß im Modell aber größer gewählt werden.
Wir sehen, daß bei dem in der Abbildung dargestellten Fall keine Mondfinsternis eintreten kann, weil der Mond nicht hinter die Erde in ihren Schattenraum gerät. Die Durchstoßpunkte der Mondbahn durch die Bahnebene der Erde heißen Knoten, ihre Verbindungslinie Knotenlinie. Es ist die Schnittgerade der beiden Ebenen. Eine Mondfinsternis kann offenbar nur eintreten, wenn die Knotenlinie nach der

Sonne hinzeigt, was im Jahr zweimal der Fall ist und wenn sich der Mond zugleich in unmittelbarer Nachbarschaft zu dem betreffenden Knoten befindet (höchstens 13° Abstand).
Mondfinsternisse sind selten. Das zeigt an, daß die Knotenlinie nicht immer an derselben Stelle bleibt. Infolge einer Präzessionsbewegung wandert sie in einem 18,6-jährigen Zyklus. Danach wiederholen sich alle Lagen von Sonne, Erde und Mond zueinander und damit auch alle Finsternisse. [28]

Bemerkung

Das Eintreten einer Mondfinsternis hängt ab von der Lage der Knotenlinien und der gleichzeitigen Stellung des Mondes selbst.

11.14. Die Geschwindigkeit des Mondes

1. Fensterkreuz (oder scharfe Hauskante)
2. Uhr
3. Lineal
4. Stativmaterial

Wir sehen, daß sich der Mond bei seinem täglichen Lauf um die Erde sehr rasch bewegt. Um seine Geschwindigkeit zu bestimmen, beobachten wir, welche Zeit er braucht, um die Strecke zurückzulegen, die seinem Durchmesser entspricht.
Dazu suchen wir eine Stelle, von der aus wir beobachten können, wie der Mond an einer scharfen Kante vorbeizieht. Das kann ein Fensterkreuz sein, oder die Kante eines Nachbarhauses, eines Schornsteins, oder ein Fahnenmast, ein Antennenmast. Auf diese Stelle richten wir eine Visiereinrichtung aus, am einfachsten ein in ein Stativ geklemmtes Lineal. Sobald der Mond bei der Beobachtung mit seinem äußersten Rand die Visiereinrichtung erreicht, schauen wir auf die Uhr. Darauf warten wie bei unveränderter Blickrichtung, bis der entgegengesetzte Rand des Mondes hinter derselben Stelle verschwindet. Wir lesen die Uhr erneut ab. Es sind dann rund 2 Minuten vergangen, d. h. 1/720 eines Tages. Da der Mond in einem ganzen Tag einen vollen Kreis um die Erde zurücklegt, also 360°, braucht er in 2 Minuten 1/720 von 360°, das ist 1/2°.
Dieser Winkel, unter dem wir den Mond sehen, wird als Monddurchmesser bezeichnet.
Die Astronomen des Altertums haben die Zeit, die der Mond braucht, um sich um seinen eigenen Durchmesser fortzubewegen, als Zeiteinheit benutzt und Minute genannt, das 60fache davon Stunde. Nach unserer heutigen Zeitrechnung war es eine Doppelminute bzw. Doppelstunde.
Die eigentliche Bewegung des Mondes ist seine Umrundung der Erde in 28 Tagen. Bei seinem mittleren Abstand von der Erde mit 384 400 km hat er auf der Bahn 2 414 000 km in den 28 Tagen oder in 2 419 200 s zurückzulegen. Daraus berechnen wir als mittlere Bahngeschwindigkeit 0,96 km/s, oder 3456 km/h. [28]

Bemerkungen

1. Der Mond legt auf seinem täglichen Umlauf um die Erde den Weg von 1/2° in 2 Minuten zurück.
2. Der Mond hat auf seiner Bahn um die Erde die Geschwindigkeit von 0,96 km/s.

11.15. Die Größe des Mondes

Versuch 1

1. Lineal
2. Schnur

Wir sehen den Mond verhältnismäßig groß am nächtlichen Himmel. Um so erstaunter sind wir, wenn wir ihn zwischen Daumen und Zeigefinger unserer Hand einzuschließen versuchen. Dann erscheint der Durchmesser des Mondes nur mit etwa 5 mm. Wir wollen die Größe des Mondes genauer bestimmen. Wir binden eine dünne Schnur mit einer Schlaufe um ein Lineal, das Millimeterteilung aufweist. Vom Lineal ab muß die Schnur noch etwas mehr als 57 cm lang sein. Wir schauen nach dem Mond hin und halten das Lineal mit ausgestrecktem Arm quer so davor, daß es die Mitte des Mondes mit seiner Teilung bedeckt. Vom Lineal spannen wir die Schnur zu uns hin, fassen sie eventuell mit den Zähnen. Dabei soll der Abstand zum Lineal 57 cm betragen. Nun messen wir den scheinbaren Durchmesser des Mondes auf dem Lineal in Zentimetern ab.
Es ist eventuell nötig, daß ein Helfer das Lineal hält und es unter Umständen bei Nacht mit einer Taschenlampe beleuchtet. Der Versuch kann nur ausgeführt werden in der Zeit zwischen dem ersten und dem dritten Viertel des Mondes, am besten bei Vollmond. Der Durchmesser darf nicht vom äußeren Mondrand zu einer Schattengrenze bestimmt werden, vielmehr von einem Rand zum gegenüberliegenden Rand.
Bei dem Abstand von $a = 57$ cm vom Auge zum Lineal erscheint der Durchmesser des Mondes zu $d = 0{,}5$ cm. In der Abbildung 11.15./1 entnehmen wir dem rechtwinkligen Dreieck

$$\tan\frac{\alpha}{2} = \frac{d}{2a} = \frac{0{,}5\text{ cm}}{2\cdot 57\text{ cm}} = 0{,}00439\,,$$

$$\frac{\alpha}{2} = 0{,}25^\circ, \alpha = 0{,}5^\circ$$

Der Durchmesser des Mondes erscheint unter dem Winkel von 0,5°.

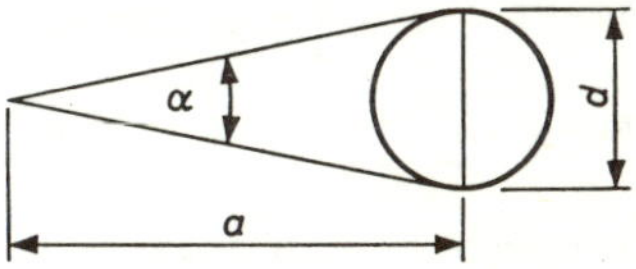

Abb. 11.15./1
Berechnung der Größe des Mondes

Versuch 2

1. Geldstück
2. Faden
3. Meßband
4. Klebstreifen

Wir kleben mit Hilfe eines Klebstreifens ein Geldstück zusammen mit einem längeren Faden an die Fensterscheibe, durch die wir den Mond sehen. Das freie Ende

des Fadens nehmen wir in die Hand und treten so weit vom Fenster zurück, bis die Münze den Vollmond gerade bedeckt. Wir messen die Länge des gespannten Fadens vom Fenster bis an unser Auge.
Die Zahl für die mittlere Entfernung des Mondes von der Erde mit 384 400 km oder 60,4 Erdradien müssen wir mitteilen. Dann können wir mit einer Proportion (Dreisatz) seinen Durchmesser berechnen. Ist z. B. die Fadenlänge 2,21 m, der Durchmesser der Münze 0,02 m, so erhalten wir für den Monddurchmesser 3500 km. Der genaue Wert ist 3470 km. Der Radius ist mit 1 735 km etwas größer als 1/4 des Erdhalbmessers.
Auch Oberfläche und Volumen des Mondes können wir jetzt berechnen. Die Oberfläche ist etwas mehr als 1/14, das Volumen 1/50 der betreffenden Werte für die Erde. [28; 74]

Bemerkungen

1. Der Durchmesser des Mondes kann mit einem Geldstück bestimmt werden.
2. Der Mond erscheint unter dem Winkel von 0,5 °.

11.16. Das gleichbleibende Gesicht des Mondes

1. Globus
2. Versuchsperson

Wir stellen einen Globus auf einen kleinen Tisch oder mit Hilfe eines Stativs auf. Eine Versuchsperson geht um den Globus herum und wendet ihm dabei stets das Gesicht zu. Als Außenstehende beobachten wir, daß sich die Versuchsperson bei einer vollständigen Umrundung des Globus einmal um sich selbst dreht. Genauso würde ein Beobachter im Weltraum feststellen, daß sich der Mond bei einem Umlauf um die Erde gerade einmal um seine Achse dreht, während wir Erdbewohner meinen, er drehe sich gar nicht. [28]

Bemerkung

Der Mond dreht sich bei einem Umlauf um die Erde einmal um seine Achse.

11.17. Die Oberflächenformen des Mondes

Fernglas

Wir beobachten mit dem bloßen Auge oder besser mit einem Fernglas (Feldstecher) den inneren Rand einer Mondsichel und stellen fest, daß er nicht glatt ist, sondern helle Zacken aufweist. Die Oberfläche des Mondes kann also nicht glatt sein. Bei den Zacken handelt es sich um die beleuchteten Spitzen von Mondbergen, deren Umgebung noch im Schatten liegt.
Wir betrachten den Mond mit bloßem Auge und sehen sein „Gesicht", d. h. charakteristische dunkle Flecken, die sogenannten mare, die man früher als Meere ansah. Verwenden wir ein Fernglas für unsere Beobachtungen, sehen wir außer den maria große Ringe- oder Faltengebirge.
Für diese Beobachtungen ist nicht die Vollmondzeit sondern eine der Zeiten am besten geeignet, bei denen der Mond im ersten oder letzten Viertel steht, weil dann

infolge der schrägen Beleuchtung durch die Sonne scharfe Kontrastwirkung durch die Schatten entsteht. Zur Ergänzung sollte eine Karte der Mondlandschaft herangezogen werden.
Wir wiederholen unsere Beobachtungen mehrmals im Lauf eines Monats. Dabei bemerken wir, daß die gleichen Oberflächenformationen immer am gleichen Ort auf dem Mond auftreten. Der Mond wendet uns also stets die gleiche Seite zu. [28]

Bemerkung

Der Mond hat keine glatte Oberfläche.

11.18. Die Modelle der Finsternisse

Versuch 1

1. Projektionsapparat
2. Globus
3. Tischtennisball

Wir stellen eine Kugel, z. B. einen Globus, der die Erde darstellt, in das Licht eines Projektionsapparates. Er soll möglichst paralleles Licht aussenden, damit hinter der Kugel ein deutlich begrenzter Schatten entsteht. Eine kleine Kugel, z. B. ein Tischtennisball, die den Mond darstellt, führen wir mit der Hand um den Globus herum. Die Hand stört dabei. Es ist daher günstiger, den kleinen Ball auf einen starken Draht oder eine Stricknadel zu stecken und ihn damit zu führen.
Die von der Lichtquelle aus gesehen vor und seitlich vom Globus bewegte kleine Kugel ist zunächst hell beleuchtet. Sie taucht aber in den Schatten ein, wenn sie sich der „Vollmondstellung" hinter der Erde nähert und sie erreicht. Die unbeleuchtete Kugel deutet eine totale Mondfinsternis an. Durch Heben und Senken der den Mond darstellenden Kugel führen wir die verschiedenen Formen der totalen und partiellen Mondfinsternisse vor.

Versuch 2

1. Experimentierleuchte oder Projektionsapparat
2. kleiner weißer Ball

Wir lassen von einer Experimentierleuchte oder einem Projektionsapparat, die die Sonne darstellen, einen breiten Lichtkegel ausgehen, der unseren Kopf überstreicht. Dieser stellt die Erde dar. Als Mond benutzen wir einen weißen Ball, z. B. einen Tischtennisball. Wir halten ihn etwas über die Höhe unseres Kopfes und drehen uns mit ihm um uns selber. Der Ball soll uns dabei immer dieselbe Seite zuwenden.
Kommt der Ball zwischen unseren Kopf und die Lichtquelle, sehen wir auf seine unbeleuchtete Schattenseite. Es ist „Neumond". Nach einer Drehung um 180° befindet sich unser Kopf zwischen Lichtquelle und Ball. Wir sehen ihn voll beleuchtet. Es ist „Vollmond".
Zwischen den beiden Stellungen erleben wir während des Drehens, wie die zuerst völlig dunkle Scheibe des Balls mehr und mehr von der Seite der Lichtquelle her beleuchtet wird. Er erhält eine Lichtkappe. Es ist „zunehmender Mond". Erreicht

die helle Kappe die Hälfte der Ballscheibe, dann ist „Halbmond". Auf der entgegengesetzten Seite der Drehung beobachten wir den Vorgang „abnehmender Mond". Somit sind alle Mondphasen simuliert.
Wir senken den Ball in Kopfhöhe und wiederholen den Versuch. Jetzt gerät der Ball bei unserer Drehung in den Schatten des Kopfes und ist — falls er nicht zu weit vom Kopf entfernt gehalten wird — vollständig unbeleuchtet. Es ist eine „totale Mondfinsternis" simuliert. Auch eine partielle Finsternis können wir darstellen, wenn wir den Ball beim Drehen etwas höher halten, so daß er nur teilweise in den Schatten des Kopfes gerät.
Um dem Irrtum vorzubeugen, daß bei jedem Umlauf des Mondes eine Finsternis entstehen müßte, halten wir bei einem erneuten Versuch den Ball bei unserem Drehen in einer zur Waagerechten etwas geneigten Bahn, indem wir die haltende Hand in der Vollmondstellung etwas anheben, auf der entgegengesetzten Seite etwas senken. Im Weltraum beträgt die Neigung 5,15° gegen die Bahnebene der Erde bei ihrem Umlauf um die Sonne. Wir wenden uns der die Sonne darstellenden Lichtquelle zu, schließen ein Auge und halten den Ball vor das offene Auge. Bei einem bestimmten Abstand des Balls vom Auge verdeckt der Ball die Lichtquelle vollkommen. Unser Kopf (die Erde) liegt ganz im Schatten. Wir simulieren eine „totale Sonnenfinsternis". Durch geringes Variieren des Abstands können wir um den Ball einen noch leuchtenden Rand erhalten. Wir sehen eine „ringförmige Sonnenfinsternis". [28]

Bemerkung

Die Mond- und Sonnenfinsternisse entstehen während der Umläufe von Mond bzw. Erde bei günstigen Stellungen von Sonne, Erde und Mond.

11.19. Das Modell des Planetensystems

Versuch 1

1. Papier
2. Maßstab
3. Schreibzeug
4. Klebstoff

Wir legen der Darstellung unseres Planetensystems die folgende Tabelle für die Größen der Planeten und ihre Abstände von der Sonne zu Grunde:

Planet	Entfernung Mill. km	Größe km
Merkur	58	4 840
Venus	108	12 230
Erde	150	12 760
Mars	228	6 800
Jupiter	778	143 650
Saturn	1 427	120 760
Uranus	2 870	37 100
Neptun	4 496	49 000
Pluto	5 940	5 500

Wir wollen die Abstände der Planeten von der Sonne so veranschaulichen, daß wir das Planetensystem in einem Zimmer darstellen können. Dazu verkleinern wir die Maßstäbe um den Faktor 10^{-12}. Dann sind die in der Tabelle angegebenen reinen Zahlenwerte für die wirklichen Entfernungen durch 100 zu dividieren, um die Werte in Zentimetern zu erhalten, also 0,58 cm für Merkur, 1,08 cm für Venus usw. bis 59,40 cm für Pluto.
Wir kleben einige Bogen Papier aneinander, bis wir einen 60 cm langen Papierstreifen erhalten. Die Größe der Sonne wäre dann mit 1,4 mm darzustellen. Die Planeten erscheinen nur als Punkte, die wir in den gefundenen Abständen auf das Papier aufzeichnen.

Versuch 2

1. Papier
2. Bleistift
3. Zirkel
4. Schere
5. einige Helfer
6. Maßband

Wir stellen die Größen und die Abstände der Planeten von der Sonne verkleinert im Maßstab $5 \cdot 10^9 : 1$ dar. Dann erscheinen 50 000 km in der Natur als 1 cm im Modell. Die Sonne, deren Durchmesser $1{,}393 \cdot 10^6$ km beträgt, ergibt einen Kreis mit 280 mm Durchmesser, die Entfernung Sonne-Erde mit 150 Mill. km wird zu 30 m. Die Angaben für die Durchmesser und die mittleren Entfernungen der Planeten von der Sonne entnehmen wir der folgenden Tabelle:

Planet	Entfernung im Modell m	Durchmesser im Modell mm
Merkur	12	0,9
Venus	22	2,4
Erde	30	2,5
Mars	46	1,4
Jupiter	160	28,0
Saturn	300	24,0
Uranus	600	9,0
Neptun	900	10,0
Pluto	1200	1,2

Mit den für die Durchmesser angegebenen Werten zeichnen wir Kreisscheiben als Modelle der Planeten auf Papier oder Pappe auf und schneiden sie eventuell auch aus. Damit haben wir eine eindrucksvolle Möglichkeit, die Himmelskörper miteinander zu vergleichen. Sie erscheinen alle so klein, daß wir sie auf einem Bogen Schreibpapier unterbringen können. Auch ihre Größe im Vergleich mit der Sonne ist erstaunlich, wenn wir die Modelle der Planeten auf das Modell der Sonne legen.
Das Modell des Planetensystems bauen wir im Freien (Schulhof, Sportplatz) auf. Ein Helfer stellt die Sonne dar, weitere Helfer stehen in den entsprechenden Abständen von ihm auf einer geraden Linie. Dies wird i. a. für Merkur, Venus, Erde und Mars möglich sein. Auf einer langen geraden Straße wären auch noch die nächsten Planeten unterzubringen. Für Pluto wird aber auch dies schwierig werden.

Versuch 3

1. Stadtplan
2. Maßstab
3. Stecknadeln

Wir übertragen die Entfernungsangaben in der letzten Tabelle in den Maßstab unseres Stadtplans. Als Standort für die Sonne wählen wir unser Schulgebäude und stecken im Plan an dieser Stelle eine Stecknadel ein. In gerader Linie stechen wir weitere Nadeln für die Orte der Planeten ein. Während die Nadel für den Merkur vielleicht noch im Schulbereich steht, die für die Erde an der nächsten Straßenecke, muß die Nadel für den äußersten Planeten Pluto vielleicht schon in der Nähe des Stadtrandes eingesteckt werden (wenn es sich um einen kleinen Ort handelt). Wir stellen bei diesen Darstellungen der Planetenabstände fest, daß eine auffällige Lücke zwischen Mars und Jupiter besteht. Während vor dem Mars und nach dem Jupiter die Entfernungen von der Sonne etwa gleichmäßig anwachsen, bemerken wir zwischen diesen beiden Planeten einen großen Sprung. Nach einer Zahlenregel für die Planetenabstände, die 1766 von Johann Daniel Titius aufgestellt wurde, müßte hier noch ein Planet die Sonne umkreisen. Der in Palermo in Sizilien lebende Abbé Giuseppe Piazzi entdeckte am 1. Januar 1801 einen winzigen Stern an dieser Stelle, den er nach der Schutzgöttin von Sizilien Ceres nannte. Er ist der erste von einer riesigen Zahl von Kleinstplaneten, den Planetoiden, die in dem Gürtel zwischen Mars und Jupiter kreisen. Sie werden auf 44000 geschätzt, von denen Ceres der größte ist. [74; 75]

Bemerkung

In verkleinerten Maßstäben eines Modells des Planetensystems lassen sich Größen und Entfernungen der Himmelskörper darstellen und anschaulich vergleichen.

12. Meßverfahren

12.1. Das Kalibrieren einer Kapillaren

1. Spiegelmaßstab
2. Waage
3. Feinwägesatz
4. Uhrglas
5. Porzellanschale
6. Kapillarröhre
7. Quecksilber
8. Quecksilberbrett

Wir geben ein wenig Quecksilber in eine Porzellanschale. Vorsichtig saugen wir mit der Kapillare eine kleine Menge Quecksilber auf und verschließen die Röhre mit einem Finger. Dann neigen wir die Röhre, damit das Quecksilber in ihre Mitte fließt. Wir legen sie auf einen Spiegelmaßstab und lesen die Länge l des Quecksilberfadens ab.

Nun wiegen wir ein Uhrglas, lassen das Quecksilber aus der Röhre hineinfließen und bestimmen durch nochmaliges Wägen das Gewicht G des Quecksilbers.

Es sei ϱ die Dichte des Quecksilbers, V sein Volumen, q der Querschnitt und d der Durchmesser der Röhre. Dann ist

$$G = V \cdot \varrho$$

$$V = \left(\frac{d}{2}\right)^2 \cdot \pi \cdot l \ .$$

Daraus folgt

$$d = \sqrt{\frac{4G}{\pi \cdot \varrho \cdot l}} \ .$$

Hinweis: Arbeiten mit Quecksilber sind grundsätzlich stets über einem Quecksilberbrett auszuführen.

Bemerkung

Eine Kapillare kann mit einer teilweisen Quecksilberfüllung kalibriert werden.

12.2. Das Kalibrieren eines weiten Rohres

1. Röhre
2. Becherglas
3. Wasser
4. Meßglas
5. Maßstab

Wir messen die Länge l der Röhre ab, deren Durchmesser wir feststellen wollen. Dann saugen wir aus einem Becherglas mit Wasser so lange Wasser in die Röhre, bis sie ganz gefüllt ist, und verschließen das obere Ende mit einem Finger. Wir lassen das Wasser in ein Meßglas auslaufen und lesen sein Volumen V ab.
Aus Volumen und Länge können wir den Querschnitt q und den Durchmesser d des Rohrs berechnen.

$$q = \left(\frac{d}{2}\right)^2 \cdot \pi = \frac{V}{l}$$

und

$$d = \sqrt{\frac{4V}{\pi \cdot l}}$$

Bemerkung

Ein Rohr kann durch eine Wasserfüllung kalibriert werden.

12.3. Die Fläche einer krummlinig begrenzten ebenen Figur

1. Millimeterpapier
2. Waage
3. Feinwägesatz
4. Schere

Wir schneiden aus Millimeterpapier eine beliebige krummlinig begrenzte Scheibe mit der Fläche A und aus demselben Papier ein möglichst großes Rechteck aus. Beide Papierstücke legen wir auf eine Waage und stellen ihre Gewichte G_1 und G_2 fest. Aus dem Gewicht G_2 des Rechtecks und seiner durch Abzählen der Quadratzentimeter ermittelten Fläche berechnen wir das Gewicht G_3 eines Quadratzentimeters. Dann brauchen wir nur noch das Gewicht G_1 durch das Gewicht G_3 zu dividieren, um die Fläche A zu erhalten.
Das Millimeterpapier eignet sich für den Versuch besonders gut, weil auf einem Rechteck die Anzahl der Quadratzentimeter einfach abzuzählen ist. Grundsätzlich kann jedes Papier oder Pappe benutzt werden. Aus diesem Material müssen wir ein Rechteck ausschneiden, dessen Fläche wir nach Abmessen von Länge und Breite berechnen und dessen Gewicht wir mit der Waage bestimmen.

Bemerkung

Die Fläche einer ebenen krummlinig begrenzten Figur kann durch Wägung festgestellt werden.

12.4. Die Dicke eines Silberpapiers

1. Waage
2. Feinwägesatz
3. Maßstab
4. rechteckiges Stück Silberpapier (Stanniol)

Wir messen möglichst genau Länge und Breite eines rechteckigen Stücks Silberpapier und berechnen daraus seine Fläche A. Darauf bestimmen wir mit einer Waage das Gewicht des Stücks.
Es ist Gewicht = Volumen mal Wichte.

$$G = V \cdot \gamma.$$

Da das Volumen gleich Fläche mal Dicke ist

$$V = A \cdot d$$

folgt

$$d = \frac{G}{A \cdot \gamma}.$$

Sofern das Silberpapier aus Zinn besteht, ist $\gamma = 7{,}3 \, \frac{\text{cN}}{\text{cm}^3}$, für Aluminium ist $\gamma = 2{,}7 \frac{\text{cN}}{\text{cm}^3}$.
Wenn wir eine Mikrometerschraube zur Verfügung haben, können wir das Ergebnis mit ihr nachprüfen.
Statt eines Stücks Silberpapier kann auch ein Stück aus einem anderen leichten Material, z. B. dünnes Papier, verwendet werden. [41]

Bemerkung

Die Dicke eines dünnen Blättchens kann durch Wägung bestimmt werden.

Schrifttum

[1] G. Tissandier, La Physique sans appareils, Paris, 1883
[2] G. van der Mensbrugghe et F. Lenoine, La Nature, Paris, 1889
[3] A. Good, La sciense amüsante, Bd I et II, Paris 1890, 1892
[4] G. van der Mensbrugghe, Soap bubbles and the forces which mould them, London, 1890
[5] S. P. Thomson, Light visible and invisible, 1896
[6] B. Donath, Physikalisches Spielbuch für die Jugend, 1907
[7] bis [15] Handbuch der experimentellen Schulphysik, Aulis Verlag Deubner & Co Bd. 1 Schwingungen, Wellen, Schall; 8: Bd. 2 Mechanik der festen Körper; 9: Bd. 3 Mechanik der Flüssigkeiten, Gase, Strömungslehre, Molekularphysik; 10: Bd. 4 Wärmelehre, Wetterkunde; 11: Bd. 5 Optik; 12: Bd. 6 Elektrizitätslehre I; 13; Bd. 7 Elektrizitätslehre II; 14: Bd. 8 Elektrizitätslehre III; 15: Bd. 9 Elektrizitätslehre IV
[16] bis [21] G. Sprockhoff, Physikalische Schulversuche, Oldenbourg Verlag 1920 16: Mechanik; 17: Wärme; 18: Strahlenoptik; 19: Wellenlehre; 20: Elektrizitätslehre I; 21: Elektrizitätslehre II
[22] H. Dominik, Amüsante Wissenschaft, 1905
[23] B. Donath, Physikalisches Spielbuch für die Jugend, 1907
[24] W. Volkmann, Elemente physikalischer Experimentierkunst, 1949
[25] G. Büscher, Physikalische Experimente, die jedermann gelingen, 1952
[26] J. Töpfer, w e
[27] H. Backe, Physik selbst erlebt
[28] E. Zeier, w e; Praschu 1951; Naturlehre 1957
[29] H. Heise, persönliche mündliche Mitteilung
[30] L. Innerling, Praxis 1953, 1955
[31] G. P. Makjewa-M. S. Zedrik, Verwunderliches aus der Physik
[32] K. E. Lange, Praxis 1960
[33] H. Hoffmann, Praschu 1955, Praxis 1959
[34] Brennecke-Schuster-Draaf, Lehrbuch, Schwingungs- und Wellenlehre
[35] J. Ph. Steller, Eindhoven, persönliche Mitteilung
[36] A. Friedrich, Praschu 1949, Praxis 1952, 1953, 1970
[37] E. Seus, Physik und Didaktik 1980, Praxis 1979
[38] W. Bahrdt, Poskesche Zeitschrift 1913
[39] F. Voit, Astronomie, Praxis Schriftenreihe, Praxis 1959
[40] K. Sölter, Praxis 1982
[41] unesco source book 1950
[42] H. Schulz, Praxis 1953, 1956
[43] E. Grimsehl, Lehrbuch der Physik, Bd. 1 Mechanik, 1923

[44] A. Hoischen, Praxis 1952
[45] E. Müller, Praxis 1957
[46] H. Schröder, Praxis 1953
[47] R. Hildebrandt, Praxis 1952
[48] H. Damm, Praxis 1959
[49] A. Walz, Welt der Physik, Lehrbuch
[50] Harbeck, Physik und Chemie in unserer Welt, Lehrbuch
[51] H. Weinreich, Physikalisches Allerlei, 1952
[52] O. Scheibe, Praschu 1955
[53] E. Krumm, Praschu 1949, Praxis 1953
[54] R. W. Pohl, Einführung in die Physik, Bd. 1 Mechanik, 1949
[55] J. Walker, Der fliegende Zirkus der Physik, 1977
[56] H. W. Stroux, Am. J. Physik 972
[57] K. Gentil, Praschu 1955
[58] D. Puchta, w e
[59] H. Schroeder, Praxis 1953
[60] H. W. Westphal, Physik, Lehrbuch 1970
[61] W. Löhl, Praschu 1955
[62] Bindseil, Praxis 1955
[63] Cl. Schaefer, Experimentalphysik, Lehrbuch 1955
[64] Günther, Praschu 1932
[65] Bergmann-Schaefer, Lehrbuch der Physik
[66] H. Tille, Praxis 1951
[67] E. Boerma, Praxis 1969
[68] Melcher und Gerth, Praxis 1966
[69] Falk-Herrmann, Neue Physik, Lehrbuch
[70] R. A. Gregory and A. T. Simmons, A. Manuel of Elementary Science London, 1901
[71] K. Thöne, Astronomie als Hobby
[72] W. Bruss, w e
[73] St. Wiegel, Praxis 1982
[74] Lehrbuch der Astronomie für Klasse 10, Verlag Volk und Wissen
[75] W. Oehrl, w e

Abkürzungen:

w e: Wir experimentieren, Zeitschrift;
Praschu: Praktische Schulphysik, Zeitschrift;
Praxis: Praxis der Naturwissenschaften im Unterricht;
Naturlehre: Zeitschrift für Naturlehre und Naturkunde.

Sachverzeichnis